U0527611

贝佐斯经济学

BEZONOMICS

How Amazon Is Changing Our Lives,
and What the World's Best Companies Are
Learning from It

［美］布赖恩·杜梅因◎著
（Brian Dumaine）
陈默◎译

中信出版集团｜北京

图书在版编目（CIP）数据

贝佐斯经济学 /（美）布赖恩·杜梅因著；陈默译. -- 北京：中信出版社，2022.10
书名原文：Bezonomics: How Amazon Is Changing Our Lives, and What the World's Best Companies Are Learning from It
ISBN 978-7-5217-4503-0

Ⅰ.①贝… Ⅱ.①布… ②陈… Ⅲ.①贝佐斯－电子商务－商业企业管理－经验 Ⅳ.① F737.124.6

中国版本图书馆 CIP 数据核字（2022）第 167920 号

Bezonomics: How Amazon Is Changing Our Lives,
and What the World's Best Companies Are Learning from It
Original English Language edition Copyright © 2020 by Brian Dumaine
All Rights Reserved
Published by arrangement with the original publisher, Scribner, a Division of Simon & Schuster, Inc.
Simplified Chinese translation copyright © 2022 by CITIC Press Corporation
本书仅限中国大陆地区发行销售

贝佐斯经济学
著者：　　[美]布赖恩·杜梅因
译者：　　陈默
出版发行：中信出版集团股份有限公司
　　　　　（北京市朝阳区惠新东街甲 4 号富盛大厦 2 座　邮编 100029）
承印者：　天津丰富彩艺印刷有限公司

开本：880mm×1230mm　1/32　印张：12　字数：186 千字
版次：2022 年 10 月第 1 版　　印次：2022 年 10 月第 1 次印刷
京权图字：01-2020-3463　　　书号：ISBN 978-7-5217-4503-0
　　　　　　　　　　　　　　　定价：69.00 元

版权所有·侵权必究
如有印刷、装订问题，本公司负责调换。
服务热线：400-600-8099
投稿邮箱：author@citicpub.com

目录

前　言 VII

第一章　贝佐斯经济学

贝佐斯经济学建立在"三大管理原则"之上：客户至上、极致创新和长期主义。人工智能飞轮则是落实这些原则的核心驱动力。

第二章　世界上最富有的人

贝佐斯拥有三种特质，这些特质让他不同于那些平凡的企业家：足智多谋、直面真相、坚持长期主义。

第三章　直面真相：我们信仰数据

在亚马逊早期，在六页纸推出之前，员工通常都有"很多高级的想法，但是深入项目之后才发现结果并不像原来预想的那么重要"。六页纸的准则让亚马逊避免了踏上错误的轨道。

043

第四章　长期主义：万年不遇的传奇

贝佐斯是一个终极的长期主义者。他相信，以几十年和几个世纪的维度来思考问题可以让人实现那些以短视思维永远无法想象的事情。让员工用长期主义的思维来思考问题改变了他们分配时间、计划和精力的方式。

065

第五章　启动人工智能飞轮

贝佐斯的秘诀在于他的飞轮——一个驱动贝佐斯经济学核心价值的概念引擎，让亚马逊一直坚守着自己的原则。这是一种思考方式，是一种影响亚马逊人行为的思维模式。

081

第六章　亚马逊 Prime：飞轮的核心

Prime 的核心是改变消费者的购物模式，将偶尔的线上购物转变为频繁地与亚马逊生态系统互动。Prime 相当于一种线上尼古丁，尽管亚马逊永远不会用这个比喻——Prime 让人上瘾。

105

第七章　令人着迷的 Alexa 语音助手

亚马逊可以轻而易举地打造一个由语音连接其他智能家居设备的无缝衔接的网络。亚马逊正坐在个人数据的金山上，数据越多，亚马逊就能越好地向消费者推荐产品。

123

第八章　黑暗中的仓库

所有的迹象都表明，机器人时代正在来临。一些被替代的人可以找到新的工作，一些人将依靠着政府提供的最低生活保障过活，还有一些人将依靠零工经济，尝试通过各种方式谋生。

143

第九章　亚马逊第三方卖家：与恶魔共舞

亚马逊确实对那些没有线上销售渠道的小企业构成了威胁，但是亚马逊的网站已经为 200 多万个卖家提供了一个活跃的市场。这些卖家的数量一直在不断增加，很多还经营得越来越好。

171

第十章　无人机游戏

亚马逊拥有在机器人、机器学习和自动配送方面的经验，将会在混业零售方面占据领先地位，消费者可以在店内、线上或者通过两者结合的方式进行购物。这也是零售业未来的发展方向，亚马逊正在运用自己的技术能力来彻底地改变游戏规则。

193

第十一章　哥斯拉 vs 魔斯拉：亚马逊与沃尔玛的混业零售大战

当沃尔玛和亚马逊在通过混业零售模式瓜分美国零售市场的时候，其他零售商的前途命运看起来十分黯淡。沃尔玛是美国唯一一家有能力、有实力直面亚马逊的企业。

第十二章　无惧亚马逊：如何与亚马逊开展竞争

未来的零售商将会重点关注四个主要方面：创造一种无与伦比的店内体验，并将其与线上体验完美地融合起来；提供精心筛选过的独特商品；在技术方面加大投入，包括掌控社交媒体；加强一种社会使命感，让顾客在买东西的时候感觉良好。

第十三章　亚马逊无处不在：在广告、医疗与金融领域的探索

亚马逊愿意为一项新业务亏损数年，华尔街业也允许它这么做。亚马逊可以人为地将价格压低，直到吸引足够多的用户，一跃成为目标领域的领头羊。这些贝佐斯经济学中的战术在各个领域屡试不爽。

第十四章　声讨贝佐斯

作为世界首富,贝佐斯是政客和媒体最喜欢攻击的目标。人们不满的原因多种多样:零工经济的崛起、工资水平停滞、2008年金融危机挥之不去的阴影以及自动化日益逼近的威胁。但最大的问题或许是美国日益拉大的贫富差距。

291

第十五章　反垄断浪潮风起云涌

亚马逊的人工智能飞轮终将变得无处不在、无孔不入,像亚马逊一样的大型科技企业将需要被监管或拆分。这一天不会很快到来,但终会来临。

313

第十六章　新的世界:21世纪的商业模式

贝佐斯经济学是21世纪的商业模式,它颠覆了我们思考商业的方式,其广泛应用将在未来数十年对社会产生深远影响。

329

致　谢 335
注　释 337

前　言

亚马逊创立之初，每半年，杰夫·贝佐斯就会在公司西雅图总部街对面的一家小电影院里召开全体员工大会。自此，亚马逊不断壮大。2017年春，亚马逊的全体员工大会在西雅图可容纳17 459人的钥匙球馆里召开，这里曾经于1962年举办过世界博览会。那一天，会场地里人头攒动。观众向贝佐斯提的最后一个问题为："'第二天'会怎么样？"这个问题引发了阵阵笑声，因为从创立伊始，亚马逊一直都活在"第一天"。贝佐斯认为，"第一天"意味着亚马逊将永葆初创企业精神，把每一天当作第一天，全情投入、充满激情。连贝佐斯在西雅图市中心办公的大厦也被命名为"第一天"。

身着白色衬衫、灰色牛仔裤的亚马逊创始人发出他那标志性的笑声。"我知道这个问题的答案。第二天是——（他停顿了许久）原地徘徊，"又停顿了许久后，他继续说道，"随后变得可有可无（停顿），然后极其痛苦地坠落（停顿），最后的结局就是死路一条。"贝佐斯微笑着，人群中爆发出阵阵笑声，他在掌声中走下舞台。亚马逊的领袖道出了每一位亚马逊员工的肺腑之言：亚马逊或许是一家科技巨头公司，但它绝对与众不同，孜孜不倦地追求进步，将自满视为不可触碰的禁忌。

尽管取得了前所未有的成功，但贝佐斯依旧像经营一家每天都会遭受威胁的小企业一样经营亚马逊。2018年，亚马逊市值达到1万亿美元（超过当时世界上任何一家公司）。在2018年11月的另一次全体大会上，一位员工问了一个关于西尔斯这样的公司为何最终还是走向破产的问题，贝佐斯紧张地回答道："亚马逊不是大而不倒的。事实上，我认为终有一天亚马逊会倒下。亚马逊会破产。大公司的生命周期基本上也就30多年，很少有百年以上的企业。"在他回答这个问题的时候，亚马逊已经成立24年了。

贝佐斯为什么要和员工们谈论亚马逊是否会衰落？或许贝佐斯不希望亚马逊变成一副不可一世、自命不凡的样子，不希望破坏公司多年来积攒的好运。或许他担心有一天，像沃尔玛或者阿里巴巴这样的竞争对手会发现亚马逊的"神奇魔力"，出其不意地给亚马逊致命一击。这些猜测都有道理，但是贝佐斯最担心的是亚马逊会患上大公司病——员工只把注意力放在彼此身上，而不是放在消费者身上，繁文缛节变得比解决问题更重要。

在所有的全体员工大会上，贝佐斯都发自内心地恳求亚马逊员工不要沉醉于当前的成功，而要加倍努力地创造出新的产品和服务，让消费者满意，尽可能地推迟"最后审判日"的到来。[1] 在贝佐斯的工作手册里，让顾客满意最好的方式就是降低他们的生活成本，让生活更便捷。正如贝佐斯所说："我很难想象 10 年之后消费者会对我说'杰夫，我热爱亚马逊，但我就是希望价格能贵一点儿'，或者'我热爱亚马逊，我只是希望你们配送的速度能慢一点儿'。这完全不可能。"[2]

这就是贝佐斯，一个努力工作的领导者，一个打破常规的思考者。设想一下，通用汽车公司或 IBM（国际商业机器公司）的首席执行官如果谈论公司破产，会不会吓到员工，会不会给公司的股价造成负面影响？亚马逊之所以成为亚马逊，是因为贝佐斯营造了一种允许质疑一切的文化，没有什么是理所应当的，公司的存在本身亦如此。每位员工都必须以消费者为中心，因为一切皆因消费者而生。2013 年，布拉德·斯通在《一网打尽》一书中引述了贝佐斯关于亚马逊起源的解释："你如果想获取亚马逊与众不同的真相，那就是，我们真诚地坚持以客户为中心，着眼长远，热衷创新。大多数公司做不到。它们只将目光放在竞争对手身上,而不是放在消费者身上;只从事两三年就能赢利的事情,如果短期内没有回报,它们就立刻转移目标;它们更喜欢紧紧追随,而不是引领创新,因为做追随者更安全。亚马逊成功背后的真相就是我们与众不同。具备上述特质的公司简直凤毛麟角。"[3]

这或许听起来像是管理学的老生常谈,但贝佐斯可是从各路商业领袖中脱颖而出、傲视群雄的商业奇才。他深谙如何运用自己的聪明才智、竞争意识和充沛精力在亚马逊建立起一种真正关注、关爱消费者的企业文化。他严厉斥责那些担忧竞争对手而不关注消费者的高管。当他收到不满意的顾客发来的邮件时,他会把这封邮件转给相应的高管并附上一个问号。可怜的高管在收到邮件时,脑海中瞬间就会拉响巴甫洛夫条件反射式的警报,会立刻放下手头的一切事情,为那名顾客解决问题。每一个我为这本书采访的亚马逊现任和前任员工都提到了一句话——"一切始于顾客",就好像所有人的大脑都被亚马逊杰出的计算机科学家进行了硬件设置一样。

随着研究的不断深入,我开始对"一切始于顾客"这句名言感到不满意。这句话在某种程度上揭示了亚马逊成功的原因,但并没有道出亚马逊成功的全部精髓。我渴望找到问题的答案:亚马逊究竟想要什么?为此,我对包括亚马逊众多高管在内的 150 多名受访者进行了采访，经过两年多时间的研究，我得出一个结论：亚马逊想要成为世界上最智能的公司。

许多企业都在推进智能化，但贝佐斯的亚马逊是一家在大部分情况下依靠大数据和人工智能运转的公司。人工智能引发了很多热门话题，从本质上讲，贝佐斯开创了商业史上一个由人工智能驱动的最为复杂的商业模式，这是一个可以让企业自行变得更智能、更强大的商业模式。在越来越多的情况下，算法经营着亚马逊，算法正在成为亚马逊。

贝佐斯将亚马逊设计成一个旋转的"飞轮"，亚马逊人对这个词的态度如对宗教般虔诚。飞轮不是一个公式，而是一种由高科技理念驱动的增长利器，飞轮模式已融入亚马逊的"血液"。假设转轴上有一个重达三吨的石轮，要让这个石轮转动起来困难无比，但是如果每天都给石轮足够的动能，它就会慢慢地转动起来，直到持续地自行旋转。当亚马逊向 Prime（付费会员系统）会员推出免费一日达或两日达、免费的电视节目或全食折扣福利时，亚马逊就吸引了更多的消费者到其网站上购物。消费者越多，亚马逊就可以吸引越多的第三方卖家到拥有更多潜在顾客的亚马逊平台上来。（今天，独立的第三方卖家的销量占亚马逊平台总销量的一半以上，其余的销量来自亚马逊直销。）吸引来的卖家增加了亚马逊的营业收入，创造了更大的规模效应，让亚马逊以更低的价格和更多的福利吸引了更多的顾客，进而带来了更多的卖家，飞轮就这样越转越快、越转越快。

一些成功的企业以前也应用过飞轮。2001年，吉姆·柯林斯在其著名的《从优秀到卓越》一书中首次使用了飞轮这个词，书中列举的案例包括克罗格和纽柯钢铁公司的管理层历经数年耐心地打造各自版本的飞轮，最终成功地推动了企业的发展。柯林斯指出，纽柯在1965年时濒临破产，彼时的首席执行官肯·艾弗森发现纽柯善于通过小型钢铁厂模式下的新技术流程生产出价格低廉的钢材。纽柯随即建造了一家小型钢铁厂，吸引了更多的客户。在营业收入增加后，纽柯建了一家成本效益更好的小型钢铁厂，进而吸引了更多的客户，以此类推。20年间，艾弗森及其团队专注于推动小型钢铁厂的飞轮越转越快，到20世纪80年代中期，纽柯已经成为美国最赚钱的钢铁制造商。[4] 截至2019年，纽柯仍然是美国最大的钢铁公司。

但是，亚马逊的飞轮与此不同。亚马逊的飞轮演化成了一台更加强大的机器。贝佐斯将飞轮这个理念提升到一个全新的高度，改变了企业的经营方式，赋予了亚马逊超越一切竞争对手的绝对优势。他创造了下一代企业，创立了21世纪的商业模式。通过运用人工智能、机器学习和大数据，贝佐斯正在加速飞轮的运转。亚马逊非常善于运用计算机技术，它已经开始学习如何让自身变得更加智能。没有任何一家公司的成功可以与亚马逊相提并论。许多首席执行官只是在谈论人工智能，雇用一群数据科学家，试图将这项技术运用到各自的商业模式中。而在亚马逊，技术是一切的核心驱动力。在依托于人工智能声音软件运行的亚马逊"精灵"——Alexa（个人语音助手）的开发和迭代过程中，我们可见一斑。截至2019年，亚马逊已有上万名员工参与了这个项目，其中大部分人是数据科学家、工程师和程序员。[5]

  从创立的第一天起，亚马逊就是一家技术公司，只不过它那时刚好销售图书而已。在创建亚马逊的时候，贝佐斯就将大数据和人工智能视为公司的核心要务。亚马逊最初的网站于1995年7月上线，旨在打造一个便利的线上海量书籍图书馆，消费者购书时只要搜索作者、主题、书名或其他关键词信息即可。在早期的网站页面上，消费者如果将鼠标滑动到底部，会发现亚马逊其实从一开始就在应用计算机智能，这种技术在随后的10年里颠覆了零售业。页面底部有一句著名的话："'眼睛'是我们永不停歇的自动搜索代理。"当消费者喜爱的作者出版了新书，"眼睛"会发邮件提醒他们。

  从那以后，亚马逊就一直运用技术的力量优化向消费者进行推荐的方式,以及确保在正确的仓库里,合适的商品永远有货且可以快速配送。亚马逊通过算法搜集了海量的用户数据,帮助自己改善服务,降低价格,提供多种多样的商品选择。最近,亚马逊的系统已经可以替代高管做出许多零售决策了,而且每做一次决策后,系统都会变得更加智能,比如,在"玫瑰碗"举办的那个周末,向帕萨迪纳仓库寄出 10 000 台小冰柜;或者当冬天来临时,向安娜堡仓库寄出 1 000 副针织手套。每当机器做出决策时,它都会自动触发一个事后检查机制,检验所做出的决策是否正确。事后检查机制的目标就是确保下一次的决策正确无误。飞轮就这样持续不断地高速旋转。

贝佐斯持之以恒地转动飞轮,让亚马逊成了世界上实力最强、最让人敬畏的公司。CB Insights(市场研究机构)在翻阅 2018 年投资者大会的纪要后发现,美国的企业高管提到次数最多的公司就是亚马逊,其次数比提到特朗普的次数还多,亚马逊被提到的频率几乎与税收一样高。[6]

尽管贝佐斯向员工警示了企业的末世归途,但似乎没有什么可以阻挡这位非同寻常的创始人。2019 年初,他以 1 600 亿美元的净财富荣登世界首富宝座,甚至在因离婚支付给前妻麦肯齐两人共有的亚马逊股票的 1/4(当时价值 380 亿美元)后,他仍然是世界首富。他创建的这家公司在 2019 年控制了美国线上零售近 40% 的市场份额，它同时也是欧洲最大的电商巨头。[7] 截至 2019 年底，亚马逊已经在 17 个国家推出了 Prime 会员，全球注册会员人数超过 1.5 亿。贝佐斯把 AWS（亚马逊云平台）打造成了世界上最大的云计算公司，把 Prime 视频发展成为紧随网飞之后的流媒体巨头。贝佐斯还是 Echo（智能音箱）的幕后推手，这款内置 Alexa 语音助手的智能音箱一经投放市场，就售出了近 5 000 万个。在 21 世纪的第一个 10 年，利润丰厚的亚马逊以每年平均 25% 的速度增长，公司规模如此之大，增速如此之快，实在令人惊叹。（2018 年，亚马逊年度营业收入达到 2 330 亿美元。）下一步，贝佐斯将目光锁定在了实体零售、广告、消费金融、物流和医疗等行业，希望成为这些行业的主要玩家。这一切都将由人工智能飞轮驱动。

我称这种新的商业模式为"贝佐斯经济学"。贝佐斯经济学颠覆了我们思考商业的方式，其广泛应用将在未来数十年对社会产生深远影响。商业世界正在快速地分化成两类企业：一类维持现状；一类通过发展自身的人工智能技术来打造各自版本的贝佐斯经济学，从而获取海量数据，掌握顾客的所思所想。无论是科技巨头，比如 Alphabet、阿里巴巴、苹果、脸书、京东和腾讯，还是传统公司，比如高盛，都属于后一类企业。高盛 Marcus（数字消费金融服务平台）的负责人哈里特·塔瓦尔在 2019 年的一次会议上谈到了银行的亚马逊化："我们的目标就是颠覆金融服务的分销渠道与消费行为，像亚马逊那样做零售。"[8] 当然，亚马逊自身也在尝试着颠覆银行业。

与塔瓦尔的表述相似，优步首席执行官达拉·科斯罗萨西表示，他希望将优步打造成出行领域的亚马逊，通过大数据进军从食品配送到叫车服务再到支付系统等与出行息息相关的各个领域。"汽车之于我们，就像图书之于亚马逊。亚马逊出色的基础设施平台以图书为切入点，拓展到其他领域，优步也会如法炮制。"[9] 2019 年，优步的市值达到了 520 亿美元，这意味着至少目前来看，科斯罗萨西运用的贝佐斯经济学已经开始奏效。

全球最大的公司（以营业额计算）沃尔玛正在努力地加入人工智能和大数据的阵营。沃尔玛试图证明，传统的零售商也可以转型为 21 世纪的技术平台，为了加入这场战斗，它已重金投入数十亿美元。还有一些企业通过保护其小众市场来应对亚马逊的威胁，它们为消费者提供了高度个性化的体验和亚马逊无法比拟的人性化服务。百思买、威廉姆斯·索诺玛、ASOS（英国时尚电子零售商）、旗下拥有卡地亚品牌的瑞士奢侈品零售商历峰集团，以及德国电子商务巨头欧图集团旗下的 Crate & Barrel（家居连锁零售商）都属于这类公司。一些顽强的小型零售企业也在奋力挣扎，比如 Stitch Fix（服装零售公司）、沃比·帕克和 Lulus（女性时尚商品零售商）。那些没有被亚马逊影响的公司，要么是十分幸运地身处这家人工智能巨头不会触及的行业——重工业、法律、餐饮和房地产，要么就是完全没有意识到亚马逊的压倒性威胁。

贝佐斯经济学深刻地影响着我们工作和生活的方式。亚马逊善于使用机器人，尽管从创立之初到 2019 年，亚马逊已经创造了超过 65 万个就业岗位，但它还将推动一股自动化的浪潮，当其他企业也向亚马逊看齐的时候，劳动力市场会遭受重创，政府将必须严肃地思考全民基本收入保障问题。同时，随着越来越多的企业探寻各自版本的贝佐斯经济学商业模式，生活将变得更加数字化，我们将开启一个全新的世界。过去我们逛商场，逛街边小店，与偶遇的朋友和邻居打招呼；未来我们将孤零零地坐在发光的屏幕前点击购买按钮。

在创作这本书的过程中，很多朋友和同事都在问我一个问题，那就是亚马逊究竟是善还是恶。这是一个合理但复杂的问题，像很多难题一样，这个问题同样没有一个简单的答案。我希望这本书的读者可以意识到问题的复杂性，理解亚马逊给商业和社会带来的利与弊，在贝佐斯经济学的时代里享受更好的生活的同时，不断地审视这些科技巨头平台所掌握的权力。

立场不同，对亚马逊的态度就会千差万别。全球亚马逊

Prime 会员是看好亚马逊的。亚马逊提供了海量的商品选择，尽管它没有给出确切的数量，但一个信息源称，亚马逊提供了近 6 亿种商品。[10] 数百万种商品在亚马逊以低价售出，会员可以享受免费的两日达服务。亚马逊很少出差错，消费者的购物体验非常好。对电影和音乐爱好者来说，亚马逊免费提供 200 万首歌曲，制作并推出了包括《海边的曼彻斯特》在内的众多获奖电影及备受欢迎的电视剧，比如《透明家庭》和《高堡奇人》。在美国，亚马逊连续被评为最受信赖和喜爱的品牌。[11] 2019 年的一项全球调查显示，在所有的《财富》500 强企业里，亚马逊在品牌声誉排名中位列第一。

政客们指责亚马逊破坏了传统企业，在一定程度上来说它确实如此。那些无法提供独家商品、卓越服务、低廉价格或快速配送的小型零售企业已经遭到并将持续遭受亚马逊的打压。与此同时，亚马逊成了培育新型初创企业的温床。2019 年，来自 130 个国家的数百万家独立企业（仅美国就有 100 万家）在亚马逊 Marketplace（市场）平台上的商品销量占该平台总销量的 58%。[12] 截至 2018 年，亚马逊平台上的小型企业在全球共创造了 160 万个工作岗位。[13] 亚马逊还在其他方面给予小型企业各种帮助。AWS 以合理的价格让创业者们感受到了巨头公司计算系统的实力。Alexa 的人工智能语音服务为软件开发商和智能设备制造商带来了巨大的机遇。

然而，一切都要付出代价。亚马逊庞大的全球仓库网络雇用了数十万名员工，仓库的工作不仅辛苦操劳，还没有工会组织。最糟糕的是，这些工人还要担心未来可能会被速度更快、更廉价的机器人取代。这一天到来的速度要比大多数人预期中更快。

亚马逊的文化是追求速度、志在必得和不近人情，不管是白领还是蓝领。在环境影响方面，亚马逊数以十亿计的快递和能源消耗型的服务器农场不曾为世界温室气体减排做出贡献。亚马逊在线上零售行业的主导地位引发了政客将其拆分的呼吁。根据《华尔街日报》的报道，2017年和2018年亚马逊几乎没有缴纳任何美国联邦营业税，这一做法尽管合法，却让人难以接受，因为仅2018年，亚马逊的年利润就高达100亿美元。[14] 亚马逊没有缴纳税款的一个理由是，企业可以用历史性的亏损来抵销当前的利润，特朗普也曾因为生意亏损而不用纳税或只需要缴纳很少一部分税款。

毫无疑问，这都是非常严肃的问题，但是本质上，这些问题是伴随着资本主义而生的。作为新技术平台里最成功的巨头企业之一，亚马逊因为自身的一些行为而受到了严厉的审视。在某些情况下，亚马逊确实应该受到指责，比如，在纽约市筹划建立第二个总部未果的过程中，亚马逊没有消除当地社区的各种疑虑。这家电商巨头在运送数以十亿计的快递和运营服务器农场时所排放的温室气体对保护地球没有任何助益。但归根结底，解决方案不在于公开地攻击某一家公司，而在于要审视亚马逊等公司已经带来（和将要带来）的各种问题，并采取合理的应对措施，比如，改革税法，制定合理的碳排放规则，为可能会被自动化替代的工人提供政府支持和培训。

  与此同时，我们需要仔细地研究亚马逊，了解未来将如何因亚马逊而改变。无论我们喜欢与否，贝佐斯经济学都将在全球经济中占有越来越大的份额。我衷心地希望，通过了解亚马逊，那些资本主义的改革者可以更好地理解 21 世纪的商业走向，理解贝佐斯经济学如何将我们置于一个关键的转折点，又将如何扰乱我们的社会。对商业领袖来说，这本书将深度探索贝佐斯打造亚马逊人工智能飞轮的方法、飞轮大获成功的原因，以及应该如何与这个庞然大物开展竞争。对所有感兴趣的读者来说，我希望这是一场探索杰夫·贝佐斯世界的旅程，这本书将有助于我们理解，每一次印有微笑标识的棕色纸箱配送到家门口时，我们的生活正在发生怎样的改变。

  第一步就是要意识到，亚马逊已经拥有了极其雄厚的实力，它在我们的生活里无处不在，它与全球经济的紧密联系，也远远超出我们大部分人的认知。

第一章

贝佐斯经济学

贝佐斯经济学建立在"三大管理原则"之上：客户至上、极致创新和长期主义。人工智能飞轮则是落实这些原则的核心驱动力。

早上醒来后,艾拉让 Alexa 煮咖啡、查天气、从全食上购买晚间就可以配送到家的生活用品。艾拉今年 26 岁,在她的世界里,亚马逊几乎无处不在。她大学用的教科书都是从亚马逊网站上购买的,用过之后又在上面卖掉。尽管她从 18 岁起就拥有了亚马逊 Prime 会员,但一想到回家的时候可以在门口收到用亚马逊胶带包装好的快递,她体内的内啡肽依旧飙升。

早餐后,艾拉坐地铁去上班。工作的时候,她想到需要买一款蓝牙键盘,毫无意外,她在亚马逊可以找到最好的。双击鼠标,她知道第二天东西就会送到,如果真的急用,她甚至在下单当天就能收货。她把公司重要的文件备份在 AWS 的云端,她在亚马逊贷款平台上研究小企业申请贷款的条件,然后和团队一起讨论她的创业公司下一个关键的里程碑:在亚马逊网站上发布新产品。晚上，在回家的路上，她去了一趟亚马逊 Go 无人超市购买零食，离开超市的时候，传感器和摄像头自动在她的亚马逊账户上扣款。回到家，她让 Alexa 给她读晚餐菜谱。吃过饭，她让 Alexa 在电视上播放亚马逊 Prime 视频网站上的《了不起的麦瑟尔夫人》，然后读着 Kindle（电子书阅读器）进入梦乡。

艾拉是虚构出来的，但是她生活的情景真实存在。我们都知道，有很多像她一样存在于亚马逊生态圈的用户，亚马逊 Prime 会员每年支付 119 美元即可享受全方位的尊享服务。数以百万计的亚马逊商品在 17 个国家已实现免费配送，最多两天就可以到货。然而，并不是所有亚马逊用户都是 Prime 会员。全球大约还有 2 亿名其他线上用户，无论这些用户是否已经意识到，他们终身都将使用贝佐斯的"操作系统"，而贝佐斯才刚刚开始进入全球市场。[1] 亚马逊正将触角伸向欧洲、印度、非洲、南美洲和日本。只有在中国，因为本土强大的数字巨头阿里巴巴和腾讯的存在，亚马逊才举步维艰。

对街上的行人来说，亚马逊的生意就是把很多东西装进棕色的纸箱里到处配送。在洛杉矶、伦敦或孟买下午的街头，随处可见大堂或门口堆放着印有亚马逊微笑标志的纸箱。一位在亚马逊工作过 10 年的前任高管告诉我，亚马逊实际上是在创造一个比苹果的 iOS（苹果公司的移动操作系统）或者谷歌的安卓系统覆盖面更广、更无处不在的全新操作系统。"我们在亚马逊所做的，"他说道，"就是要成为人们日常生活这张网中密不可分的一部分。我们就是这样打造亚马逊网站的，现在打造 Echo 亦如此，这款音箱内置的 Alexa 可以播报天气、放音乐、控制家里的电灯和空调，而且，没错，它还可以帮我们在亚马逊网站上买东西。我们即将实现一种超级融合。亚马逊正在成为你日常生活的操作系统。"

我们很难想象亚马逊有多么受欢迎，它让人欲罢不能且包罗万象。2017 年节假日期间，在线购物的美国消费者中有 75% 的人表示，他们会通过亚马逊购买大部分需要的商品。[2] 紧随其后的是沃尔玛，8% 的消费者表示会在其网站上采购大部分他们需要的商品。为了运送亚马逊的快递，美国邮局往返郊区的货车增加了配送班次。在一些地区，快递员需要早上 4 点就开始送货才能完成配送任务。在纽约的火岛，每天清晨，因为当地的摆渡船卸载亚马逊的货物时间太久，一些乘客不得不改乘更早一班的渡轮才能赶得上开往纽约市的通勤列车。

在一个人们对机构失去信心的年代，亚马逊赢得了人们深深的敬意。2018 年，乔治敦大学贝克中心开展了一项关于美国人心目中最信任的机构的问卷调查。民主党人首选亚马逊着实出人意料，因为左翼人士一直在猛烈抨击亚马逊仓库恶劣的工作环境，以及抨击亚马逊左右地方政府，并获得大量应纳税款减免。事实上，2017 年和 2018 年，亚马逊几乎没有缴纳联邦所得税。而在意料之中的是，共和党人则将亚马逊作为仅次于军队和地方警察的第三个选项。[3] 无论是民主党还是共和党，参与问卷调查的受访者对亚马逊的敬意远远超过美国联邦调查局、大学、国会、媒体、法院和宗教机构。这或许是因为，尽管 51% 的美国家庭会去教堂礼拜，但 52% 的美国家庭拥有亚马逊 Prime 会员。[4]

特别是在"千禧一代"和"Z 世代"消费者群体中，人们对亚马逊的崇拜根深蒂固。Max Borges Agency（公关公司）对过去一年在亚马逊上购买过科技产品的 1 108 位 18~34 岁的消费者进行了问卷调查，并得到了一些惊人的发现：44% 的千禧一代表示，他们宁可一年没有性生活也不愿意离开亚马逊；77% 的受访者表示，他们宁可一年不喝酒也不愿意离开亚马逊。[5] 调查结果一方面揭示出千禧一代和 Z 世代的生活方式和性驱动力，另一方面也展示出了亚马逊的诱惑力。

在消费者心目中超乎寻常的口碑转化成了真金白银。WPP（广告传播集团）旗下的数据公司凯度在 2019 年中期公布了世界最具价值品牌排名，亚马逊位列榜单第一。[6]凯度预估，亚马逊的品牌价值高达3 150亿美元，比上一年显著增加了1 080亿美元。亚马逊在榜单上一举击败了苹果和谷歌，其品牌价值甚至是阿里巴巴和腾讯的两倍多。

亚马逊变得让人欲罢不能，美国家庭把收入的相当一部分都贡献给了亚马逊。[7]在所有家庭支出中，2.1%是用于在亚马逊消费的，这相当于一个年收入6.3万美元的美国家庭在亚马逊支出了1 323美元。消费者愿意为亚马逊掏腰包的主要原因在于，在亚马逊上购物可以节约时间和精力，消费者不需要开车或乘坐公共交通工具去店里购买纸尿片或电池这种常规的日用品。比如，当住在曼哈顿上西区的退休图书编辑夏洛特·梅耶森需要为她的老式固定电话更换电池时，她会乘一辆公共汽车去附近的百思买。热心的导购对她说道："百思买不卖这种电池，但我很愿意帮助你。"导购走向电脑，在亚马逊上为夏洛特订购了她需要的电池。

即使那些瞧不上亚马逊的消费者在生活中也离不开亚马逊。诺娜·威尔斯·阿罗诺维茨在《纽约时报》的一篇评论文章中写道，她原则上痛恨亚马逊，因为她读过很多关于亚马逊如何对待仓库员工的报道。然而，在她那位曾积极为劳工奔走呼吁的85岁的老父亲经历了一场严重的中风后，阿罗诺维茨变得十分依赖亚马逊，她需要确保居家养病的父亲的生活里各种用品一应俱全，从物理疗法所需的运动球到便宜的蛋白粉。阿罗诺维茨将使用亚马逊视为"与魔鬼做交易"，然而在提到她父亲时，她写道："他没办法自己出门购物，他的护工也不能把所有时间都用来前往专科药店和医疗用品商店。因此，亚马逊Prime就是他的生命线。"[8]

关于购物成瘾的问题，我们并没有具体翔实的数据，但是有多个案例表明，一些消费者逐渐对在亚马逊上购物产生了心理上的依赖。在缅因州的索科，一个40岁的男性消费者梅恩因为退回太多智能手机而被锁定账号，因为亚马逊的算法会悄悄地区分优质顾客与非优质顾客。梅恩花了数月的时间争取重新恢复他的账号。在几近恳求亚马逊的客服后，他的账号终于被恢复了。他告诉《华尔街日报》："我当时的感觉是眩晕和无所适从。你不会意识到一家公司已经和你的日常生活绑定在了一起，直到你的账号被锁定。"[9]

一段时间以来，科学家已经意识到，使用社交平台，比如脸书、推特和照片墙（Instagram），会让人上瘾。每一次听到手机响起最新点赞的提示音或是收到一条热情留言的通知，你的大脑都会释放出多巴胺——一种可以触发人类愉悦感受的神经传导物质。用户逐渐习惯了这种小小的愉悦，并开始强迫性地查看他们网站上的帖子是否收到了新的评论。肖恩·帕克是脸书的创始总裁，他于2005年辞职离开了这家社交媒体公司，他曾解释说，脸书为了增加用户黏性而滥用了"心理学上人类脆弱的一面。只要有人给你发的信息或照片点赞留言，脸书就给你加了一小剂多巴胺"[10]。

大人和孩子都容易对互联网上瘾，尽管上瘾的现象在孩子身上表现得更显著，当孩子应该发展社交和阅读技能的时候，他们却每时每刻都黏在屏幕前面。问题已经严重到一些硅谷巨擘不允许自己的小孩使用手机或严格限制孩子使用电子设备的地步了。克里斯·安德森曾是《连线》杂志的主编，现在担任一家机器人和无人机公司的首席执行官，他绝对不是反对自动化的卢德分子。在接受《纽约时报》的采访时，他们提到孩子和屏幕的话题，他这样说道："如果我们用糖果和可卡因来衡量的话，那么接触屏幕就类似于吸食可卡因。技术专家创造了这些产品，评论家观察了技术变革，但他们都太天真了。我们以为一切尽在掌控之中，但实际上，技术远远超出了我们可控的范围。刺激直接传导给了正在发育的大脑的愉悦中枢。"[11]

脸书、照片墙和推特这类社交媒体网站会引发社交和心理问题，亚马逊同样应该对加重购物成瘾这类现象负责。购物的诱惑力如此之大，令部分消费者陷入了强迫性反馈，还承担了严峻的财务后果。点击购买按钮相当于脸书或照片墙上传来点赞的通知声。但是，与能否收到来自朋友的点赞不同，点击下单的消费者知道他们将会有所收获。1~2天内，他们想要的商品就会配送到家，这种感觉仿佛他们全年都在接收节日礼物或生日礼物。因此，他们实际上"打了两剂多巴胺"，一剂是在点击下单的时候，另一剂是当快递员按下门铃的时候。

一些消费者沦为了亚马逊强迫性反馈循环的财务受害者。艾普莉·本森是纽约市的一位购物成瘾问题方面的心理学专家。在研究过程中，她发现了一些网上购物严重成瘾患者的案例，其中包括一名来自长岛的名叫康斯坦斯的中年女性因身陷15万美元的债务问题而在近期提交了破产申请。康斯坦斯对本森说道："我不知道吸毒成瘾是什么感觉，但购物就是我的瘾……我一周工作7天来支持我的喜好……我总有撑不住的那一天。"

购物狂不是什么新鲜概念，但互联网很容易让人变成购物狂，因为网上购物实在太方便了。Max Borges Agency 开展的一项对千禧一代和Z世代购物者的调查显示，47%的受访者上洗手间的时候在网上买过东西，57%的受访者工作的时候在网上买过东西，23%的受访者在通勤的时候买过，19%的受访者在喝醉的时候买过（尽管人们以为醉酒购物的人数应该更多一些)。[12]一个美国东北部的高中教师表示,她偶尔喝醉后会坐在床上逛亚马逊,而第二天完全想不起来买了什么。

只要点击一个按钮或者用语音给 Alexa 下指令就可以下单,这样让人上瘾的便捷购物意味着一些消费者可能最后买了很多他们并不需要的商品。有一天,我发现自己在亚马逊上购买了一个不锈钢咖啡罐,罐子底部带有可以保持咖啡干爽的二氧化碳排放口。谁知道二氧化碳会对咖啡有害呢?我又有什么好在意的?但我还是买了。我们所知道的自己能买的东西越多,我们买的就越多。线上购物同时也是一种拖延工作的好方式。厌倦了设计那个表格或者写那篇日志?不知何故,你的大脑就会提醒你,即将到来的周末沙滩之旅还需要你买一双新的人字拖,然后你就会去浏览亚马逊网站。

亚马逊吸引消费者的一个原因是他们几乎可以在亚马逊上找到想要的一切。事实上,截至 2018 年,亚马逊和在亚马逊网站上开店的数百万个第三方卖家总共提供了 6 亿种来自全球各地的商品。[13]这个数字是沃尔玛提供的商品种类的 8 倍多。沃尔玛是世界上最大的实体零售商,它的超级商店里供应了 12 万种商品,线上大约有 7 000 万种商品。

深入挖掘亚马逊网站的"马里亚纳海沟",你会发现一些有趣的商品。[14]消费者可以买到一种有 16 个颜色的感应马桶夜灯（9.63美元）；男式黑色硅制婚戒（4只12.99美元），是那些价格敏感、明显比较悲观的新郎的首选；Honest Amish免冲洗胡须护理软膏（11.43美元）；一对活的马达加斯加发声蟑螂（马岛蟑螂，13.5美元），但遗憾的是现在买不到了；我的最爱——一个印有尼古拉斯·凯奇袒露上身的照片的枕套（5.89美元），这件商品有239条评价，得到4颗星好评，一个叫卡拉的用户开心地评论道："知道尼古拉斯在我的床上，我就感觉有人在保护我。"

亚马逊上不全是这些小玩意儿。消费者能以35 279美元的价格订购一台重达3.5吨的普通车床——比福特的征服者汽车还重，还可以享受免费配送，但是必须要本人在家签收。同样可以免费配送的是一个重达674磅①的通用汽车引擎、一组300磅的杠铃和一个250公斤的枪支保险柜。一个用户在评价中提醒说，免费配送不包括将这个沉重的保险柜送上楼。[15]

亚马逊因为拥有海量数据，知道哪类商品热销，所以在销售自营商品时极具优势，它充分地利用了这一点。当亚马逊发现蓝色羊绒开衫或者智能微波炉很受欢迎时，它就会找一家生产商以自营品牌来生产相应的商品。最典型的案例就是亚马逊

---

① 1磅≈453.592 4克。——编者注

自营品牌电池直接与美国永备和金霸王展开竞争，而且售价通常都会比这些优质品牌低一些。2016年，亚马逊拥有大约20个自营品牌，包括亚马逊Basics和女性当代系列、Lark & Ro以及童装品牌Scout+Ro。[16]到2018年，自营品牌数量超过了140个，其中包括中古家具品牌Rivet和食物饮料品牌Happy Belly。家用品牌拥有成为亚马逊重点业务的潜质。[17]根据评级机构太阳信托罗宾逊汉弗公司的分析，2018年亚马逊自营品牌销售额达到了75亿美元。2022年，预计销售额将达到250亿美元。[18]

尽管调查显示大部分消费者钟爱亚马逊，但是已经有诸多证据表明，特别是那些我采访过的千禧一代表示，亚马逊的搜索结果里出现了太多赞助商的商品和亚马逊的"推荐商品"。这些杂乱的显示让他们望而却步，他们感到被亚马逊提供的大量商品淹没了，却很难在广阔的网络荒地中动脑筋购物。输入"跑鞋"，消费者会收到超过7万条搜索结果。要选哪一双呢？我不知道。越来越多的虚假评论和以免费商品换来的评价，使人很难甄别哪款产品才是真的好。

具有讽刺意味的是，研究表明，消费者的选择越少，他们做出的决定越好，他们也越倾向于购买。哥伦比亚大学的商学教授、《选择的艺术》的作者席娜·伊加尔在1995年开展了一项被称为"果酱测试"的实验。她在加州的市场里摆了一张桌子，上面放了各种 Wilkin & Sons 牌果酱。每过几个小时，她就更换一下果酱的组合，有时放 24 种果酱，有时放 6 种果酱。她发现，那些尝试了 6 种果酱的人中有 1/3 最终会购买，而那些尝试了 24 种的人中只有 3% 最终购买了果酱。[19] 太多的选择会让人无所适从。

尽管消费者喜欢在亚马逊的网站上订购几乎所有商品，包括印有尼古拉斯·凯奇的枕套，但最终使他们不断地回到亚马逊网站上购物的原因是，亚马逊提供了快速精准的配送服务。最近，因为在垃圾桶旁边扔了一堆超出正常尺寸的亚马逊快递箱，我被垃圾处理公司多收了 120 美元的处理费用。幸运的是，大部分纸箱可以循环再利用，变成在美国和世界各地使用的新纸箱或其他纸质产品。然而，在制造和运送这些印有微笑标识的纸箱时所产生的温室气体正在变成一个真正让人担忧的问题。

自亚马逊创立之初，贝佐斯就一直在缩短配送商品的时间。当 2005 年推出 Prime 会员时，会员可以享受部分商品免费两日达，自此亚马逊不断地扩大会员可享受免费配送的商品范围。在 2019 年初，亚马逊宣布将致力于把会员的免费两日达改为免费当日达。现在，订单只要超过 35 美元，会员即可享受免费当日达服务，适用商品超过 300 万种。除了在美国，亚马逊在澳大利亚、英国、德国和日本等国家也相继推出了当日达服务。(最受欢迎的 Prime 配送商品是香蕉。谁能想到呢?) 2018 年,亚马逊当日达服务成功地配送了 20 亿件商品,配送所需的时间也越来越短,把任天堂迷你红白机配送到华盛顿州柯克兰的消费者手中和把 High Sierra Loop(高山双肩包)配送到北弗吉尼亚州夏洛特的消费者手中,都只用了 9 分钟。[20]

亚马逊并不满足于全部依靠当地的邮局或者像 UPS(美国联合包裹运送服务公司)这样的快递公司来实现从仓库到消费者手中这最后一英里①的配送。2018 年,亚马逊表示将会采购两万辆奔驰面包车,推出一个创业项目,让创业者可以在亚马逊的帮助下在本地成立自己的配送公司。亚马逊还有一个叫作亚马逊 Flex 的项目,允许优步和来福车的司机兼职配送快递。同时,亚马逊还在尝试无人机配送。2016 年,亚马逊首次在英国进行无人机配送,用无人机向剑桥市附近的消费者配送了一台亚马逊 Fire 电视和一袋爆米花。从点击购买按钮到无人机配送到家,全程只用了 13 分钟。[21]

尽管 UPS 和美国邮局规模庞大,但它们还是无法满足亚马逊洪水般的配送需求。亚马逊正在用集装箱货运船、货物

---

① 1 英里 ≈1.609 3 千米。——编者注

运输机以及牵引车打造世界上最具活力的物流公司。在一个叫"龙船"的项目中，亚马逊向来自中国工厂的进口商品的承运方出租自营的集装箱货运船。亚马逊还在打造名为亚马逊Air 的空中配送服务。2018 年底，亚马逊宣布在沃斯堡联盟机场建立一个空中运输中转中心。[22] 这不是危言耸听。在亚马逊增强自身运输能力的同时，摩根士丹利调低了对联邦快递和UPS 的股票预期，因为亚马逊很可能会蚕食这两家巨头的市场份额。[23]

快速配送的关键是仓库要在消费者附近，无论是在英国的赫特福德郡、巴西的圣保罗、日本的大阪、印度的新德里，还是在中国的天津。[24] 截至 2019 年，亚马逊已经在全球设立了75 间仓库，这一数字还在不断地增加，亚马逊甚至买下废弃的商场并将其改为配送中心。2019 年初，亚马逊在克利夫兰地区购买了两家商场，它们距离市中心很近，配有水电和停车场，临近公交车站，方便那些没有车的仓库工人上下班。[25]

亚马逊配送网络的规模超乎想象。2017 年，亚马逊从庞大复杂的仓库网络中配送了 33 亿个快递，相当于给世界一半的人口每人寄送了一个快递。[26]

今天的消费者不仅要求快速配送，还希望拥有线上线下的多种选择。2017 年，亚马逊以 137 亿美元收购了全食，亚马逊正在颠覆传统实体零售业，引领新型混业零售的发展。全食的500多家实体店让亚马逊的消费者既可以在网上下单，选择将日常食品配送到家，又可以在下班回家途中顺便自提。

在收购全食一年后，新闻媒体报道，亚马逊将建立一个低价的日常食品全美连锁店，直接与沃尔玛和克罗格展开竞争。专家表示，亚马逊将弃用的希尔斯商店变成了全新的日常食品店。同时，亚马逊也在致力于缩小运营规模。截至2019年，亚马逊运营了42家实体零售店，包括亚马逊Go无人超市、亚马逊4星产品店和亚马逊书店。截至2020年，亚马逊只开设了15家Go无人超市，消费者无须排队结账就可以购买三明治、沙拉和饮料等商品。顶棚的摄像头会扫描消费者选购的商品，将费用直接计入消费者的亚马逊账户。货架上的计重秤可以确认消费者是否将拿下的商品又放了回去。无人超市很受欢迎，亚马逊表示将开设更多此类超市。华尔街分析师预测，Go无人超市在5年后将发展成数十亿美元的业务。[27]

贝佐斯建立了世界上最具扩张性和最有实力的线上零售体系，正步步紧逼实体店的经营。这只是故事的一部分。亚马逊开创的一种新模式正威胁着其他行业的生存。亚马逊不断创新，令客户满意，推动人工智能飞轮快速旋转，通常它创造出的一款产品或服务最终都会演变成一项业务。贝佐斯就这样从云计算、媒体跨界到消费电子产品，进入一个又一个行业。许多商界人士为此感到担忧，他们也确实应该担忧。亚马逊的人工智能飞轮将会无情地碾压他们所在的行业。

创办20多年来，亚马逊投入了数十亿美元将网站打造成最直观、最可靠的线上购物终端。随后，亚马逊让一部分曾经参与创建亚马逊线上业务的顶级编程人员和计算机专家打造出了AWS，企业和个人可以利用互联网云服务在大型的服务器农场上存储、管理和处理数据，而不再受限于本地服务器或个人电脑。云计算是技术行业增长最快的领域之一。作为最早一批推广云计算的公司，亚马逊2006年就推出了云服务。2018年，AWS依旧是世界上最大的云计算公司，营业收入达350亿美元，云服务也成为亚马逊最赚钱的一项业务。

2000年左右，贝佐斯认为向Prime会员提供免费的流媒体视频服务将会成为吸引、挽留消费者的一个好方法。他推出了Prime视频，制作了数十档原创的电视节目，包括汤姆·克兰西的惊悚系列《杰克·莱恩》、朱莉娅·罗伯茨的《归途》，以及获得了包括杰出喜剧奖在内的多项艾美奖的《了不起的麦瑟尔夫人》。[28] 2019年，亚马逊投资了70亿美元用于打造原创节目和原创音乐，成为好莱坞的一股重要力量。[29] 这笔投资远远不及网飞，同年网飞投资了150亿美元（超过好莱坞任何一家公司的投入）用于打造原创内容，但是这些投资说明了亚马逊志在必得的决心。[30]亚马逊在超过200个国家提供流媒体服务。拥有1.04亿名会员的网飞的订阅用户更多，但是行业观察家表示，亚马逊的2 700万名Prime会员会定期观看视频服务，它正在一点点缩小与网飞的差距。亚马逊2018年与全美橄榄球联盟签订了10场周四晚间橄榄球比赛的直播协议，这样的协议功不可没。

亚马逊Prime会员也许会喜欢免费的音乐。2007年，贝佐斯推出了流媒体服务亚马逊音乐，对Prime会员免费。10年后，亚马逊发展出了亚马逊"音乐无限"，一项提供5 000万首歌曲和定制歌单的付费服务，现在它成了Spotify（声田）、Pandora（潘多拉）和苹果音乐的直接竞争对手。正如亚马逊音乐副总裁史蒂夫·布姆告诉The Verge（美国科技媒体网站）的那样："我认为，我们是全球顶级的流媒体服务提供商之一。我期待着最快速的增长。"[31]

贝佐斯认为，如果可以让消费者更方便地在亚马逊下单买东西、听音乐、看视频，那岂不是更好？这促使亚马逊在2014年推出了内置人工智能语音助手Alexa的亚马逊Echo智能音箱。Echo对个人电脑和沟通行为所产生的巨大影响不亚于史蒂夫·乔布斯推出的苹果手机。Echo运用人工智能倾听人类的提问，在一个与互联网连接的数据库中扫描上百万个词汇，然后给出针对各种问题的答案。以古埃及亚历山大的图书馆名称命名的 Alexa 可以播放音乐、提供天气预报和比赛得分，还可以远程调节家中的智能温度计。2019 年，亚马逊的 Echo 在全球的销量超过了 5 000 万个。其他公司生产的内置 Alexa 的设备销量也达到了千万级别。亚马逊很早就推出了 Kindle、Fire 电视和其他消费电子设备，现在正全力打造可以由 Alexa 控制的智能安全摄像头、智能微波炉和智能电灯。亚马逊正在成为一个重要的消费电子产品制造商。

贝佐斯经济学带来的颠覆才刚刚开始。亚马逊威胁的不仅仅是零售业、云计算、媒体和消费电子产品，金融业、医疗行业和广告业也是亚马逊下手的目标行业。当贝佐斯将人工智能飞轮应用到这些行业的时候，众多竞争对手会溃不成军或丧失大量的市场份额，比如医疗行业。

2018 年，亚马逊与沃伦·巴菲特的伯克希尔-哈撒韦以及摩根大通合作建立了一个非营利机构，旨在为三家公司的 120 万名员工提供全新的医疗服务。该项目的负责人是著名的波士顿外科专家与《纽约客》专栏作家阿图·葛文德。亚马逊试图以此找到颠覆医疗行业的新途径。医疗行业需要的是更低的价格和更好的治疗方案，而这正是亚马逊的优势所在。2018

年，亚马逊收购了一家线上药店——PillPack。在全食实体店里，亚马逊可以建立自营的药房，不仅提供低价药品，还通过预测分析技术和用户数据来追踪和影响患者的行为习惯。

在不久的将来，亚马逊 Echo 和 Alexa 将会助亚马逊远程问诊一臂之力。亚马逊将搭建一个由声音驱动的新型服务平台，可以帮助患者预约问诊时间。新的智能音箱设备 Echo Show 配有一个 10 英寸[①]的显示屏，远程问诊将由此成为现实。亚马逊在深度人工智能方面的实力将帮助医生更准确地诊治病人。亚马逊已经可以提供急救信息和各种保健的小窍门了，添加诸如自动续购处方药和吃药提醒等功能将变得轻而易举。CVS 健康、哈门那、联合健康等医疗服务供应商理应感到担忧。

当贝佐斯将人工智能飞轮应用到新领域时，他寻求的是从根本上改变行业的游戏规则。大数据、人工智能和专注于消费者，将会成为企业上桌参与游戏的基本筹码。任何与亚马逊竞争的企业都必须意识到，墨守成规将注定无路可走，它们必须学着拥抱贝佐斯经济学的基本要义，不然就要努力找到不受亚马逊冲击的安全港湾。

不了解贝佐斯这个人，我们就很难完全理解贝佐斯经济学

---

① 1 英寸 =2.54 厘米。——编者注

的影响。1994年,杰夫·贝佐斯辞去了在华尔街对冲基金的一份收入丰厚的工作,创建了一家网上书店。20多年后,他建立起了一家商业史上最有价值的企业,也成为世界上最富有的人。

然而,对金钱的渴望并不是推动他走上巅峰的根本原因。

第二章

世界上最富有的人

贝佐斯拥有三种特质,这些特质让他不同于那些平凡的企业家:足智多谋、直面真相、坚持长期主义。

杰夫·贝佐斯是一个矛盾集合体。

他创造了50多万个新的就业岗位，但同时因不断优化的机器人和人工智能技术使世界各国的公司纷纷效仿亚马逊，上百万人的生计面临着威胁。

他运营亚马逊的每一分钱都要精打细算，甚至将曾经用过的门改成桌面使用。[1] 他积累的财富曾超过世界上任何一个人，但他的开销也十分惊人。贝佐斯的个人财产包括一架价值6 600万美元的湾流G650ER私人飞机；在洛杉矶、旧金山、西雅图、华盛顿特区和纽约市的房产；在得克萨斯州西部大约40万英亩①的土地。他在2019年中期购入了曼哈顿附近麦

---

① 1英亩≈4 046.86平方米。——编者注

迪逊广场公园第五大道212号4层的三套奢华公寓（包括顶楼豪华套房）。[2] 这些公寓加起来的居住面积是1.73万平方英尺[①]，有12间卧室，16个洗手间，1个宴会厅，1个书房，1部私人电梯和能看到公园及城市景色的5 730平方英尺的露台。售价：8 000万美元。

他在网上以居家男人的形象示人，喜欢早上在房子里闲逛、看报纸、和4个孩子一起用早餐，偶尔会亲手制作蓝莓巧克力碎片松饼。[3] 有时，他甚至会洗洗碗。然而，2019年他和携手25年婚姻生活的妻子麦肯齐·贝佐斯离婚，去追求一名性感的福克斯前新闻女主播，这名女主播曾是好莱坞最有影响力的一名经纪人的妻子，现在她是一名直升机飞行员。[4]《纽约邮报》的封面头条赫然写道："亚马逊陷入泥潭。"

贝佐斯曾承诺向早期幼儿教育机构及帮助无家可归者的慈善机构捐赠20亿美元，公众却因为亚马逊力争获得在筹的纽约市第二总部税收优惠而将贝佐斯视为夺走当地学校和公共服务资金的无情资本家。（他们完全不考虑亚马逊将会缴纳比税收优惠多数百亿美元的税款，给社区创造更多的就业岗位。）

这些矛盾集合在一起，意味着从某种程度上讲，贝佐斯

[①] 1平方英尺≈0.092 9平方米。——编者注

也是凡人，他既有伟大之处，又可能会愚蠢至极。但是从另一个层面上讲，这些矛盾说明贝佐斯拥有一股自然的力量，这股力量在巨大的空间里快速腾挪，他拥有各种空前的资源，所以矛盾频发也就在所难免。当一个人创立了世界上最有价值的公司之一，拥有比世界上任何人都多的财富时，他的生活注定不会平静。贝佐斯本人相信叙述性谬误，这是一个由纳西姆·尼古拉斯·塔勒布在2007年出版的《黑天鹅》一书中创造的流行词，贝佐斯要求亚马逊的高管都去阅读这本书。塔勒布认为，人类生来就习惯于将复杂的情况转变为过于简化的故事。依照这种方式思考，生活中的各种矛盾或许并没有给贝佐斯造成困扰。

贝佐斯生活中的叙述性谬误在于，他是一个勤劳的、聪明绝顶的管理者，对他来说，让消费者满意比任何事情都重要。他可能会将工程师"逼疯"，直到他们想出受欢迎的创新产品，比如Kindle、Fire电视或者内置Alexa的Echo，所有这一切都是为了让亚马逊Prime会员开心。他会投入大量的时间和资源，让亚马逊始终保持增长势头，不断地向媒体、广告、云计算和医疗等行业跨界。这只是故事真相的一部分，但就像所有谬误的叙述一样，故事的全貌远非如此。跳出这个框架，一幅复杂迥异的画面跃然纸上。

贝佐斯拥有三种特质，这些特质让他不同于那些平凡的企业家：贝佐斯认为，足智多谋是最大的优点；他直面真相，无论真相将他带向何方；他目光长远，坚持长期主义，思考的维度不是以年计算，而是以数十年、数百年计量的。这些特质解释了他生活中出现的各种矛盾，也正是这些特质让贝佐斯成为贝佐斯。

他曾经不叫"杰夫·贝佐斯"。[5] 这位亚马逊的创始人出生时名叫杰弗里·普雷斯顿·乔根森，他出生于1964年1月12日，在新墨西哥州的阿尔伯克基。他的母亲杰奎琳临盆时还是一个17岁的女高中生。他的父亲泰德·乔根森那时刚刚从高中毕业，在一个当地的演出团表演独轮车杂技，经常到镇里的集市、体育赛事和马戏团巡回演出。[6] 这两个年轻人在贝佐斯出生前喜结连理。

乔根森和杰奎琳遭遇了大多数年轻夫妇面临的挑战。乔根森表演独轮车杂技的工作收入微薄，他不得不在当地一家百货商店兼职。[7] 收入微薄，婚姻就会有压力。杰奎琳的父亲劳伦斯·普雷斯顿·吉斯（贝佐斯继承了外公的中间名）试图帮助这个入不敷出的家庭。他为女婿乔根森支付了在新墨西哥大学读书的学费，但是乔根森辍学了。他试图通过自己的人脉关系给乔根森在新墨西哥州立警察局找一个职位，但是乔根森并不感兴趣。当贝佐斯三岁的时候，他的父亲离开了这个家，从此消失了。

贝佐斯再也没有见过他的亲生父亲。[8]直到2012年，记者布拉德·斯通发现了泰德·乔根森，并在《一网打尽》这本书里提到了他。斯通发现，乔根森在凤凰城北部开了一个叫"骑行人自行车中心"的小自行车行。他不知道他的儿子创立了亚马逊，已经成了世界上最富有的人之一。当斯通第一次向乔根森提到他的儿子贝佐斯时，对方回答："他还活着？"

在斯通找到乔根森之后，这位前独轮车手联系了贝佐斯，并告诉他只想见他一面，特别强调说自己对贝佐斯的巨额财富不感兴趣。[9]他只是想见贝佐斯一面，承认他们的父子关系。但是，乔根森的努力没有得到回应。正如他对《每日邮报》所说，在尝试联系贝佐斯之后，"我认为他不会来见我。我没有收到他的任何回复，没有任何迹象表明他想和我联系。我希望这个想法刊登出来之后他会联系我，我不怨他，我想我不是一个称职的父亲"。贝佐斯似乎从未与他的生父联系过。乔根森在2015年3月16日去世，享年70岁。[10]他的讣告里只提到，他过世时留下了他的"儿子贝佐斯"，除此之外没有提到任何贝佐斯家人的名字。

在杰奎琳和乔根森离婚后，她开始约会，最后遇到了一个叫米格尔·贝佐斯的古巴难民，米格尔·贝佐斯家在古巴拥有一个木材厂。[11]米格尔·贝佐斯的父母不希望他在卡斯特罗的政权统治下遇到麻烦，因此便在1962年将他送往迈阿密。他和杰奎琳在新墨西哥相遇，很快坠入爱河。1968年4月，他们结婚后搬往了休斯敦，米格尔·贝佐斯（将名字美国化为迈克）在埃克森美孚公司谋得了一个石油工程师的职位。当杰夫·贝佐斯4岁的时候，迈克正式收养了他，他们让这个蹒跚学步的孩子随贝佐斯姓。杰夫·贝佐斯从小到大一直将迈克·贝佐斯视为自己的亲生父亲，一个温暖的、给予他支持的父亲。

那么，一个穷困潦倒的独轮车手和一个年轻妈妈的孩子究竟如何变成世界上最富有的人？贝佐斯喜欢讲述他在成为商业史上最有影响力的人物的过程中有多么幸运。的确如他所说，他拥有天时地利，在互联网刚刚腾飞之际，他做起了在网上销售图书的生意，之后他经历了互联网泡沫的破裂和流媒体的浪潮，赶上了消费者由实体店购物向在线购物转移的剧变。他甚至曾与死神擦肩而过，我们稍后会讲到。然而，这还不是故事的全部。

杰夫·贝佐斯似乎从他的外公劳伦斯·普雷斯顿·吉斯那里继承了对技术的热爱、管理大型机构的技能和足智多谋的天性。贝佐斯说，外公吉斯发挥的作用"对我来说极其重要"[12]。贝佐斯从 4 岁开始，一直到 16 岁，每个夏天都在他外公位于得克萨斯州南部的"懒人吉"农场里度过。为了让杰奎琳和迈克·贝佐斯能喘口气，外公吉斯帮他们带着杰夫、杰夫的继妹克里斯蒂娜和他的继兄马克。那些和外公吉斯一起度过的夏天塑造了贝佐斯。在他的回忆里，外公特别有耐心，愿意让杰夫和他的继兄妹在农场里干活儿。贝佐斯后来回忆起他在农场里度过的第一个夏天，那时他才 4 岁："外公让我产生了一种错觉，好像是我在农场帮助他，这当然不可能了，但我当时是这么认为的。"[13]

贝佐斯一直将外公描述成一个和善的、喜欢在"懒人吉"农场里闲逛的老人，可是他从未提起过吉斯在退休前的职业，这个职业从某种程度上解释了为什么贝佐斯拥有管理一家有 65 万名员工的企业的天赋、精力和背景。

当贝佐斯自称他纯粹是幸运的时候，我们不要忘了，他的外公吉斯可不是什么朴实无华的得克萨斯州农场主。他的外公对他和他的事业产生了重大的影响。吉斯是一名受人尊敬的高级政府官员，1964 年，美国国会任命他来管理美国原子能委员会的阿尔伯克基运营办公室，其中包括桑迪亚、洛斯·阿拉莫斯和劳伦斯·利弗莫尔实验室，这些实验室推动了原子弹和氢弹的研发。[14] 当时，吉斯管理着约 2.6 万人，负责着那个年代一部分最精密和秘密的技术。吉斯同时还是美国国防部高级研究计划局（DARPA）的高级管理人员，该局是作为五角大楼对 1957 年苏联成功发射第一颗人造卫星的应对措施而于 1958 年成立的研发分支机构。[15] 除了其他事项，美国国防部高级研究计划局还创建了一套通信系统，万一核打击摧毁了传统通信渠道，这套系统仍可以维持正常通信。[16] 这一技术为今天我们所熟知的互联网的形成奠定了基础。吉斯在政府如何运行方面拥有非常丰富的经验，同时也了解那个年代一部分最先进和秘密的技术。

在农场的那些夏天，贝佐斯说，外公会给他讲美国与苏联冷战时期的导弹防御系统的故事。[17] 这给幼年的贝佐斯留下了非常深刻的印象。现在，在所有的硅谷巨头中，贝佐斯是最亲近政府的一位首席执行官，亚马逊的云计算业务甚至赢得了五角大楼和美国中央情报局数十亿美元的合同。这项业务对亚马逊的重要程度体现在 2018 年贝佐斯将亚马逊的第二总部定在了华盛顿特区附近的北弗吉尼亚州。这也是为什么他斥资 2 300 万美元在华盛顿特区豪华的卡洛拉马区买下一座老旧的纺织博物馆，并将其改造成特区最大的独户住宅，他的邻居是奥巴马一家和贾里德·库什纳、伊万卡·特朗普，住宅面积达

2.7万平方英尺。[18]《华盛顿人》获取了耗资1 200万美元的改造方案蓝图，房子包括25个洗手间、11个卧室、5个起居室、3个厨房和1个大宴会厅。

亚马逊与政府的密切关系引发了很多争议。亚马逊Rekognition面部识别软件是涉及这一关系的软件中最复杂的一款。在美国，亚马逊将这一技术出售给了联邦和地方执法人员，他们通过这项技术来追踪犯罪嫌疑人和恐怖分子。2018年底，450名亚马逊员工担心这项技术会侵犯公民的个人自由，于是给贝佐斯写了一封信，抗议公司将面部识别软件出售给警察。[19]贝佐斯没有公开地回复这封信，但是在信件被公之于众的同一天，在一场会议上，贝佐斯很坚定地对将技术出售给政府表明了态度："如果大型科技公司对美国国防部说不，这个国家将会陷入麻烦。"[20]

贝佐斯对军事工业的积极态度与谷歌形成了鲜明对照，谷歌在2018年底宣布，在解决部分关键技术和政策问题之前，谷歌不会把通用的面部识别软件出售给政府。[21]帮助自己的国家没有错，但是面部识别领域是一个全新的领域，其中充满了个人隐私方面的担忧，亚马逊有必要学习谷歌，在确保各项恰当的防护措施部署到位之后，再将技术放手。2018年，在一个应用亚马逊Rekognition软件的实验中，美国公民自由协会发现软件误将 28 位国会成员的照片当成公开的犯罪嫌疑人的照片，其中许多人被标记成犯罪嫌疑人的原因在于他们是有色人种。[22] 亚马逊对此的回应是，美国公民自由协会没有正确地使用这款软件。

在"懒人吉"农场挥汗如雨的日子里，贝佐斯不单单在外公吉斯身上学到了对美国的热爱。他说，他牢牢地记住了一个关于人与人之间关系的至关重要的教训，直到今天，他依然能尝试将其运用到工作和家庭生活中。1974 年，当他 10 岁的时候，他与外公、外婆一起参加了一次长途旅行，他们在驾驶的汽车后面挂了一个气流拖车，加入一个由 300 名旅行者组成的旅行车队，在美国西部跋涉远行。[23] 他的外婆马蒂是一个老烟枪，而那时候电视台正在播放一些关于戒烟的广告，贝佐斯在农场看下午档肥皂剧《我们的生活》时看到了那些广告。其中一条广告说，有数据表明，人每吸一口烟就会少活两分钟。有一天，在长途旅行中，贝佐斯坐在车后座上，不停地计算着马蒂因吸烟而减少的寿命。当他算好了之后很自豪地向马蒂宣布她将少活多少年时，他完全没有料到外婆的反应——她一下子放声大哭起来。外公随即把车停下，把贝佐斯从后座上拉了下来。他不知道外公会对他做什么，因为外公从没有骂过他。贝佐斯回忆道："我以为他肯定生气极了，但是他没有。他说了一番意义非凡的话——'你有一天会发现,做一个善良人比做一个聪明人难得多'。这真是非常有力的智慧。"

在贝佐斯后来的事业中,常有人记述他时不时会发火的暴脾气,虽然他没有一直谨记外公吉斯让他善以待人的忠告,外公教他成为一个足智多谋的人却给他留下了非常深刻的印象。在农场里,外公吉斯喜欢亲力亲为,为了教贝佐斯自立,每个夏天他都会让外孙承担越来越多的责任。[24] 他们一起建栅栏、搭水管、组装预制建筑,一起修风车、修谷仓,甚至用整个夏天修理一台卡特彼勒的旧推土机。贝佐斯还帮助外公干一些兽医的活儿。[25] 外公曾经自己亲手制作牛用的缝合针,他会找一段金属丝,用火棍把金属丝的尖部磨锋利,把尾部磨平,再打一个针孔。贝佐斯后来开玩笑说,他们"在一个前不着村后不着店的农场里,也不可能从亚马逊上下单"。

足智多谋的其中一个特质就是可以格外专注于一个项目直到正确地完成。[26] 当贝佐斯在蒙台梭利上学的时候,他太专注于手头的事情了,老师没办法让他去做其他任务,只好把他连同椅子一起抬起来,搬到了下一个任务的位置。[27] 现在,贝佐斯说,他可以专注地做事而不是每几分钟就检查一下邮件。他开玩笑说自己"按顺序处理多项事务。如果真有什么事特别重要,那么一定会有人来找我"。

在六年级的时候，贝佐斯对一个叫"无限方块"的装置着了迷，方块的反射镜可以让人看到"无限"。[28] 镜子反射彼此的光，产生一种影像被无限传播的假象。贝佐斯的母亲杰奎琳觉得花20美元买这样一个小物件太贵了，就没给贝佐斯买。但贝佐斯发现，他可以用很少的钱买到无限方块的各个部件，于是他就自己组装了一个。在一本描述学校里的天才儿童的书中，作者写道，六年级的贝佐斯说："你应该有能力思考……为你自己思考。"该书的作者将贝佐斯形容为"友善但严肃"，甚至"极其恭敬有礼"，拥有"卓越的智商"，尽管在老师们看来，贝佐斯"在领导力方面并没有特别的天分"。

以高中班里名列前茅的成绩毕业后，贝佐斯进入了普林斯顿大学，他想成为一名量子物理学家。[29] 他发现这个专业的同学都比他更擅长理解量子物理学深奥难懂的原理，因此，他转专业去学习了电子工程和计算机科学这两门他自认为更擅长的专业。毕业时，他拿到了罕见的4.2分平均分（4.3分代表A+），之后他就前往纽约的华尔街工作。

在纽约落脚后不久，贝佐斯决定要结婚，他很清楚自己最看重的标准。[30] "你不会想和一个不足智多谋的队友过完这一生。"他回忆道，他理想中的伴侣应该拥有将他从监狱中解救出来的能力。

他在麦肯齐·斯科特身上找到了梦想中伴侣的样子,麦肯齐是他在工作中认识的普林斯顿大学校友。[31] 尽管在华尔街工作,但麦肯齐的梦想是成为一名小说家。在普林斯顿大学读书期间,她曾担任畅销小说家托尼·莫里森的助手。麦肯齐后来发表了两部评价很好的小说。在亚马逊成立的早期,麦肯齐就展现出过人的才能,作为这家创业公司的会计,她还帮忙招聘、包装图书,甚至开车前往 UPS 或者邮局寄送。

贝佐斯将足智多谋的理念运用到了培养他的四个孩子身上(他有三个儿子和一个从中国领养的女儿)。在孩子们 4 岁的时候,他就让他们使用刀,在八九岁的时候,他就让他们使用其他工具。[32] 麦肯齐曾说过:"我们宁可孩子只有 9 根手指,也不愿他们 10 根手指完好却呆头呆脑。"连贝佐斯后来离开麦肯齐而选择在一起的女人劳伦·桑切斯也展现出了贝佐斯欣赏的足智多谋。这位福克斯《早安洛杉矶》栏目的前主播主持过舞蹈大赛《舞林争霸》,拥有一家自己的空中摄影公司,还是一名直升机飞行员,如果真的需要把贝佐斯从监狱中营救出来,那么驾驶直升机这项技能绝对非常实用。[33]

在纽约生活的早期,贝佐斯在神秘的对冲基金德劭基金(D. E. Shaw)找到了一份工作,其中的一项工作职责就是快速套利,这是一种在全球市场中寻找价格差异的数学黑匣子交易方式。³⁴ 有一天，贝佐斯发现互联网正在以每年2 300%的速度增长。³⁵ 他从来没有见过增长这么快的领域，他知道自己必须参与其中。销售图书预示着一个良好的开端，因为书籍不会腐坏而且基本尺寸统一，方便包装和寄送，消费者根据评论就可以对他们想要的书有一个大致了解。

当他在1994年决定成立亚马逊的时候，他正值三十而立，拥有一份前景不错的工作，他是德劭基金历史上最年轻的资深副总裁，已经和麦肯齐结婚一年。³⁶ 他做了很多次心灵的拷问，因为他喜欢这份工作，前途一片光明，他如果决定留下，肯定可以赚大钱。他找到了他的老板，并告诉他自己想开一家互联网书店。他的老板说这听起来是一个好主意，但不适合像贝佐斯这样已经拥有了一份不错的职业生涯的人。

贝佐斯前后思量了几天，这个数据至上的计算机高手遵从了自己的内心，做出了最终的决定。³⁷ 他想象了一下自己到80岁的时候回顾过往人生的情景，突然意识到："我不希望到了80岁的时候，我记忆中的人生有那么多遗憾。一个人最大的遗憾可能是你本可以杀掉某个人，你或许会为此感到遗憾，但是我们真正的最大的遗憾是遗漏，那些你没有去做的事情会一直让你魂牵梦绕。"他知道他不想在80岁的时候后悔自己没有去尝试做点儿大事，即使他可能不会成功。

贝佐斯和麦肯齐收拾好东西，前往美国另一端的西雅图。他选择这座城市是因为西雅图被誉为科技中心，微软的总部也在西雅图。更更要的是，贝佐斯选择西雅图是因为那里人口数量少。如果选在加州或者纽约州，他就需要在这些人口密集的大州支付高昂的图书销售税。当时的法律规定，亚马逊只需要缴纳从华盛顿州采购书籍的税费。贝佐斯用父母提供的10万美元在众所周知的车库里创建了亚马逊。贝佐斯选择销售图书，但是从最开始，他的雄心就不止于此。他对书籍感兴趣，但是他真正感兴趣的是打造一台最终变成人工智能飞轮的机器，以快速、低廉的方式提供大量的商品。他创立了亚马逊。

亚马逊一路成长为顶尖企业的历程，已有很多人记述了下来。贝佐斯雇用最聪明的程序员，推行他那种极致的客户服务理念，在重视数据、真相和高绩效的文化中把员工推向极限。他雇用了一支优秀的编辑团队，对书籍进行评审、面试作者，确保亚马逊可以成为爱书人士的天堂。他的算法是基于同一本书的读者阅读过的其他内容的，推荐好书由此变得更容易。他还提供低价、选择多的商品和快速配送服务。

然而，亚马逊早期并不是完全由数据驱动的。贝佐斯在亚马逊网站上积聚流量的一种方式就是传统营销。1997年，这家成立了两年的公司在成长，但对贝佐斯来说成长得还不够快。[38]为了给网站博眼球，营销部门想出了一个点子，叫作"有史以来最伟大的故事"，让亚马逊的消费者和一位著名的作家联合创作。根据亚马逊第55号员工兼图书编辑詹姆斯·马库斯的回忆录《亚马逊》，小说家约翰·厄普代克同意给名为《谋杀促成一本杂志》的悬疑小说撰写第一段，故事发生在一个像《纽约客》杂志办公室那样的房间里。他的开头是这样写的："塔索·卜女士在10点10分乘坐电梯前往铺着橄榄绿地砖的19层，一种不祥的预感让她备受煎熬。"亚马逊邀请消费者在接下来的44天里每天写一段新的内容，公司的编辑团队会每天选出一个获胜者。获胜者每人将获得1 000美元的奖励，厄普代克还会撰写这篇悬疑小说的最后一段，并获得5 000美元的报酬。这场比赛成功地吸引了广大图书爱好者，亚马逊收到了38万份投稿，这是一次公关的大获全胜："厄普代克文学写作挑战"被300家不同的新闻媒体争相报道。那年秋天，亚马逊一跃成为互联网上点击排名最高的前25家网站之一。

亚马逊不惜一切代价为消费者提供最优的价格和最快的配送。但亚马逊的员工不能享受免费的午餐间，更不要想报销的问题。在亚马逊早期的节假日期间，贝佐斯还会要求高管团队在西雅图仓库轮流值夜班，帮助接应不断到来的订单。[39]贝佐斯举办过一场竞赛，看谁能用最短的时间从货架上取下商品。他总是鼓励员工不要关注竞赛本身，但是当竞争对手出现的时候，亚马逊会变得十分残忍。在 2000—2009 年那段时间，亚马逊与创业公司 Diapers.com 展开了一场争夺战，根据《一网打尽》这本书的描述，贝佐斯表示，如果这家创业公司不同意被收购，有必要的话，亚马逊将把尿片的价格降到免费，直到这家公司和亚马逊达成协议。[40] 亚马逊最终吞并了这家企业。

贝佐斯把早年在外公吉斯的农场里学到的自力更生用在了亚马逊上。20 世纪 90 年代末，贝佐斯正在探索如何增加亚马逊网站上销售商品的数量，他决定允许独立的或者说第三方卖家在网站上销售商品。他最初的想法是推出亚马逊拍卖，消费者可以为商品竞价，就像在易贝一样，但是没有消费者对这个拍卖网站感兴趣（尽管他的继兄马克表示他曾在上面买过一个咖啡杯）。因此，贝佐斯关停了这项业务，开设了一家 Z 商店，商品的价格由第三方卖家规定，但是也没人光顾。这些试验持续了大概一年半，直到公司内部产生了一个想法：允许那些第三方卖家在亚马逊销售商品的同一网页上卖东西。贝佐斯同意了这个战略，称其为 Marketplace，这个想法立即奏效了。[41]今天，Marketplace 的销量占亚马逊全部销量的一半以上，边际利润比亚马逊核心的线上业务还要高。

"推动事情不断向前发展的全部意义,"贝佐斯说,"在于你不断遇到问题、陷入挫折、重新振作、再次尝试。你要运用自己的足智多谋,尝试着跳出惯常的思维定式。"[42]

但是,足智多谋并不是让贝佐斯成为贝佐斯的全部原因。

第三章

直面真相：我们信仰数据

在亚马逊早期，在六页纸推出之前，员工通常都有"很多高级的想法，但是深入项目之后才发现结果并不像原来预想的那么重要"。六页纸的准则让亚马逊避免了踏上错误的轨道。

当评价一个人的品质时，贝佐斯会将足智多谋放在第一位，他期待每一个为他工作的人都能展现出同样水平的智慧、主动性和独创性。亚马逊21世纪初的网页描述诠释了贝佐斯希望招募的人才特征："没有所谓的亚马逊'类型'。他们是亚马逊网站的员工，通常拥有3个硕士学位，会讲5种语言……在宝洁和微软工作过……是专业的花样滑冰选手……是罗德奖学金得主。"[1]亚马逊早期的首席财务官乔伊·科维曾在当年2.7万人参加的注册会计师考试中排名第二，另一个早期的亚马逊员工曾经夺得全美拼写大赛冠军。贝佐斯告诉《华盛顿邮报》："你可以在走廊里喊出'onomatopoeia'（拟声词），随后就有人能拼写出来。"

但是，招募足智多谋的超级明星也不足以解释亚马逊何以取得非凡的成功。贝佐斯还有一个最显著的个性特征，就是他可以直面不堪的、未经修饰的真相，他拥有基于冰冷残酷的现实做决定的能力。在亚马逊，部分高管办公室外面挂着写有"我们信仰上帝，此外只信数据"的标识，这是贝佐斯赖以生存的理念。[2] 不像其他许多首席执行官，贝佐斯周围没有那些阿谀奉承的人说好话，他会与那些愿意用残酷的现实挑战他的人交谈。事实胜于层级，他对此深信不疑。

他直面真相的最明显的表现就是他著名的（一些人认为是臭名昭著的）"六页纸备忘录"，直到今天，亚马逊的管理者们还心有余悸。任何想要推动一个产品或一项服务的亚马逊人，都必须在写下代码之前准备一个不超过六页纸的文档。贝佐斯的箴言"一切始于顾客"便从这里开始起作用。这份备忘录是模拟的公关新闻稿的形式，通常以说明这个新项目的长远影响和对顾客的意义开头。讨论问答环节有助于厘清服务或产品的具体细节以及开发团队的具体开发步骤。现在，负责运营AWS的安迪·贾西[①]回忆起，在亚马逊早期，在六页纸推出之前，员工通常都有"很多高级的想法，但是深入项目之后才发现结果并不像原来预想的那么重要"[3]。六页纸的准则让亚马

[①] 2021年7月5日，安迪·贾西成为亚马逊历史上的第二位首席执行官。——编者注

逊避免了踏上错误的轨道。亚马逊内部的团队无休止地研究讨论这些备忘录，有时花费数周的时间撰写，直到他们确定这个想法是正确的，且备忘录涵盖了所有关键的事实。

一名 2015 年前后在亚马逊工作了 3 年时间的亚马逊前经理说，六页纸备忘录的流程就像是亚马逊内部的风投公司。"亚马逊拥有充满伟大想法的聪明的年轻人。亚马逊鼓励员工把好的想法提出来。贝佐斯从硅谷招聘最优秀的人才，并且打造了一个可以支持这些人才提出优质创意的体系。是的，失败不可避免，但他们愿意很快地做个了结，将负面影响降到最低。"

当团队在会议上汇报六页纸的时候，贝佐斯坚持让每一个人都花 20 分钟时间认真地理解消化这六页纸，没人可以假装已经读过。当阅读时间结束，会议就进入了生机勃勃的、充满质询的讨论环节，大家不断地挑战六页纸中提出的设想，并依据目前的现实从消费者角度审视该项目的可行性。每个亚马逊的重大创新，比如 Prime、Alexa 和 AWS，都曾经历过六页纸备忘录的严峻考验。然而，并不是所有的提议都很复杂或者有足够的数据可以写满六页纸。对于更简单的问题，备忘录短一些更好。随着新项目的推进，备忘录被不断地反复修改，直到项目基本成形。在一些情况下，一份经过修订的六页纸会变成产品发布会上直接可用的新闻通稿。

亚马逊的每一个会议目标，无论是否源于六页纸，都尽可能地接近事实真相。詹姆斯·马库斯回忆起一次发生在20世纪90年代末的贝佐斯与高管们讨论图书销量的会议。年轻的首席执行官宣布正在打造"一个标准的文化"，自豪地念出了一组从公司数据库中提取的数据，证明亚马逊主页上图书的销量正在快速增长。一位名叫玛丽莲的经理恰好每天都会核对仓库的真实数据，她注意到这组数据里两三项指标的数据过高。根据马库斯的回忆，玛丽莲对贝佐斯说：

"杰夫，这组数据是错的。"

"数据是我们直接从数据库中提取的。"贝佐斯回答道。

"但是数据是错的。"她坚持说。

贝佐斯并没有让步，直到有一天，他在会上宣布："我怀疑，我们计算的是购物车里的数据，而不是真实的销量。"[4] 换句话说，计算机将所有被加入购物车的图书都算作了销量，而实际上，并不是所有的顾客都最终点击了购买按钮，数据库忽略了这个细微的差异。像玛丽莲这样的员工愿意发出不同的声音直接挑战贝佐斯，这充分说明了亚马逊的企业文化。但是，更能展现企业文化的是，贝佐斯花了大量的时间和精力彻底搞清楚了这究竟是怎么回事，对首席执行官来说，他完全可以直接相信由顶尖的技术人员打造的一流数据库，但真相胜过一切。

一位曾供职于亚马逊 Prime 视频、后来于 2017 年离职并自己创立公司的经理谈到，亚马逊平等的环境让下级可以挑战上级而不用担心产生任何负面影响。他回忆自己曾经在一家大型的美国国家电视台工作，开会时，你如果不是副总裁或者更高级别的人，就不能坐上会议桌。"在亚马逊，情况完全不同，"他回忆道，"亚马逊鼓励每个人参与有益的冲突。我从来没有见过其他任何一个组织可以实现如此扁平化的管理，有能力把超级有影响力的人联结在一起。亚马逊是真的追求有所建树，让你成为你自己的首席执行官，构建你自己的品牌，快速行动，与每个人合作。一切以客户为中心，这样做让人感觉格外精力充沛。所有的一切都是在思考如何连接客户，如何将客户放在第一位，而不是推诿扯皮。"

当然，这并不意味着会议永远是令人愉快的。另外一位在亚马逊工作了近 10 年的高管描述了一些揭露真相的会议是什么样的。"这是一个混乱的地方，我这样想是因为我曾在投行工作过，"他说，"亚马逊每周都开会，就像是一个竞赛节目。你要接受考验。你是否达成了目标？你需要给出答案，否则就'从这里滚出去'。"在所有紧张情绪的背后，是亚马逊持续不断地尝试为消费者排除生活中的困扰。如果消费者懒得阅读操作说明，亚马逊就要负责任，它设计的产品必须简单易用。读者可以不离开房间就在 Kindle 上订购一本书。Alexa 要让购物和听歌变得更方便。"我们一直在为消费者排除生活中的困扰，"这位高管说，"消费者永远是第一位的，这是我们所有工作的出发点。在亚马逊，员工不是消费者。我们永远没有时间去吃早午餐或者寿司，而且没人有助理。"

现在，六页纸的坚定支持者是格雷格·哈特，他负责亚马逊电影和电视流媒体服务 Prime 视频。他说，比起幻灯片和白板，贝佐斯更喜欢六页纸，因为他认为，当使用那些常见的企业办公辅助软件时，大部分关于项目的信息都只在汇报人的头脑里。汇报人需要特别善于沟通，通过统一连贯的方式分享细节信息，这样关键的要点才能清晰地展现出来，而播放幻灯片需要让所有人都全神贯注，在黑暗的房间里盯着一张又一张布满数据的页面。

与之相反，六页纸备忘录让员工必须仔细思考他们想要说的话。这份备忘录的作者必须认真思考，如何用叙述的方式清晰地描绘出一个产品或者一项服务的潜力，备忘录中只能体现最有用和最相关的信息。其他人在读过备忘录之后会提出问题，但是备忘录中最好已经为大部分问题给出了答案。重要的是，这是一份鲜活的档案，记录了一个项目的生命周期，在正式推出之前，项目经理要一直完善更新备忘录里的内容。

说六页纸有效，最好的证明就是它创造了 Alexa 语音助手。在哈特负责 Prime 视频之前，他曾负责管理创造 Alexa 的团队。早在 2011 年，贝佐斯就发起了亚马逊内部的讨论，关于语音是否会成为人机互动的关键方式以及如何实现。在那些讨论中，贝佐斯给 Alexa 提出了一个简单的目标：一个没有屏幕的可以完全通过声音进行互动的设备，没有键盘，没有触摸屏。贝佐斯要求哈特来负责这个代号是"多普勒"的项目并提供一份六页纸备忘录。"贝佐斯对未来的设想十分惊人，"哈特说，"他拥有看穿未来的能力，他能将毫不相关的信息和模式拼凑在一起，并在其中找出有价值的线索，这种能力是异于常人的。"

一开始，哈特备感压力。作为威廉姆斯大学英语专业的毕业生，他在消费电子方面没有任何经验，更不用说在前沿的语音识别软件方面了。哈特着手做的第一件事就是尽可能多地学习语音和硬件相关的知识。他花了大量的时间与亚马逊的秘密研发中心 126 实验室（实验室的名字指代字母表，数字 1 代表字母 A，数字 26 代表字母 Z）的工程师一道，研究如何创造出这样一个设备。

随着对技术的了解变得越来越多，在向高层汇报前，哈特和他的团队会不断地修改六页纸的内容。哈特像是要进行媒体发布一样来撰写这六页纸，内容包括具体信息、交付日期、发布日期和亚马逊在与媒体沟通中可能提到的新设备所涉及的各方面内容。同时，六页纸还要包括亚马逊内部人员可能会提出的各种问题。设备如何过滤背景噪声？如何分辨口音或俗语？人们会用设备来做什么？如果看不到要买的东西，人们为什么会用这个设备来购物？

在接下来的几个月，哈特不断地修改备忘录，产品和性能也在不断地调整，他收到来自贝佐斯和其他高管的反馈，确保六页纸的内容符合首席执行官最初的设想。正如最初备忘录里所写的那样，Alexa语音助手的设计愿景是希望能够进行"正常对话"。贝佐斯经常敦促哈特和他的团队减少所谓的延迟，即Alexa实际回答问题所需要花费的时间。贝佐斯非常清楚消费者有多么浮躁善变，因此多年前，在搭建亚马逊网站的时候，贝佐斯就要求程序员在设计网站时，让网站尽可能快地响应消费者的点击。Alexa一定要反应迅速，不然消费者用起来就会感到很痛苦。

就在推出Alexa语音助手设备（现在叫作Echo智能音箱）的前夕，在2014年，哈特再一次更新了六页纸中关于他们最终将推出的这款产品的描述，并将其与最初的备忘录进行比较。"我们扪心自问，"哈特回忆道，"我们仍然感觉良好吗？我们是否对有价值的事项进行了妥协？或者说，这样的妥协可以接受吗？是否存在功能蠕变，导致我们改东改西？"六页纸迫使他直面真相。如果最终的产品没有实现贝佐斯最初的愿景，哈特将会返工。贝佐斯对他看到的设备感到非常满意，让他们继续推进，于是 Echo 智能音箱成了一个爆款产品。

在推出之后，亚马逊也没有停止对产品进行优化。曾经一度，贝佐斯和高管团队争论 Echo 的"听力"是否足够好，用户是否需要一个小型手持麦克风，在嘈杂环境中用麦克风来讲话。（Alexa，你现在能听见我说话吗？）为了回答这个问题，亚马逊再一次把问题抛给了消费者。第一批售出的 Echo 配有一个声控器，让用户可以在房间的另一头使用这个设备。[5] 随后，亚马逊立即开始检测 Echo 的使用情况，数据显示，人们几乎不使用声控器。在之后的配货中，声控器被悄悄地移除了，亚马逊降低了设备的成本，还为消费者省下了一笔钱。亚马逊就这样为消费者解除生活中的困扰，人工智能飞轮不停地旋转。

Alexa 项目是贝佐斯锐意创新、激发灵感并处理各种相互关联的细节的一个缩影。六页纸在不同层面都是奏效的，它帮助公司处理复杂问题。如果六页纸写得正确无误，团队中每一个人就都可以获取像 Alexa 这样复杂的新项目的关键信息。六页纸实现了信息的公平化，在仔细阅读备忘录之后，每个人都可以了解项目的基本情况。

贝佐斯以身作则。他每次都认真专注地阅读六页纸。一位参加过许多次六页纸会议的高管说，贝佐斯阅读的时候仿佛置身奥林匹克运动会，他就像是一个即将参加奥运会的滑雪运动员，闭着眼睛想象身体在实际比赛中每次旋转时该如何移动。换句话说，贝佐斯吸收了备忘录中的全部信息，预估了一旦会议开始可能会遇到的各种障碍和阻力。一旦做好了充分准备，他就可以对备忘录做出战略和战术层面非常细致的反馈。

在像亚马逊这样庞大、复杂的企业里，贝佐斯没有时间经常与所有的高管碰面，因此他利用六页纸会议确保所有高管在任何一个具体项目上都目标一致。然后，这些高管将目标传达给下一级团队，这些团队再把目标一点点传下去。这种做法奏效的部分原因在于，围绕在贝佐斯周围的是被他评价为"长期忠诚"的资深高管团队（S-team），他的18位高管了解他的思考方式，理解他的价值观，他们对找到真相拥有强烈的愿望。与贝佐斯共事多年（一些甚至超过10年）的高管很少离职，对贝佐斯极为忠诚。"我很高兴我们的资深高管团队没有经常出现变动，"在2017年的全体员工大会上，贝佐斯如是说，"我不希望改变现状，我非常喜欢你们每一个人。"[6]

建立一支资深高管团队，需要背后付出很多艰辛的努力，但是贝佐斯拥有一个秘密武器。他的核心资深高管团队成员很多都曾是贝佐斯的技术顾问，一个不太正式的称呼叫"影子顾问"。新晋的高管如果可以成为贝佐斯的影子顾问都会感到很幸运，他们可以与贝佐斯紧密共事两年，跟他一起参加会议，接受特别任务。除了亚马逊外，其他公司也用过影子顾问。在20世纪90年代，一个名叫保罗·欧德宁的年轻高管曾经担任英特尔首席执行官安迪·格鲁夫的影子顾问，他最终成为这家芯片制造商的首席执行官。亚马逊的影子顾问项目成效卓著的原因在于，它并非普通的导师制，而是全职职务。

在亚马逊早期，贝佐斯给千挑万选出来的高管做导师，但是效果并没有他设想的那么好，一些高管最终离开了亚马逊。[7] 贝佐斯的第一个全职影子顾问是安迪·贾西，一个完全没有技术背景的哈佛大学工商管理硕士。贾西唯一的工作就是跟着贝佐斯参加会议，学习他如何思考、如何探寻问题的症结所在，以及他对世界未来方向的判断。贾西在2003—2004年担任贝佐斯的影子顾问，正如我们所见，最终他参与建立并运营着AWS，这个目前世界上最大的云服务业务。对任何人来说，这都是一个特别的激励，有没有技术背景不再那么重要。[8] 如果不是贾西在担任影子顾问期间赢得了贝佐斯的信任，贝佐斯也不可能让一个没有技术背景的人来负责这样一个关键项目。

从那时起，影子顾问项目就成了亚马逊文化的内核，多年来，通过这个项目，贝佐斯培养了一系列成功的高管。2018年，贝佐斯的影子顾问是来自中国的高蔚，一位在亚马逊有着14年职业生涯的女软件开发员。影子顾问项目还在不断扩大范围。杰夫·威尔克负责亚马逊全球电商业务，是当时公司第二个最有权力的人，他也有自己的影子顾问——王云燕，她也是华裔，曾担任亚马逊独立零售商销售平台Marketplace的总监。这两位担当影子顾问的女性传递出一个强烈的信号：亚马逊正试图打破由男性主导的技术文化。

Prime视频的负责人格雷格·哈特仍然清晰地记得贝佐斯让他担任影子顾问时的场景。

哈特说，当他被要求担任老板的影子顾问时，他感到很意外，他对当时的工作十分满意，但是与贝佐斯的一顿午餐迅速说服了他。哈特回忆道，贝佐斯当时十分慷慨。他说："听我说，你如果不想做我的影子顾问，而是更热爱目前的工作，完全没问题。除了我们两个之外，没有人会知道这件事。"哈特说，午餐后他立即接受了这个邀请："这是一个绝好的机会。那天晚上，我回到家，对我的妻子说，我感觉这就像是在工业革命前夕，亨利·福特邀请一个人做他的影子顾问。"

资深高管团队和农场俱乐部一般的影子顾问体系在公司内

部发挥了另外一个同样重要的作用,即确保亚马逊拥有一群实力非凡的高管,他们有一天也许可以接替贝佐斯,担任首席执行官。亚马逊像其他诸如苹果、微软、特斯拉、谷歌和脸书这样的企业一样,拥有非常强的创始人印记。当我创作这本书的时候,贝佐斯只有 55 岁,但是投资人担心,如果贝佐斯离开或者发生什么状况,亚马逊将何去何从,更不用提员工有多么担心了。贝佐斯似乎是在用这支资深高管团队向世界传递一个信号:他如果发生了什么意外或者退休(尽管没人相信短期内会发生),亚马逊还有一群超级优秀的高管可以接管并运营好公司。当然,我们无从知晓这些优秀的高管是否像杰夫·贝佐斯一样拥有远见、直觉和天赋。贝佐斯的离开无疑会对公司产生负面影响,就像苹果在史蒂夫·乔布斯离世后,直到现在依旧挣扎着找寻创意的方向。即便如此,对于贝佐斯向华尔街传递的这个信号,一些股票分析师还是买账的,亚马逊和亚马逊的人工智能飞轮会继续旋转,即使没有贝佐斯。

贝佐斯给予他的资深高管团队充分的信任,给这些高管下放了大量的权力,这就解释了为什么贝佐斯可以管理一个像亚马逊这样庞大、复杂的跨界企业。拥有一支忠诚、经验丰富的管理团队不是什么新鲜事或让人感到惊奇,但贝佐斯的与众不同之处在于,每一次有一个新的产品提案时,他都会确保这些高管在充分了解了这个项目之后再离开房间。通常，这个过程并不愉快。贝佐斯会不断地用事实来挑战参加会议的每一个人，不会留下任何一厢情愿或凭空猜想的余地。如果有人没有准备好或者试图蒙混过关，贝佐斯就会变身成一些员工口中的"狂人"。[9]会议上，他会对那些没有准备好的团队发问："抱歉，是我今天没有吃愚蠢药吗？""你是懒惰还是没能力？""如果我再听到这个想法，我就不得不自我了断。"在这些情况下，他展现出来的是聪明，而不是友善，与他近距离工作的人说，他的这种疯狂也是有道理的，基本上每一次贝佐斯都是对的。

哈特见到过很多这种疯狂时刻，他自己也遭遇过不少，但是他从不认为这是针对他个人的。"这很重要，"哈特说，"任何一个领导者都会有发火的时候。当杰夫对一个人或者团队感到很失望的时候，他善于表达出自己不是对这个人感到失望，而是对这个人或者团队的表现感到失望，因为他们没有展现最佳的思考力。"而有时，哈特承认，贝佐斯是对的，员工确实没有把工作做好。

为了寻找真相，哈特说贝佐斯通常就一个问题反复地与他探讨备忘录的内容，有时失望仅仅源于有的人没有做好解释说明工作。一旦贝佐斯理解了他们的观点，或者他们理解了贝佐斯的观点，他们就能继续推进，开展具有建设性的对话。

马克·劳尔曾在 2010 年前后在亚马逊工作，他对亚马逊的冲突文化有着不同的理解。2010 年，劳尔参与创立了 Quidsi，这家拥有 Diapers.com 的线上零售企业同意以 5 亿多美元的价格整体出售给亚马逊，之后劳尔留下来与贝佐斯一同工作。几年后他离开了亚马逊，创立了 Jet.com，2016 年这家企业以 33 亿美元的价格出售给了沃尔玛，这笔交易使劳尔成为这家零售巨头的美国电商负责人。[10]

劳尔离开亚马逊的一个原因就是他不喜欢贝佐斯创立的企业文化，在这种文化中，高管会运用犀利的手段，用提高嗓门的方式探寻真相。坐在新泽西州霍博肯可以俯瞰哈得孙河的现代化办公室里，劳尔的穿着打扮非常不像沃尔玛员工，他身着黑色 T 恤和牛仔裤，回忆着在亚马逊的日子。"杰夫说，他不相信只会让人得到错误答案的所谓社会凝聚力，"劳尔解释道，"他那种方式也有好处。如果你告诉大家你究竟在想什么，那么即使你可能会伤害他们的感情，你还是可以得到正确的答案。"不好的一面，劳尔认为就是，如果你伤害了同事的感情，他们就不会对领导层存有多少信任，或者下一次他们就不会讲话，他们会变得厌恶风险甚至离开公司。"两种方式各有利弊，但是我个人喜欢沃尔玛这种饱含社会凝聚力的文化，在这里个人的感受很重要。你如何与其他人互动很重要，你给他们带来的感受也很重要。我们不总是单纯追求正确的答案。"

劳尔说得很对，但是不惜一切代价探寻真相是世界上许多伟大的公司取得成功的秘诀。苹果的史蒂夫·乔布斯以不断逼迫员工直到他得到自己认为正确的解决方案而闻名。[11]他有时会说服他们做一些不可能实现的事情，通常态度十分生硬无理。乔布斯喜欢说："你们得以和我共处一室的代价，就是要接受我不留情面。"有时他会说员工们不讲情面，有时员工们也会说乔布斯不讲情面，但最终迎接他们的是巨大的成就。亿万富翁瑞·达利欧是世界上最大的对冲基金桥水的创始人，管理着1 600亿美元的财富，他的从商理念就是追求"激进的真实、激进的透明"，他认为这是在一个机构里培育独立思考能力最好的方式。员工在会议上会被实时评分，依据就是他们呈现出来的真实性、透明度和正确性。这是一种极端文化，但同时也是一种奏效的文化。不是每一个人都能在这种压力和严格的要求下生存的，正如美国海军海豹突击队的口号所说的那样："要么挺身而出，要么转头离开。"但是从长远来看，乔布斯和贝佐斯都拥有一支由顶级优秀人才组成的忠诚可靠的团队，这些高管承担的责任越来越大。

不只是冲突性的会议让员工感到在亚马逊工作很难。2015年，《纽约时报》刊发的一篇描述亚马逊企业文化的长文提到，员工"被鼓励在会议上相互批评各自的想法,打'持久战'(在午夜收到邮件后,员工还会收到询问为什么不回复的短信),秉持着公司引以为豪的'不合理的'高标准"[12]。这篇文章继续写到,亚马逊内部的电话通信录会教员工如何给彼此的上级领导秘密发送反馈,员工在办公桌边哭泣似乎是大家司空见惯的事情。一位亚马逊前员工在文章中总结说,这种文化就是"有目的的达尔文主义"。

在这篇文章刊登出来之后,贝佐斯说《纽约时报》记者描绘的不是他认知里的亚马逊。在我与数十位亚马逊现员工或前员工聊天时,并没有人讲述这样恐怖的故事或者因为害怕亚马逊严格的保密协议而三缄其口。但所有人都认为,亚马逊的企业文化确实极为严苛,弱小的心脏承受不来。

亚马逊从来都不掩饰对卓越的追求,那些优秀的、最终被聘用的亚马逊经理或工程师如果不喜欢这里的工作氛围,很轻松就能找到新的工作。当贝佐斯创立亚马逊的时候,新员工在即将签署的合同里会看到一段话,这段话声明员工知晓在亚马逊工作"可能会涉及一些高强度的工作压力",而员工对于由此带来的压力不能对公司采取任何行动。[13]哈特认为,亚马逊的企业文化不是强调冲突和严苛,而是强调狂热的专注和持之以恒。人们追求事实并相信一定会有正确的答案,往往会导致激烈的争论，但是其出发点并不是为了对立冲突。根据亚马逊很多员工的说法，归根结底，贝佐斯对真相不懈的探寻通常会帮助他们提高自身的思考力。

沉迷于数据也有其劣势。对事实的追问、无限专注的思考也是贝佐斯的阿喀琉斯之踵，让他在公众的眼中缺乏同理心，有时他对一些生活中的灰色地带视而不见。批评的声音将他视为财阀，认为他打着为股东创造利润的名号，过于专注消费者而忽视了自己的员工和社区。比如，他们指出亚马逊的工作环境严酷，表面上却好像是出于对消费者的忠心；当亚马逊宣布将在纽约长岛建立第二个总部时，贝佐斯不愿意消除当地政客和居民的担忧，大概是因为解决这些问题会占用本该为消费者提供服务的宝贵时间和资源。

颇具讽刺意味的是，短期内可能成就贝佐斯的事情最终会对他形成反噬。总体上，贝佐斯自认为是个好人，他创造就业、向慈善机构捐献数十亿美元。然而，对于那些被亚马逊伤害的人和代表他们的政客，贝佐斯没有带来丝毫的慰藉。政治上反对亚马逊的浪潮或许有一天会让亚马逊的前进方向发生很大改变。

在展现科技巨头的傲慢方面，贝佐斯绝非孤家寡人。其他的互联网大亨，比如脸书的马克·扎克伯格、优步的联合创始人特拉维斯·卡兰尼克和谷歌的联合创始人兼首席执行官拉里·佩奇也时常会展现出硅谷的社会盲区。所有人都是聪明绝顶的技术大咖，他们对可以量化的东西感觉更舒适，对无法量化的东西，诸如人类情感这样的存在，就感到没那么自在。[14]在优步，卡兰尼克的态度是"不要来征得同意，而是要乞求原谅"，有时在拓展叫车服务时，他会公然地蔑视地方法规，让当地政府十分不满。扎克伯格不惜一切代价谋求增长的理念，令很多人感到愤怒。他被推特前首席执行官迪克·科斯洛托在《纽约客》的文章中描述为"无情的执行机器"。扎克伯格对于在2016年美国总统选举中，俄罗斯操控脸书以及剑桥分析公司窃取脸书个人用户数据，帮助特朗普获得选票的丑闻展现出漠视的态度，这丝毫无益于他的名声。与之类似，谷歌首席执行官拉里·佩奇面对的是，员工公开抗议，要求谷歌在没有确保部分安全规则得到满足的前提下，必须停止将面部识别软件出售给执法部门。比尔·盖茨对《纽约客》说道："聪明、富有的人没能及时地认识到一些问题，会被视为傲慢。这也无可厚非。"[15]

当然，贝佐斯超级聪明，他可能很快就能适应与公众沟通，展现出更加人性化的一面。或许他会雇一位像扎克伯格的谢丽尔·桑德伯格那样的首席执行官副手，因为桑德伯格对各种会议驾轻就熟，可以比扎克伯格更好地向公众介绍脸书。贝佐斯正在适应新现实的信号是，他授权亚马逊全球企业事务负责人杰伊·卡尼打造的一支亚马逊公关团队，已经由寥寥几个人发展到了2019年250人的规模。如果他们做好自己的工作，这支团队就将更好地向世界介绍亚马逊，或许未来可以减少各种针对亚马逊的反对声音。

在公众眼中，贝佐斯或许缺乏同理心，然而正如我们所见，他拥有很多优秀的品质：充满能量、足智多谋以及追求真相的超凡能力，帮助他创造了自己的商业帝国。贝佐斯取得成功的另一个关键因素是他秉持长期主义。当很多企业的领导者用下一个季度或接下来两三年的维度进行思考时，贝佐斯却以百年的维度进行思考。

第四章

长期主义：万年不遇的传奇

> 贝佐斯是一个终极的长期主义者。他相信，以几十年和几个世纪的维度来思考问题可以让人实现那些以短视思维永远无法想象的事情。让员工用长期主义的思维来思考问题改变了他们分配时间、计划和精力的方式。

从新墨西哥州卡尔斯巴德机场向东开车两个小时，就能到达得克萨斯州尘土飞扬的范霍恩镇。在这个得克萨斯州西部昏昏沉沉的偏远小镇，人口只有1 919人，当地的传统商业区中只有一家快捷酒店、一个壳牌加油站和一家丘伊墨西哥餐厅。[1]但是，范霍恩镇有一个方面与典型的美国小镇不太一样。小镇的北部坐落着一个占地面积为30多万英亩的贝佐斯农场，这片土地的面积只比整个洛杉矶小一点点。[2]这个农场不仅仅是贝佐斯的世外桃源，也是贝佐斯期望最终可以征服太空的火箭公司蓝色起源的创始地。蓝色起源展现出了贝佐斯长期主义的思维模式，给出了贝佐斯与众不同的答案，揭示了他可以将亚马逊建成人类商业史上最强大的资本主义机器背后的原因。当大多数人只关注短期几个月或者几年的时候，贝佐斯在以几十年、几个世纪的维度思考问题。

在1998年贝佐斯的第一封致股东的信里,他指出了长期主义视角的重要性,这也是亚马逊直到今天一直奉行的原则。他写道,要采取大胆的行动,投资那些可能有回报、可能没有回报的新技术和新业务,他愿意为了结果等待数年。那封信第一部分的小标题是"一切都应从长计议",他写道,亚马逊"将持续地从长期市场引领者的角度做出投资决定,而不会考虑短期赢利或华尔街的短期反应"。这意味着,做大现金流和市场份额永远比短期赢利更重要。这种方式让贝佐斯在经营亚马逊的时候就像是在经营一家非上市公司。尽管亚马逊一直不赚钱,但业务的迅猛增速和未来的赢利承诺让贝佐斯有能力在面对华尔街猛烈的抨击和质疑时,依旧得以顺利融资。(当然,贝佐斯拥有亚马逊16%的股票,赋予了他许多首席执行官梦寐以求的自由行事的空间。)2014年,贝佐斯告诉《商业内幕》的创始人亨利·布洛吉特,他每年只花6个小时与投资人沟通,而且只与那些长期持有亚马逊股票的人交流。[3] 他基本上不在意那些定期买进卖出的投资人。

贝佐斯是一个终极的长期主义者。他相信,以几十年和几个世纪的维度来思考问题可以让人实现那些以短视思维永远无法想象的事情。对于让人类解决世界饥荒问题或者中东和平问题，大部分人会无奈地摊开双手，但当他们用 100 年的时间尺度来解决时，这些问题会突然间变得有法可解。亚马逊取得成功的秘诀就在于长期主义的思维模式。当大部分首席执行官担心接下来一两个季度业绩的时候，贝佐斯却期待在 5 年、6 年或者 7 年后得到满意的答卷。这让他的员工们有时间发挥创造力来解决问题。"如果每一件事都需要在 2~3 年内解决，"贝佐斯说，"那你就会束手束脚。你如果给自己一些喘息的时间，认为花费 7 年的时间也可以接受，一下子你就有了更多的机会。"[4]

让员工用长期主义的思维来思考问题改变了他们分配时间、计划和精力的方式。于是，他们通盘考虑的能力也就提高了。营造这样一种企业文化并非易事，正如贝佐斯所说："顺便提一句，这不是人类的天性。这是你不得不建立的准则。缓慢积累财富的模式在营销广告中很难受人追捧。"[5]

贝佐斯的长期主义战略给亚马逊带来了巨大的红利。在过去的 20 年里，亚马逊的电商业务创造了大量的现金流，贝佐斯没有选择将现金返还给股东，而是将现金用于扩张业务、投入研发、雇用顶尖的人才。华尔街哭着喊着要看到每个季度的赢利，亚马逊的股价就像坐了过山车一样忽上忽下，贝佐斯对这些都视而不见，只专注于打造世界上最智能的公司。

或许，贝佐斯长期主义视角的最好例证就是他于2013年做出的一个不可思议的、碰运气般的决定，这个决定最终发展成世界上最大的云计算业务：AWS。2013年，在贝佐斯华盛顿湖畔的家里召开的会议上，讨论的焦点集中在亚马逊的软件工程师设计网站新功能时遇到的各种困难。[6] 每一次给新功能写代码，他们都不得不等待亚马逊的IT（信息技术）部门先搞清楚如何在亚马逊盘根错节的计算机基础设施上实现。正如当时贝佐斯的影子顾问安迪·贾西对《金融时报》回忆当年的情景时所说的那样："他们在重新设计车轮……他们要创造的东西全都没有超越项目本身。"贾西的想法是在云端建立按需分配的计算能力，让亚马逊的工程师可以更容易、更快捷地设计新功能。然而，这需要亚马逊在公司内部建立一种强大的计算机服务。那时，互联网泡沫破裂的冲击余波尚在，一家还在挣扎中的线上零售企业怎么能建立一家计算机服务公司呢？

尽管风险重重，贝佐斯还是同意创建云服务。项目大获成功，最终，亚马逊开始向其他企业提供同样的软件服务。今天，AWS是亚马逊最赚钱的业务线，服务惠及上千家机构客户，其中包括网飞、爱彼迎和美国中央情报局。这绝对是一场长期主义的豪赌，回报惊人。在2019年中期，根据科文投资研究公司的预测，AWS估值达5 000亿美元，占亚马逊自身股票市值的一半以上。[7]

这些年来,贝佐斯这种大胆的长期主义豪赌并不总是能押中宝。2019年,亚马逊关闭了亚马逊餐厅食物配送业务,因为他发现亚马逊很难与Door-Dash和Uber Eats这样的外卖平台在竞争高度激烈、接近饱和的市场中赢得一席之地。同年,因为消费者觉得没什么用,亚马逊取消了让消费者点击一下就可以重新下单洗衣用品和其他日常用品的Dash按钮。在互联网泡沫期间,亚马逊投资了两家配送服务网站——Kosmo.com和Pets.com,这两家线上企业都以失败告终。

或许亚马逊最著名的"滑铁卢"是亚马逊Fire手机。苹果在2007年推出的苹果手机取得了空前的成功,谷歌掌握着增速迅猛的安卓操作系统。贝佐斯想,为什么不开发一款手机来吸引亚马逊Prime会员呢?于是在2014年,亚马逊推出了Fire手机,一部售价650美元的智能设备,与苹果手机和三星的安卓机抗衡。[8]然而,这款手机不支持大部分受欢迎的应用程序,比如谷歌地图和星巴克,一些用户抱怨要从iTunes(一款苹果软件)导入程序的尴尬。这部手机没有满足大众的期待,在推出后不久,亚马逊就减记了大量未销售的存货价值。[9]

尽管亚马逊接连遭遇失利,但贝佐斯认为亚马逊"是世界上最优秀的能够接受失败的公司",不会选择规避失败。[10]他认为，如果一家公司不持续经历失败，那么这家公司也无法创造出重大的突破性成功。贝佐斯鼓励他的团队大胆尝试长期押注在 AWS、Prime 和 Kindle 这种最终取得成功的项目上。但是，这种冒风险的做法也带来了很多次失败，比如 Fire 手机和 Pets.com。贝佐斯成功地扛住了这些失败，尽管损失惨重，但没有一次冒险"赌上了整个公司"。如果企业持续创新，那么那些最终押注成功的项目会极大地弥补押注错误的损失。如果企业不保持创新，那么终有一天，它将不得不奋力最后一搏。"在亚马逊网站上，我们的损失高达数十亿美元，是真金白银的数十亿美元的失败，"贝佐斯告诉《商业内幕》的布洛吉特，"你或许还记得 Pets.com 或者 Kosmo.com。就像做根管治疗的时候不打麻药一样，失败让人感到难受至极。不过失败了其实也没什么。"[11] 这样的失败对华尔街来说是致命的，但是贝佐斯在整个职业生涯中都意志坚定、极具说服力且成就非凡，足以抵御那些急于赚快钱的投资人的尖锐批评。在这个过程中，贝佐斯培养了一群耐心忠诚的投资人。

像贝佐斯这样成功的首席执行官不是为了长期而坚持长期主义，而是公司确实可以从长远的角度获得收益。目光长远的公司可以超越对手，拥抱光明的未来，领先对手 5 年、10 年甚至 15 年。比如，亚马逊希望可以进军拥有 13 亿名消费者的印度市场，但很快，亚马逊发现需要克服很多印度本土的监管困难。贝佐斯一向处事精明，他向印度总理纳伦德拉·莫迪描绘的亚马逊是一家可以推动印度出口行业的优秀企业。亚马逊在网站上提供了很多帮助印度零售商触达美国消费者的服务。截至2019年，5万家印度企业通过亚马逊将产品销往美国市场。现在评判亚马逊进驻印度市场是否成功还为时尚早，印度监管机构对过往的电商企业都采取了十分强硬的立场，比如对亚马逊、沃尔玛和阿里巴巴，我们很难想象其他公司在进行国际扩张时会像亚马逊一样着眼长远。

贝佐斯对长期主义的专注甚至拓展到了他的企业董事会。过去几年，贝佐斯选择的董事都是在亚马逊希望拓展的行业里经验丰富的从业者。比如，亚马逊大举进军好莱坞，每年投资数十亿美元开发原创节目。因此，贝佐斯在2014年选择邀请朱迪思·麦格拉思加入董事会就不是什么巧合了。朱迪思曾担任MTV网络娱乐公司的首席执行官，该公司拥有美国喜剧中心频道和尼克国际儿童频道。再比如，AWS的一个核心业务是向包括五角大楼和美国中央情报局在内的美国政府部门提供云服务。因此，杰米·戈雷利克成为亚马逊的董事也就不难理解了。杰米在军事领域拥有丰富的经验，她曾担任美国的副司法部长和国防部的总法律顾问。

董事会成员的背景与公司的优先事项息息相关。亚马逊作为一个重要的消费电子产品制造商，开发了 Kindle、Fire 电视和内置 Alexa 的 Echo 智能音箱。因此，2010 年起，乔纳森·鲁宾斯坦担任亚马逊董事会成员就十分应景。他曾是智能手机制造商 Palm 的首席执行官，在那之前他负责苹果的 iPod（苹果播放器）业务。同样，收购全食表明了贝佐斯对进军 7 000 亿美元的美国日常食品市场的决心。然后，毫不意外，2019 年 2 月，亚马逊任命了两位在食品行业拥有资深经验的新晋董事会成员。一位是刚刚从食品饮料巨头百事可乐退休的首席执行官卢英德，另一位是星巴克的首席运营官罗莎琳德·布鲁尔。星巴克不仅在运营实体店方面经验丰富，而且在各种食品连锁店内也有铺位。值得一提的是，布鲁尔在职业生涯中曾运营山姆会员商店的连锁仓库，而山姆会员商店则是一个在沃尔玛旗下与亚马逊针锋相对的分支。

贝佐斯不仅将长期主义视角运用到企业的运营中，而且在某种程度上，长期主义视角也影响着他的社会良知。贝佐斯在亚马逊之外的一些作为表明他的雄心壮志远远不只是成为一名企业家，他希望成为一股文化力量、一个创意商人。政治上，贝佐斯是自由派，尽管公司的发言人说贝佐斯并不自我标榜为自由主义人士。他给民主党和共和党都提供资金支持，事实上就是进行长期主义对冲。[12] 2012 年，意识到社会风向在接下来几年可能会转变，贝佐斯向华盛顿州一项支持同性恋的运动捐助了 250 万美元。2018 年，他向致力于推选退伍军人为国会议员的无党派超级政治行动委员会捐助了 1 000 万美元。[13] 他在 2013 年以 2.5 亿美元收购了《华盛顿邮报》，因为他认为这家报纸是一个值得挽救的民主支柱。他还在 2016 年接受查理·罗斯的采访时说道："我收购《华盛顿邮报》是因为它很重要。我永远不会收购一家财务状况糟糕的咸味零食公司。你知道，那样的公司对我来说没有意义。"[14]

当他的朋友、《华盛顿邮报》的前主人唐·格雷厄姆找到贝佐斯谈论收购这家在破产边缘挣扎的报纸时，格雷厄姆罗列了《华盛顿邮报》所有的优点和存在的问题，问题包括订阅读者数量减少、广告收入缩水等，这些问题会让哪怕最忠诚的买家打退堂鼓。[15] 然而，贝佐斯十分信任格雷厄姆，他连财务尽职调查都没有做就决定收购这家报纸。多年后，贝佐斯说："他当年对我说的所有优点和问题都是真实的。"

被收购后，《华盛顿邮报》的订阅量增加了，新闻内容改善了，更重要的是开始赢利了。[16] 这种巨大的转变当然与特朗普当选总统后报纸重新聚焦政治新闻有关。但是，在《华盛顿邮报》工作的记者认为，贝佐斯将亚马逊的一些技术魔法注入了报纸，无论是在基础设施方面还是在培养优秀记者方面都进行了长期投入，以确保《华盛顿邮报》拥有一个坚实的未来。让《华盛顿邮报》员工感到宽慰的是，贝佐斯并不干预编辑的日常决定。[17]

贝佐斯对亚马逊、华尔街，甚至报纸都采取了长期主义视角来看待，他这种"着眼于遥远的未来"的思考方式也体现在他对征服外太空的探索尝试中。2003年，亚马逊在互联网泡沫破裂后存活了下来，股价再次上涨。[18] 面对大好的公司前景，这位年轻的企业家认为，是时候创立一家私人火箭公司了。他在西雅图开设了一间办公室，给公司取名为蓝色起源。

对贝佐斯来说，这更像是一个有钱人的爱好。[19] "从长远的角度来讲，我现在最重要的工作就是创建蓝色起源，推动实现人类在太阳系中立足。"他在2017年说。是的，贝佐斯5天里有4天的时间都放在亚马逊，但是这位"西雅图的钢铁侠"认为，只有蓝色起源成功了，他才是真的成功了。这对一些人来说很难理解，但是贝佐斯建立亚马逊的一个原因就是为他创建火箭公司提供支持。他承诺每年卖出价值10亿美元的亚马逊股票，给火箭项目提供资金支持。[20]

为什么选择太空？贝佐斯认为，这是拯救地球的唯一方法。随着地球人口不断增加，他认为地球将无法为人类生存提供足够的资源。他认为我们将不得不前往其他星球获取资源，还需要创造相应的机制来促进地球人口增长。他将自己的这个想法称为"伟大的入侵"。总而言之，他希望将地球变成一个居住区和轻工业区，将采矿和其他重工业全部移到太空。人类不仅可以在地球上生活，还可以在遍布宇宙的巨型空间站里生活。"在太空中，"贝佐斯说，"我们拥有无限的资源，太阳系中可以生存1万亿人，而且人们还不会觉得拥挤。如果人口有1万亿，我们就会有1 000个爱因斯坦、1 000个莫扎特和1 000个达·芬奇，这将是多么酷的一件事啊。我们一定要通过前往太空来拯救地球，而且动作要快。"[21]

蓝色起源在早期经历了一些波折和挫败，一枚火箭曾在得克萨斯州范霍恩镇的运营中心上空炸毁成一团橘色的火球，此后，贝佐斯梦想中的可负担的太空之旅开始逐渐呈现雏形。2018年，蓝色起源拿到了将有效载荷运往太空的美国空军的合同。[22] 公司还表示将为公众提供太空旅行，将乘客带往太空观看地球的轮廓，每个乘客需支付大约30万美元的费用。[23]（贝佐斯说他和他的家人将是第一批乘客。①）2019年春，他在华盛顿特区举办了一场像苹果手机发布会一样的活动。[24] 贝佐

---

① 2021年7月20日，杰夫·贝佐斯和他的弟弟马克·贝佐斯等人搭乘蓝色起源的火箭飞上太空。——编者注

斯隆重推出了一个名为"蓝月"的载人飞行器，飞行器符合美国航空航天局的标准，价格可负担。他表示将会在2025年前后将人类带往月球。这是他开辟太空之路的又一个重要的里程碑。

贝佐斯知道，他所憧憬的万亿人在宇宙中旅行和工作的场景将是几百年后的事情，但是鉴于他思考问题的方式，这一憧憬也可能近在咫尺。贝佐斯的长期主义视角最引人注目的案例可能就是他出资4 200万美元建造的一口所谓的万年钟——一个可以记录下10个100年时间的设备。这口巨钟坐落在贝佐斯拥有的一座石灰岩山上，这座山海拔1 500英尺[①]，四周灌木丛生，从得克萨斯州范霍恩镇和蓝色起源步行一天可以到达。[25]进入巨钟内部的入口隐藏在一道不锈钢镶边的玉石门后，玉石门后还有第二道防止灰尘和外来者入侵的不锈钢门。入口通往的是一个500英尺高、直径为12英尺的隧道底部，从这里可以直抵山中心。

这本书付梓之时，工人们还在建造这口万年钟，钟体大部分由钛和海洋级不锈钢以及高科技陶瓷制成。钟面在这个高500英尺的隧道顶部附近，表盘直径为8英尺，上面显示了宇

---

① 1英尺=0.304 8米。——编者注

宙时间的自然周期、恒星和行星的速度、地球对应的银河系时间以及当天的时刻。[26] 巨钟每年会响一次，百年针每 100 年走一下，每 100 年时巨钟还会弹出一只鸣叫的"布谷鸟"。配置的机械计算机可以编制 350 多万首不同的旋律，用作钟声。

恒今基金会表示，万年钟没有明确的竣工日期，建造万年钟的想法来自贝佐斯的朋友丹尼·希利斯，他是平行超级计算机领域的先驱，也是迪士尼想象工程部的创意主力，他曾经在迪士尼的主题公园里设计了一只在园子里漫步的全尺寸恐龙。1996 年，他与生物学家、文化先驱和"20 世纪 60 年代《圣经》《全球概览》的编辑斯图尔特·布兰德，共同发起了一个非营利机构来建造这口巨钟。摇滚音乐家布莱恩·伊诺给这个机构起名为恒今基金会，正如基金会网站上所写的那样："这口巨钟延展了时间的概念，触发的不是下一个季度、下一周或下一个 5 分钟的短暂当下，而是数个世纪的'恒今'。"

当万年钟向公众开放的时候，贝佐斯希望它可以鼓励大家进行长期思考，以长期主义视角看待并解决人类的重大挑战和难题。正是这种长期主义视角帮助贝佐斯创造了资本主义历史上一个最强大的引擎：人工智能飞轮。

第五章

启动人工智能飞轮

> 贝佐斯的秘诀在于他的飞轮——一个驱动贝佐斯经济学核心价值的概念引擎,让亚马逊一直坚守着自己的原则。这是一种思考方式,是一种影响亚马逊人行为的思维模式。

亚马逊的西雅图总部是一片由 47 栋办公楼（包括贝佐斯办公室所在的"第一天"大厦在内）组成的绵延区域。在"第一天"和"第二天"大厦之间是两个由玻璃和钢架结构建造的巨型球体空间，贝佐斯希望员工可以在这里开会、放松或集中精力。钢架结构的球体空间形似五角大楼的六面体，嵌有 2 634 块玻璃，象征着科幻小说家笔下火星的生态环境。两个球体空间彼此相连，组成了一个巨大的玻璃花园，花园里有来自 30 多个国家的大约 4 万种各式各样的植物，其中就包括一株叫作鲁比的锈叶榕树，这棵树高 55 英尺、宽 30 英尺，重达 4 万磅，是从其中一个球体空间的顶部用吊车运进来的。

球体空间里面很安静，亚马逊的员工坐在舒适的座椅上，花园里的动植物就在身旁，员工们有的盯着眼前的笔记本电脑，有的在低声讨论。走在通往球体空间顶部的悬空平台过道上就像是蹒跚在热带雨林里，加湿器保持了环境的湿润，异国的植物茁壮生长。贝佐斯在新总部建造"热带雨林"不是巧合。在20世纪90年代中期创建亚马逊的时候，他最初想把公司命名为永不停歇。然后他想到了亚马孙河，那条流经巴西热带雨林的奔流不息的大河。[1]创业早期，他就眼见自己创立的公司逐渐成长为一条载满货物流向世界各地的"大河"。

8月底的一天，西雅图特别晴朗，我前往"第一天"大厦，在登记的时候，我留意到前台旁边有一个装满糖果的碗，正想着拿一块糖吃的时候，我发现里面放的不是给人食用的糖，而是给各种小狗准备的饼干。7 000多条狗登记注册在亚马逊的市区办公区，尽管每天并没有出现那么多狗。就在接待区外面，有一个户外围栏区，七八条狗正在里面欢快地追逐飞碟嬉戏。在亚马逊创立之初，贝佐斯就表现出了对狗的喜爱，那个时候他和员工们夜以继日地工作。根据《一网打尽》的描述，为了让日子好过一点儿，贝佐斯告诉他的两个员工埃里克·本森和苏珊·本森，每天可以将他们的爱犬——威尔士柯基鲁弗斯带到办公室。[2]于是，鲁弗斯成了亚马逊的吉祥物和护身符。每一次亚马逊在网上推出新功能的时候，他们都要让鲁弗斯把爪子放在键盘上祈求好运。在亚马逊园区，有一栋建筑就以鲁弗斯命名。在西雅图市中心的亚马逊47栋办公楼的名字都很奇特。有一栋楼叫菲奥娜，得名于Kindle上市前的代码名称，还有一栋叫尼斯，并非尼斯湖水怪之意，而是根据一个监控亚马逊网站流量和趋势的系统命名的。

亚马逊园区的设计，尽管看起来就像是市中心随意组合的摩天大楼群，但实际上绝非偶然。贝佐斯本可以将他的总部移到郊区的一个单体巨型企业园区里，就像微软、谷歌和苹果等科技巨头那样，但是他选择留在对成千上万的年轻技术人员极具吸引力的繁华市中心。随着公司不断地扩张，亚马逊就顺势建造新的摩天大楼或者收购附近的办公楼。

贝佐斯的地产战略不只是给技术人员创建一个"麦加圣城"。亚马逊的优势是可以像独立国家组成的联邦一样运转，每一个国家都有自己的领袖和民众。在亚马逊进行采访的时候，我不得不每见一个高管就走几个街区。所有业务部门的领导都没有一个集中的企业办公场所。这些高管分布在城市的各处，管理着各自的业务。当然，贝佐斯是这个"联邦"的领袖，在重要决定上他可以直接拍板，不过他的部下在做决定、进行投资和追求创新方面比其他企业的高管拥有更多的自由。

这种建筑结构在某种程度上反映了贝佐斯一直坚信的理念，他认为，业务部门之间过多的沟通和协调会降低效率。这个想法与哈佛商学院传授的内容背道而驰。沟通和协调通常被认为可以培养团队精神，让员工理解公司的战略。贝佐斯得出了相反的结论：让所有人都了解项目的最新进展会拖慢整个项目的进程。2002年，他组建了现在已经成为传奇的"两张比萨软件开发团队"。[3]项目团队的人员不超过10个人，是一个两张比萨就能喂饱的小团队。这种架构将官僚主义和浪费时间的企业沟通降到了最低。"我们对待团队的方式在不断地微调，"亚马逊的格雷格·哈特说道，"但最基本的组织原则就是将责任和自治下放到最小的业务单元，他们对所做事情的成败拥有最大限度的控制权。"

外人看来，这样的组织结构就是个灾难。数百个"比萨团队"散布在市中心的各个办公楼里，但实际上，这样的组织结构行之有效。原因只有一个：贝佐斯反复地向他们灌输他的贝佐斯经济学，给这些独立的团队在黑暗中树立了一座灯塔，无论他们在创造一个新的叫作Kindle的阅读设备，创建一个新的视频流媒体服务，还是在打造一个叫作Alexa的语音助手，或者探寻在亚马逊网站上使购物更加便捷的方式，贝佐斯经济学都提供了一系列可以指导他们工作的原则。

简而言之，贝佐斯经济学的理念就是客户至上、极致创新和长期主义。就像手握股票期权的首席执行官宣称他们大部分也遵循了这几项原则一样，这些理念往往变成了领导者的老生常谈。然而，很多人其实并没有一以贯之地长期执行这几项原则。那么，亚马逊有什么不同？贝佐斯的秘诀在于他的飞轮——一个驱动贝佐斯经济学核心价值的概念引擎，让亚马逊一直坚守着自己的原则。这是一种思考方式，是一种影响亚马逊人行为的思维模式。

本质上，飞轮是一个良性循环的比喻。亚马逊人并非聚焦在竞争本身，而是每时每刻都在努力让顾客过上更好的生活。为消费者降低成本就是其中的一个方式。成本降下来了，亚马逊的网站上就有了更多的顾客。这就吸引了更多独立的商家想在亚马逊平台上获取不断增长的流量，进而为亚马逊带来更多的营收，形成规模经济，这样就便于亚马逊进一步为消费者降低价格。更低的价格吸引了更多的消费者，从而吸引了更多的商家，这个飞轮就这样一直不停地旋转。

正是每个亚马逊人牢记在心的飞轮理念，让这个科技巨头得以像一个独立国家组成的联邦一样运转。员工无须考虑他们要扮演什么角色或做哪些事情，他们的工作就是每天推动飞轮再转快一点儿。这是一种真北指针，给予了员工自主行事的权力。飞轮已经融入了亚马逊企业文化的血液，应聘者需要理解这个理念并解释他们在亚马逊的工作将如何推动飞轮不停地转动。亚马逊官网上的一篇博客这样写道:"在亚马逊工作超过几周的员工都听过'飞轮'这个词。事实上,我想许多人在面试的时候都讨论过飞轮这个话题。因此,在面试之前好好想一想亚马逊这个'良性循环'的理念会大有裨益。"

飞轮是在亚马逊历史上的一个艰难时期诞生的产物。2001年,公司经营遇到困难。互联网泡沫破裂,先前估值过高的互联网股票,比如 eToys.com 和 Webvan.com,最终被埋葬在互联网的墓地。从 2000 年到 2005 年,纳斯达克交易所市值蒸发了 5 万亿美元。[4] 亚马逊也不例外,股价一落千丈。1999 年 11 月,亚马逊的股票价格为每股 107 美元。到了 2001 年 9 月,每股只值 5.97 美元。一篇极具破坏性的文章在衰退的前夕刊登在了商业杂志《男爵》上,题目是《亚马逊炸弹》。[5]

2001 年秋,在纽约世贸中心和五角大楼遭遇"9·11"恐怖袭击后,整个国家的情绪都很阴郁。一面是恐怖分子袭击所带来的冲击,另一面是亚马逊迷失了方向。亚马逊开始削减成本、解雇员工,一位华尔街的分析师密切关注着亚马逊的一举一动,他认为在年底前,亚马逊的资金链就会断裂。[6]

几乎在同一时间,吉姆·柯林斯撰写的管理类书籍《从优秀到卓越》出版,这是一部对领导力影响深远的著作。这本书对各类企业进行了深入的研究,分析了一些企业得以基业长青,而另一些企业最终失败的根本原因。这本书后来在全球共计售出500万册。亚马逊请柯林斯飞到西雅图给高管团队培训，并与贝佐斯和董事会见面。在亚马逊，柯林斯告诉这些高管，他们需要建立一个新的增长引擎，他将其称为飞轮。"我对他们说，"柯林斯回忆道，"面对艰难的时局，你们不应该被动应对坏消息，而应该打造一个飞轮。"

在与董事会的会议上，柯林斯说贝佐斯"很犀利，听得十分专注"。回头看，柯林斯认为亚马逊的首席执行官一直都是一个本能的"飞轮级别思想家"，只是贝佐斯没有用语言归纳出这个概念。当柯林斯进一步阐释飞轮这个理念时，贝佐斯认为，这就是对亚马逊创立以来他拓展的方向和原则的提炼总结。"杰夫就像一个优秀的学生那样，"柯林斯说，"能够学习知识，并将所学提升到一个你从未想象过的高度。"

柯林斯向贝佐斯和董事会解释说，一个企业、组织或运动队取得成功，从来都不是因为一件事情或一个想法。伟大从来不遵循先到先得原则，也不归功于大规模并购。成功源于启动一个巨大的飞轮。"当你一开始推的时候，你要让飞轮转一圈需要耗费很多力气，"柯林斯说，"但是不要停，你就继续推，让飞轮再转一圈，开始形成一股力量，然后飞轮就开始自己旋转了，飞轮转了4圈、8圈、16圈、32圈，然后就是几千圈、上万圈、上百万圈，最后飞轮就形成了转动的惯性。你要做的就是不断地延续这种动能。"任何一家伟大公司的飞轮，柯林斯说，不是一条业务线，而是一个基础的动力架构，它可以不断更新、扩展出各种业态和形式。新技术可以帮助飞轮提速，从转百万圈变成转十亿圈。

柯林斯指出，飞轮不只是画出来的一系列优先事项，而是一种思考方式。飞轮的关键在于，不是任何一次巨大的推力让飞轮旋转的。这就像是问，究竟哪一次投资成就了沃伦·巴菲特这样伟大的投资家。飞轮从来都不是一次单一的行动或决定，而是根据连贯的理念做出的一系列优质的决定，以亚马逊为例，这个理念就是"客户至上"。随着时间的推移，一次又一次的积累赋予了公司源源不断的动力。

贝佐斯抓住了这个想法。他和团队勾画了一个亚马逊的飞轮。正如我们所知，亚马逊致力于为消费者降低成本、改善服务。因此，贝佐斯首先画出来的就是降低成本。通过降低成本，亚马逊增加了访问其网站的消费者数量。这吸引了更多希望可以在亚马逊平台上获取流量的第三方卖家，这是飞轮的第二块内容。流量会为亚马逊带来更多的收入，从而推动规模经济，进一步帮助消费者降低价格（见图5.1）。贝佐斯在绘制飞轮的时候就已经找到了正确答案。一个闭环形成了，他意识到，如果可以让亚马逊的员工专注于上述任何一个组件——流量、卖家、选择或客户体验，他们就会为飞轮注入更多的能量，整个系统就会不断地成长。贝佐斯将一切完美地串联了起来。

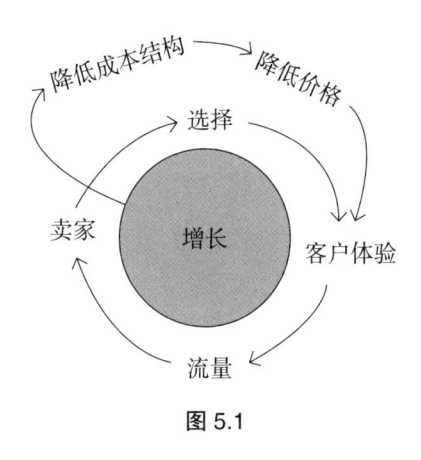

图 5.1

飞轮不是静止的。贝佐斯经济学的第二个原则应运而生：发自内心地想去创造——极致创新。为了让亚马逊一直保持快速增长的势头，贝佐斯知道亚马逊要通过创新不断地更新飞轮的每一个组件。这意味着亚马逊人必须发挥想象力，他们要一直问一个问题，那就是他们可以在飞轮的架构下做出哪些创新，让消费者满意，同时吸引更多的第三方卖家。"我们愿意冲锋陷阵，不断创新，"贝佐斯说道，"这就与客户至上很好地结合在了一起，因为消费者永不满意，他们或许还没意识到，或许认为自己已经很满意了。消费者永远希望有更好的方式，只不过他们不知道更好的方式究竟是什么。我警告员工，客户至上不仅仅是要倾听客户的声音，还要代表客户创新。"[7]每一项创新，比如，两日达免费配送、免费的音频与视频流媒体服务、Kindle、Fire 电视、Echo 和 Alexa 的设计理念都是吸引新顾客，同时让老顾客满意，从而吸引更多的第三方卖家，拉动销售额，最终飞轮必然会越转越快。

在与柯林斯命中注定般的会面之后的几年，贝佐斯开足了创新引擎的马力，飞轮越转越快。贝佐斯在提升配送速度、部署仓库机器人、开发产品（比如 Kindle、Fire 电视、Alexa 等）和服务（比如 AWS、Prime 等）方面投入重金。飞轮引导亚马逊的员工每天聚焦于如何让业务越来越好。

到 2018 年，亚马逊每年在研发上投入约 288 亿美元，超过了世界上任何一家公司。这个数字其实有点儿迷惑性，因为它不仅包括研发费用，还包括公司年报里提到的"维护现有产品和服务的费用，比如亚马逊服务器农场、商铺和网站陈列费用"，这些成本在大部分公司通常会被计入运营支出，而不是研发投入。这意味着贝佐斯不把研发视为业务之外的孤立存在。研发就是业务本身。这种记账方式着实与众不同，导致美国证券交易委员会下令要求亚马逊根据行业普遍接受的会计准则将研发成本进行拆分。彭博社专栏作家贾斯汀·福克斯找到了

2017年12月亚马逊副总裁和全球审计师谢莉·雷诺兹的一封信，里面写到亚马逊始终专注于创新和消费者，而不是以"传统意义上将研发与其业务"割裂的方式来运营管理的。[8] 换句话说，亚马逊因为飞轮持续地改善整个组织，因此比其他公司更具创新力。不仅仅是实验室里穿着白大褂的几位科学家才渴望创新，每位员工都渴望创新。

至于"真正地着眼长远"，贝佐斯清楚地知道，建立并维持飞轮转动是一项长期的艰苦工作。许多公司试图发明自己的飞轮，几年后觉得无趣就置之脑后，重新选择另一个飞轮，然后开始重新制定战略或调整战术。这无疑会引起困惑、浪费时间、产生损失。贝佐斯意识到，建立一个飞轮要花费数年的时间，不是花几个月就能完成的事情，而他愿意一直坚持下去。他成功地说服了华尔街支持亚马逊，在2001—2010年前后，亚马逊虽然遭受亏损，利润低迷，股价却一直坚挺，而亚马逊为了让客户满意，一直持续地加大创新投入。[9] 亚马逊的主要创新项目，从 Kindle 到 AWS，再到 Echo 智能音箱，都是数年不懈努力的成果。[10] 虽然亚马逊偶尔也会遭受失败，比如，投放市场却反响平平的 Fire 手机，但亚马逊依旧坚持创新，因为贝佐斯深刻地认识到，无论结果如何，付出的努力从长期来看都会获得回报。从失败的 Fire 手机上，亚马逊收获了成功的 Echo 智能音箱。

贝佐斯甚至将飞轮的理念应用到他的个人生活中。在亚马逊，首席执行官会给公司高管层培训领导力。鉴于亚马逊人常常加班，工作环境呈现出高度竞争性，贝佐斯经常会被问到关于工作和生活如何平衡的问题。然而，贝佐斯认为这个问题的提法是不对的。他更愿意用"和谐的工作与生活"来思考这个问题。他认为，一个人一周工作多少小时不是问题的本质。问题的关键在于，一份工作是让人充满能量还是消耗能量。"无论激励你们工作的原因是什么，我如果在工作中充满活力、感到开心、贡献了价值、具有团队精神，那么在家里我也会感觉更好，"贝佐斯说道，"同样，如果我在家里感到开心，我在公司也会是一个更好的员工，一个更好的老板……有些人参加会议，会议就变得充满活力。有些人参加会议，会议就变得死气沉沉。你应该思考自己想要成为哪一类人。这是一个飞轮、一个循环，而不是一种平衡。这恰巧也是'工作和生活如何平衡'这个说法危险的地方，因为它暗示着一种严格的此消彼长。你可以完全不工作，与家人共享欢乐时光，但你也有可能对失业感到低落，这时你的家人可能完全不想靠近你。"[11]

在吉姆·柯林斯写了《从优秀到卓越》之后，飞轮在商业领域可谓家喻户晓。在贝佐斯运用飞轮理念并实践成功后，飞轮才真正具有了革命性意义。在过去的10年，贝佐斯将飞轮理念提升到了一个全新的高度。他以前所未有的速度在飞轮中应用大数据、人工智能、机器学习，让飞轮越转越快。在2016年致股东的信中，贝佐斯解释了机器学习模式的力量："机器学习让我们的算法在需求预测、产品搜索排序、交易推荐、展销陈列、欺诈检测、翻译等方面不断演进。"通过降低价格、提高配送速度、推荐用户可能喜欢的歌曲和电影，或让Alexa语音助手在千分之一秒内正确地回答问题，智能算法每一天每一刻每一秒都在学习如何让亚马逊的消费者满意。这种新型的迭代方式就是人工智能飞轮。

贝佐斯雇用了上万名工程师、数据科学家和程序员，将人工智能飞轮打造成一台学习机器，一个有智慧的、奇特的网络装置，用它对亚马逊从3亿名用户那里搜集的所有数据进行细致入微的分析。这台机器决定要采购什么物品、定价是多少、在世界上哪个仓库进行储存。人工智能软件可以分析海量的数据，包括消费者先前的购买记录，添加到购物车但还没有下单的商品，在愿望清单里收藏的商品，甚至消费者光标的移动，从而预测他可能会买什么。打个比方，默特尔比奇的沙滩迎来了夏天，沙滩爱好者开始搜索新的遮阳伞或防晒霜，于是机器就知道要在南加州的仓库多备一些货，这样亚马逊的消费者就不需要担心这些商品售罄，通常情况下，消费者在下单后第二天就可以收到货。这个飞轮一直在不停地旋转。

一开始，我认为这个理念难以置信。机器怎么可能这么智能地为亚马逊在全球销售的上亿种商品做出实时的商业决策？我知道，人工智能正在变得越来越智能，解析大脑无法分析的海量数据的成本在下降，但是对人工智能技术的夸大宣传太多了。机器真的这么厉害了吗？为了一探究竟，在西雅图的时候，我和亚马逊负责全球消费者业务的首席执行官杰夫·威尔克聊了聊。威尔克从1999年开始在亚马逊工作，并帮助把亚马逊打造成了一家物流巨头，他负责亚马逊全球的电商业务，包括营销、运营、实体零售、亚马逊Prime、全食商店等。

从外表上看，威尔克和西雅图典型的技术高管没什么差别：身穿开领衬衫、便装裤，态度亲和。在友善的外表下，威尔克拥有绝顶聪明的大脑。他以优异的成绩毕业于普林斯顿大学，在麻省理工学院获得了工商管理硕士和化学工程学硕士学位，在32岁加入亚马逊之前，他在联合信号公司任职，负责药品相关的业务。那时，亚马逊正挣扎于产品数量不断增加导致的订单激增问题，贝佐斯让威尔克重新设计亚马逊的仓库系统。当时行业的惯例是批量订单、少量发货，比如，处理每箱装有100盒玉米片的批量箱装订单，而不是一天处理上百万个小订单，而后者是亚马逊需要做的。因此，除了雇用传统的仓库经理外，威尔克还聘用了运营研究员和数据科学家，建立了一整套客户系统，后来这套系统发展成亚马逊高度灵活的仓储系统。[12]

在一个夏日，我和威尔克在他可以俯瞰西雅图市中心的拐角处办公室里会面。当我问他亚马逊的飞轮是否正在由人工智能驱动时，他的眼睛一下子亮了。"我思考这个模式已经有很长时间了，"他说，"过去我们运用数据辅助决策，但最终做决定的还是人。我们现在尝试着让机器学习参与一些高度重复的智能决策过程，人不必参与其中。"

比如，在亚马逊，消费者总是能够找到自己想要的东西，在想要的时候收到货，无论他们在世界上的哪个市场消费，无论他们住在哪儿。在引入机器学习之前，威尔克每周都会与60个经理进行销售复盘，这与沃尔玛最著名的周六晨会类似。负责供应和需求的经理会坐在一起，还会有一些经理从其他地区电话参会，大家一起商量要进什么货，进多少，哪个仓库需要多少货。亚马逊的计算机系统为他们做决定提供了很多有价值的趋势数据，但最终还是由人来做决定。亚马逊的讨论中最常出现的问题包括：购物中的错误率是多少，消费者需求有哪些变化，将物品从工厂运到仓库的时间变化是多少。机器会基于这些因素做出决定。"我们可以,"威尔克说,"形成一个闭环,这样人就不用再做决定了。我们自动下达上百万种商品的采购订单。"

在原来的系统里,威尔克和他的经理们只能关注亚马逊销量最好的商品,但考虑到亚马逊当前的规模,依照过去的模式行事基本上是不可能的了。现在,人脑中最初的零售购买模式已经被储存到了深度学习的算法里,思考过程是一样的,亚马逊的经理不再需要一次又一次地重复分析。另一个优势是,机器做出的决定更加连贯一致。过去,亚马逊的经理每个人都有自己的电子表格和预测供需的独特方式。现在,亚马逊在全世界所有线上业务方面做出的决定都是连贯一致的。每个人都用同样的模型得出同样的结论。这既是人工智能飞轮强大的地方,也是亚马逊令竞争对手生畏的原因。

任何想要进入人工智能新世界的公司都必须清醒地认识到,人工智能不简单。这不是一夜之间仅通过将最新的人工智能软件应用到商业模式中就可以轻易地找到解决方案的事情。亚马逊用了超过 20 年的时间积累客户数据,设计自己的人工智能程序,亚马逊的软件本身就是其商业模式。因此,国际数据公司(IDC)在 2019 年的一项调查研究中发现,全球的企业里只有 25% 采用了企业层面的人工智能战略,这也就不足为奇了。[13]

甚至在亚马逊，机器也远远达不到完美的程度。如果出现了异常现象，那么深度学习算法仍做不到智能地随时进行调整。假设一场飓风袭击了新奥尔良，机器就不知道要提前在那里储备更多的食物和水，因为这是一个随机事件。程序有时会过时。威尔克和他的人工智能团队经常对算法进行分析，以确保算法可以发挥最大的作用。"如果我们发现机器没有服务于我们的目的或者如果我们有了一个更好的模式，我们就可以将机器关掉，我们也应该这样做，因为机器是人造的。"威尔克说。

威尔克对未来的憧憬是机器和人类形成相互支持的伙伴关系，最终做出更好的决策。对有些事情，机器还是不太擅长，至少目前还不太行。比如，一个老练的时尚买手更善于分析出这一季的流行色是否会风靡巴黎、米兰和纽约时装周。参加时装周的亚马逊买手如果认为今年会流行红褐色的羊绒衫，就会推荐购买，亚马逊网站随后会进行打折销售。买手还会在亚马逊去年的产品目录中找到相似的商品。人工智能在此处开始发挥作用：算法将新的红褐色羊绒衫和去年的款式进行对比，两款的销售差异可以训练机器在将来更加精准地下单。"人类的洞察力，"威尔克说，"让这些模型变得越来越好。"

当 20 世纪 90 年代中期开始在网上销售图书时，亚马逊搜集了客户在网上订购书籍的数据，然后根据阅读相似书籍的人群的阅读习惯，为读者推荐图书。如果你喜欢约翰·勒卡雷的《柏林谍影》，那么你也可能会考虑阅读伊恩·弗莱明的《皇家赌场》。今天，这个系统变得更加精准：每一次消费者购买或搜索了一款产品，为一部电影付费，听了一首歌或者读了一本书，消费者的行为都会被记录下来，算法会学着在下一次推荐的时候变得更智能，给消费者提供更加精准的产品，包括推荐图书、电影和歌曲。今天，亚马逊线上营收的35%来自商品推荐。[14]

这套系统十分好用，亚马逊可以在不同的市场提供许多商品当日达的服务，而且正向着在几小时内完成配送努力。源源不断的数据流让系统可以追踪消费者的行为，对未来行为进行预测，同时检测软件做出的决定是否正确。如果不正确，下一次机器就会进行调整。这就是机器学习的运作方式。因为这种预测能力，消费者可以在亚马逊上订购游戏机，8分钟后就能收到货。亚马逊的软件好像在消费者下单之前就知道消费者要买什么。太神奇了！那些理解、运用人工智能系统的企业将会成为未来财富的创造者。

贝佐斯以史无前例的规模应用大数据和人工智能来推动飞轮转动，因此开创了一种涡轮增压式的全新思考方式，这将改变21世纪的成功企业的运作模式。贝佐斯正在或者说即将通过这个涡轮增压的飞轮发展零售业，以及其他很多亚马逊关注的行业，比如媒体业、医疗业、银行业、运输业等。他的模式以超出我们想象的方式改变着这个世界。Alexa语音助手或许将让我们在家实现远程问诊，或者一个机器人会将快递送到我们家门口，或者我们可以从亚马逊带利息的储蓄账户中直接支付线上购物的费用。贝佐斯经济学秉持客户至上、极致创新和长期主义，人工智能飞轮则是落实这些原则的驱动力。

除了亚马逊之外，其他很多企业都在建立各自版本的人工智能飞轮，尽管它们的叫法不一样。这些企业包括脸书、谷歌、网飞、中国的阿里巴巴和拥有即时通信软件微信的腾讯，这些公司在应用方面大多取得了成功。比如，谷歌吸引了超过10亿人使用谷歌的搜索引擎，因为其算法善于抓取网络内容，知道哪些网站更权威，可以提供最优的搜索结果。软件越智能，就会吸引越多的人；销售的广告越多，就会有越多的资源让搜索引擎变得更智能，以此吸引更多的用户。这就是一个人工智能飞轮。这些科技巨头应用飞轮的细节千差万别，但毫无疑问，这就是未来的商业模式，任何忽视这种运作模式的企业将为此付出沉重的代价。

创立一个可以和亚马逊、阿里巴巴或谷歌竞争的商业模式对全世界的公司来说都将是一个巨大的挑战，除非拥有海量的用户数据以及对这些信息进行解析的能力，不然人工智能飞轮也无法旋转。公司会牢牢地把控住各自的数据，它们会为掌握信息而战，而赢家将会是那些拥有顶级数据科学家的公司。这就是为什么美国计算机专业应届生的起薪可以达到每年11万美元。[15]

亚马逊积累了3亿名消费者购物所产生的海量数据，这让亚马逊在电商领域占据了巨大优势。脸书的算法越来越擅长搜集和解析24亿名用户的习惯和偏好，因而深受广告商家的喜爱。[16]阿里巴巴和旗下的蚂蚁金服知晓其消费者的财务习惯，从而建立了中国最大的货币市场基金之一。腾讯的微信最初是一款即时通信软件，现在每个月却有数十亿名用户用微信的软件叫车、订机票、买东西。腾讯目前正在利用数据进军医疗这样的新领域。所有这些公司都拥有世界顶尖的程序员和数据科学家团队，努力地在世界各地将数据变现。

随着这些科技巨头在新领域里高歌猛进，原来的企业将力争不让颠覆者攫取数据。亚马逊、谷歌等公司正在逐渐进入医疗领域，像CVS健康、凯撒集团和沃尔格林这样的原有玩家正在尽其所能保护它们的客户信息，并努力将这些信息变现。传统的药店或医院将不得不与亚马逊、阿里巴巴或谷歌的人工智能较量一番。在英国或法国这种拥有全民医疗体系的国家，亚马逊可以将药品和医疗产品更快、更便捷地送到病人手中，解决患者在医疗方面的问题。2019年，英国国家健康体系宣布Alexa语音助手将使用其网站上的信息来回答患者健康方面的问题。[17]如果贝佐斯的人工智能飞轮最终为患者提供了更便宜的价格和更好的服务，有价值的健康数据将流入亚马逊的服务器，这会令亚马逊的算法变得越来越智能，从而帮助降低成本、改善服务。然后，快速旋转的人工智能飞轮就会对原来的企业造成巨大威胁。

亚马逊的竞争对手要牢记一点：数字经济和实体经济的边界将会变得越来越模糊，直至最终消失。正如腾讯创始人马化腾所说："未来将不会有纯粹的互联网企业，因为互联网将覆盖所有的社会基础设施；也不会有纯粹的传统产业，因为所有传统产业也都已经嫁接了互联网基因。"[18]

这种新的商业模式中也存在社会和道德挑战。海量的大数据让想象力为之困惑。人们在2016—2017年两年间搜集的数据量比过往的数据总和还要多。[19]国际数据公司预测，到2025年，全球平均每个人每18秒就会与智能手机、智能无线温度计或声控设备互动一次。[20]当然，这也引发了对个人隐私问题的担忧。还有一个问题是黑箱现象。当机器做决定的时候，如果机器错了，那么谁会挑战机器的决定？通常软件的发明者也无从知晓机器做决定的依据以及背后的逻辑。随着人工智能更多地参与社会的关键决策,这将会带来严重的影响,比如,决定如何为病人进行诊断、向谁发放贷款或谁将被大学录取。

拥抱人工智能的企业必须设立透明的新标准,不然就会冒着惹恼消费者的风险,更不用说让消费者面临财务困境了。如果其他企业没能掌握人工智能飞轮,全球几个人工智能寡头将控制我们的购物、娱乐,甚至我们的健康和财务。

为了更好地理解贝佐斯的人工智能飞轮如何围绕着我们的日常生活旋转,我们必须探索一下飞轮的核心组件:亚马逊Prime。

第六章

亚马逊 Prime：飞轮的核心

> Prime 的核心是改变消费者的购物模式，将偶尔的线上购物转变为频繁地与亚马逊生态系统互动。Prime 相当于一种线上尼古丁，尽管亚马逊永远不会用这个比喻——Prime 让人上瘾。

知名科技博客 Gizmodo 有一名叫卡什米里·希尔的记者，这名兢兢业业的记者做了一个实验，她花了一周的时间尝试，想看看生活中是否可以没有亚马逊。[1] 这个挑战没有听起来那么容易。她发现，亚马逊早已潜移默化地渗入生活的方方面面。从技术上来说，放弃购物很容易，但是你会感觉很痛苦。希尔拥有一个亚马逊 Echo 智能音箱，一个 Echo Dot 智能扬声器，两个 Kindle，两张亚马逊 Prime 大通的信用卡，电视上有亚马逊 Prime 视频和两个 Prime 账号（一个是她的，一个是她丈夫的），她每年在亚马逊上的开销大约是 3 000 美元。她写道："我已经成为一个非常忠诚的消费者，我甚至不知道在网上还能去哪里买东西。"当她想要换一个车载手机支架时，她在易贝下的订单，快递上却有一个黄色的微笑标识，印有"亚马逊配送"。易贝上的卖家用的也是亚马逊的物流服务。

尽管很难，但切断与亚马逊购物网站的联系还是相对容易的，她发现自己难以挣脱的其实是亚马逊庞大的数字网络。她搭建了一个私人网络，并且在设计网络构架时避开了支撑了大部分互联网系统的AWS，很快，她发现她不能再使用网飞、HBO Go（电视网的付费点播服务）或爱彼迎，工作的时候也无法使用与同事交流的Slack软件。算下来，她的个人网络屏蔽了超过2 300万个由亚马逊控制的IP（网际互联协议）地址。最后她写道："最终，我们发现亚马逊大到无法战胜。"

亚马逊无处不在，这丝毫不让人感到意外。亚马逊一直致力于打造一个庞大的生态系统，每时每刻都在追随我们的身影，无论是在家里、车上、办公室，还是在我们带着智能手机走在街上时。围绕着这个生态系统的核心要素是亚马逊Prime——亚马逊的会员项目。任何想要与亚马逊竞争或者在"丛林"中生存的企业都必须了解Prime的力量，以及在亚马逊引人注目的增长背后，Prime在过去10年中所发挥的作用。

正如我们所见，亚马逊运用人工智能飞轮助力其电商业务成长为全美第一。人工智能驱动了飞轮快速旋转，但不足以解释亚马逊爆炸式的增长。真正的关键是Prime，它是驱动亚马逊人工智能飞轮最强劲的动力。2005年开始的Prime会员项目到今天依然以加速度驱动着飞轮旋转。2018年，亚马逊新的Prime会员注册数量超过了历史上任何一年，在2018年Prime会员日，会员在亚马逊网站上可以享受特殊折扣，那一天亚马逊新注册Prime会员的数量超过了历史上任何一天。尽管增长中有小部分是因为亚马逊进入了新的海外市场，但新增的大部分会员都来自美国本土。虽然亚马逊一直在美国持续强力推广Prime会员项目，但从常规分析的角度，美国这个市场应该是增长放缓的，而不应该出现破纪录的增长速度。

Prime会员是亚马逊的金矿。会员的开销比普通消费者更大，听的音乐更多，看的视频更多，读的书也更多。为了成为享受特权的会员，他们每年向亚马逊支付119美元。会员相对更有钱、更忠诚，几乎很少停止续费。关闭账户最常见的原因就是结婚或者开始和伴侣同居，这样他们就没必要再使用两个账户了。亚马逊在计算系统上投入了数百亿美元来追踪Prime会员，以确保他们在想购物的时候能以极具诱惑力的价格买到他们心仪的商品。

回过头来看，创立Prime似乎理所当然，但亚马逊决定推出这个项目其实经历了一个充满争议的过程。20世纪90年代末，为了吸引消费者到亚马逊网站上购物，亚马逊开始打广告，曾经有一条广告是一群打扮得像儿童电视明星"罗杰斯先生"一样的男士对亚马逊赞不绝口，唱道因为有了亚马逊，他们"提前 21 天"采购完了圣诞节所需的全部物品。这条广告没有产生贝佐斯期待的效果。随后出现了一个关键的转折点，触发了亚马逊历史上最重要的一项创新。

2000—2001 年的消费季，亚马逊决定为了吸引更多的消费者开始为超过 99 美元的订单提供免费配送服务。这个项目大获成功，贝佐斯相信一定会产生口口相传的强烈效应。2002 年初，贝佐斯在西雅图召开会议，讨论是否要将节假日免费配送延长至全年。于是就有了超级省钱配送服务，消费者可以选择为次日达、两日达或三日达付费，而对那些愿意等待稍微久一点儿的消费者，订单只要超过 99 美元就可以免运费。[2]

2004 年，亚马逊的工程师查理·沃德向亚马逊的创意箱里投了一个想法，建议成立一个愿意为尽快收货付费的消费者俱乐部。贝佐斯很喜欢这个想法，在公司内部成立了一个秘密项目组，代号为 Futurama（名称取自动画片《飞出个未来》）。沃德建议，免费的超级省钱配送服务应该像航空俱乐部一样收取月费或年费。他对 Vox 新闻网站说："我向团队抛出了这个问题：'如果消费者在年初的时候给我们一笔费用，我们就免除他们接下来一年的运费，这不是很好吗？'"[3] 贝佐斯心动了，2005 年 2 月，亚马逊推出了年费为 79 美元的 Prime 服务。

直到今天，人们对 Prime 名称的由来依旧争论不休。根据布拉德·斯通的《一网打尽》，亚马逊昔日的董事（亦是凯鹏华盈的风险投资家）宾·戈登声称名字是他起的。亚马逊其他人说，名字源于那些需要被首先运出去以满足两日或三日达要求的托盘，因为这些托盘都位于仓库中"最优"（Prime）的位置，距离装卸门最近。[4] 无论名字是谁起的，贝佐斯都很满意 Prime 这个名字。[5]

亚马逊的一些人认为这个决定太疯狂，很有可能把公司拖垮。那时候，亚马逊的快速配送费是每笔 9.48 美元，因此，Prime 会员如果一年下单超过 8 次就可能让亚马逊亏钱。[6] 亚马逊副总裁杰姆·西巴伊在 2016 年负责 Prime 之前，曾负责业务拓展，在收购现在世界上最大的听书服务 Audible 的过程中发挥了关键性作用，他回忆道："当我最初加盟亚马逊的时候，公司内部有很多关于这个问题的探讨。我们是否会失去那些愿意为两日达付费的客户？我们是否会失去那些让我们最赚钱的客户？他们为了享受免运费服务平均每单最低消费 25 美元。我们是否要为他们提供免费的配送服务？"贝佐斯决定冒这个风险。他认为，亚马逊如果可以将这项服务变成免费配送，不是限时服务，而是成为日常体验，那么就会改变消费者的购物习惯。他绝对没错。因为在这一步，贝佐斯建立了一条护城河，圈住了他最优质的客户，改变了消费者的心理。他让消费者对免费配送上瘾。

今天，在全世界其他的零售商中，没有任何一个项目可以和亚马逊 Prime 相比。比如，沃尔玛网站上规定了免运费的最低订单消费。开市客和山姆会员商店收年费，提供在店里享受以仓库价购买的权利。英国的 ASOS（时尚服饰及美妆产品线上零售商）收取 16 美元的年费来提供免费配送服务。为了应对强大的 Prime，沃尔玛在 2019 年底开始在 200 家美国的超市中推出花 98 美元年费即可享受日常杂货免费配送的服务。[7] 在中国，阿里巴巴旗下的会员制奢侈品平台提供个性化定制的主页、产品推荐、会员福利、专属折扣和邀请参加活动等服务。[8] 然而，没有一家提供的福利范围超过 Prime，Prime 提供的福利鼓励消费者留在亚马逊网站上持续不断地消费。

只需 119 美元的会员费，Prime 会员即可观看获奖的电影和电视节目，享受拥有 200 万首免费歌曲的音乐流媒体服务，每月花 7.99 美元还可以升级到 1 000 万首免费歌曲，比非 Prime 会员优惠了 2 美元，会员还可以在 Kindle 上免费下载电子书，将家庭照片免费存储在亚马逊云上。此外，Prime 会员还可以获得亚马逊旗下的全食商店的食品折扣券。

经过多年对技术、物流配送和媒体版权的经营，Prime 现在已经成长为亚马逊内部的一个独立业务部门,有自己的损益表。Prime 为亚马逊创造利润(亚马逊没有公开具体数字),让亚马逊线上销售业务不断地增长,但是 Prime 对亚马逊营收的贡献远不止于此。亚马逊这些年给 Prime 会员提供的许多额外福利已经或者即将成为一项项重要的业务。Prime 是难得一见的企业合力真正奏效的案例之一。Prime 视频、Prime 音乐和即将成为 UPS 与联邦快递强有力竞争对手的亚马逊物流,全部都起源于为 Prime 会员提供的额外福利。亚马逊的流媒体音乐服务是这一领域中增长最快的服务,也是 Spotify 和苹果音乐新的强劲对手。

那么,究竟是什么秘诀让 Prime 如此成功?亚马逊有意不向媒体和华尔街公开 Prime 实际的运营方式和背后的战略。接受本书采访的亚马逊高管说,Prime 的核心是改变消费者的购物模式,将偶尔的线上购物转变为频繁地与亚马逊生态系统互动。亚马逊的理念就是让 Prime 有吸引力、容易操作,消费者无法想象没有 Prime 的生活。Prime 相当于一种线上尼古丁,尽管亚马逊永远不会用这个比喻——Prime 让人上瘾。

许多会员注册 Prime 都是恰逢人生重大事件发生的时候,比如,结婚、生小孩或者购买了第一套房产。这些事件往往让人感到压力倍增,而拥有一个 Prime 账户可以让生活变得简单,它可以让你在一个网站上购买到所需的全部物品，且享受快速免费的配送，可以让一个新晋母亲或准新娘感觉对生活多了一些掌控力。这个模式的神奇之处在于体验过一段时间的Prime会员后，他们会对这种一键购买、免费配送的便捷方式产生依赖，基本上不再浏览其他电商网站，这意味着对同一款产品，他们不再到处比价。亚马逊将一群对价格不敏感的消费者锁定在了自己的生态系统里。

Prime采用的并不是管理咨询师所说的"未使用权益利润模式"。在此种模式下，一家公司会努力让顾客加入协议，而不使用协议中约定的全部价值。自助餐就是一种未使用权益利润模式，流媒体音乐会员也是，健身房会员也是。每年1月，健身俱乐部通常都会迎来一群新年愿望是开始健身的会员办卡。可能其中有1/4是健身达人，每周来健身房三四次，还有1/4的人一个星期会去一次。剩下的那些人呢？2月之后，他们就再也不会出现在健身房里了。这种会员不会退卡，因为他们不愿意承认自己懒惰，至少还没到承认的时候。健身俱乐部获取了这笔会员费，却无须提供任何服务。很好，你已经懂了。

Prime恰恰相反，亚马逊的西巴伊说："Prime不一样的地方在于，它是'任你吃到饱模式'，对我们来说，消费者尽可能多、尽可能频繁地参与我们提供的福利才最重要。我们对

Prime的期待就是带来最佳的购物体验和最棒的娱乐感受,为我们的会员提供无与伦比的价值。我们希望消费者每天都能参与进来,通过积极参与,我们希望消费者回来购买更多的商品。"消费者受益的同时也推动了亚马逊的飞轮。这是真正的双赢模式。

不断改善Prime福利并非易事,这也就是为什么在亚马逊工作要求很高、压力很大。贝佐斯不能容忍停滞不前,特别是他最看重的Prime。关于如何让亚马逊那些不满足的神圣客户感到满意,贝佐斯在2017年致股东的信中写道:"消费者的期待永远不会停止,只会不断地增加。这就是人性。人类绝不是因为容易感到满足才从捕猎时代存活了下来。人们对'更好'有强烈的需求,昨天的'哇'很快就变成了今天的'一般'。"[9]亚马逊的经理认为,自满永远不是一个选项。如果让忠诚的消费者感到哪怕一次不满意,消费者都可能选择去其他地方。"美国海军海豹突击队有一句格言:'你不得不每天赢取你的三叉戟。'"西巴伊说。

消费者满意永远是贝佐斯的主要目标,他们如果满意了,就可能会购买更多的商品。这就是Prime的魔力所在。[10]现在,与非Prime会员平均每年消费700美元相比,Prime会员平均每年在亚马逊上消费1 300美元。亚马逊表示,消费者在成为

Prime会员后，消费额会立即出现大幅增加。大部分人因为快速免费配送服务而注册Prime会员，在进入Prime生态系统后，他们会开始发现其他一些福利，比如在这里下载他们的第一部电影或者第一首歌，或者获取在Twitch（实时流媒体视频平台）上的游戏。

成为Prime会员还有另外一种方式。一些消费者因为流媒体电影和节目购买了亚马逊的Fire电视，他们如果成为Prime会员，就可以免费观看亚马逊的电影和电视原创剧、每周四的全美橄榄球联赛，获取海量的亚马逊视频和音乐、折扣书、有声书和杂志。一旦注册成为Prime会员，他们很有可能开始在亚马逊上买东西。西巴伊说："如果消费者过去主要消费媒体类内容，他们可能会说，现在有了Prime会员，我可以在亚马逊上买牙膏或厕纸，而且两天就送到了。Prime提高了会员的交叉类别消费，从而再一次推动飞轮旋转。"贝佐斯有一次总结道："每一次我们的作品获得了金球奖，网上商城里鞋子的销量都会增加。"[11]

亚马逊追踪Prime会员的习惯到了事无巨细的程度。西巴伊认为，最有用的一个指标就是"接触点频率"。这意味着亚马逊的数据分析师可以衡量一个Prime会员使用Prime服务的次数，无论是购物、在云上存储家庭照片、打游戏，还是消费流媒体内容。Prime对亚马逊的消费者越有用，他们就越愿意使用Prime，西巴伊所说的接触点频率就会越来越高，他就像鱼鹰在水上盘旋着等待下一顿美食一样观察着这个指标。如果接触点的数量下降了（或者增速不够快），这就意味着亚马逊Prime对会员的吸引力并非让人难以抗拒。这就给亚马逊的员工传递了一个信号：他们要更努力地产出更多优质的电影和电视节目，加快配送速度，提供力度更大的折扣，比如在全食商店购买食品的折扣。

尽管免费配送是许多人加入Prime的主要原因（亚马逊不愿给出具体比例），但是免费的电影和电视节目同样吸引着数量众多的新会员加入。正如前文提到的那样，2019年亚马逊投入约70亿美元打造Prime视频与音乐流媒体服务项目。为了让Prime会员高兴，这可是一笔巨款。2011年，作为给Prime会员的福利，亚马逊推出了Prime视频。经过这些年的不断发展，Prime视频已经成长为好莱坞的重要一员。亚马逊影业是亚马逊为Prime视频提供内容的好莱坞制作板块，由詹妮弗·萨尔克运营，她曾经担任美国全国广播公司的娱乐总裁。2018年，据说亚马逊斥资2.5亿美元购买了托尔金的《指环王前传》的版权，如果把制作和市场营销费用都加在一起，这个项目的总成本接近5亿美元。流媒体服务同时还吸引了顶级人才，比如，出演惊悚电视剧《回家》的朱莉娅·罗伯茨、《西部世界》的创作者乔纳森·诺兰，以及一部基于威廉·吉布森的天启式科幻小说改编的电视剧《外围》的制作人丽萨·乔伊。[12]

对外人来说，亚马逊似乎雇用了好莱坞最优秀的创意人才，像所有制片公司一样，希望可以大获成功。但是，亚马逊并没有就此止步。亚马逊创作的所有电影和电视剧都是为了帮助Prime持续地推动飞轮旋转。幕后，亚马逊小心地向Prime会员分摊着媒体制作和营销的费用，计算每一部电影或者电视剧是否对亚马逊的损益表做出贡献。

2018年，路透社获取了一份亚马逊机密的财务文件，揭示了亚马逊如何看待Prime视频这个部门。[13] 文件显示，从2014年底到2017年初，亚马逊Prime视频吸引了500万个新的Prime会员，几乎占同期加入Prime会员项目全部人数的1/4。文件还显示了观看Prime视频的观众数达到2 600万人，尽管比网飞的1.3亿名观众少很多，但是作为一个给Prime会员提供福利的流媒体服务，这个数字已经很了不起了。[14]

这些机密文件清晰地表明，亚马逊认为Prime视频是吸引新Prime会员的一个重要赢利方式。具体操作如下。亚马逊假设，如果一个Prime会员加入之后第一件事就是观看一部电影或者电视节目,那么Prime视频就是他加入Prime的主要原因。文件中列举了一个案例,很好地说明了这个观点:《高堡奇人》是一部幻想剧,假设了纳粹德国和日本帝国主义赢得了"二战",将美国分裂为两个敌对竞争的殖民地。截至2017年初,这部剧吸引了800万名美国观众。然而,一个重要的指标是,这部剧在全球吸引了115万个新的Prime会员,他们加入会员后第一件事就是观看《高堡奇人》。亚马逊投入了7 200万美元,用于制作和推广这部剧,相当于每个订阅者的获客成本约为63美元。那时,Prime订阅者每年要为Prime会员支付99美元,这个价格远超获客成本。最重要的是,Prime会员平均每年在亚马逊消费1 300美元,几乎是非会员消费的二倍。从这个角度来看,投资《高堡奇人》就是合情合理的。

相反,文件中提到的另外一部电视剧《好女孩的反抗》的主题是性别平等,亚马逊投入了8 100万美元制作,却只吸引了5.2万个新的Prime会员。获取新会员的平均成本超过了1 500美元,亚马逊在第一季之后就把这部剧停掉了。当然,我们很难估算像《高堡奇人》这样的一部作品是否会赢利,因为无从知晓这些新会员会在亚马逊驻足多久或者最终会消费多少,但是路透社拿到的这些文件揭示了亚马逊衡量重要飞轮组件时的评判因素。

运营 Prime 视频的格雷格·哈特指出，情况比泄露的文件所揭示的更复杂。他表示，亚马逊会追踪一系列的指标，没有一个单一的指标可以决定对一项内容是支持还是反对。他表示，比如，亚马逊的一部原创剧可能没有吸引太多新的 Prime 会员，但是现有会员喜欢看。这样的剧无论如何都不太可能会被砍掉。哈特说："归根结底，我们想要找到观众喜欢的剧，让他们不断地回来，这些观众可以是新会员，也可以是老会员。"

亚马逊通过各种方式运用人工智能让 Prime 视频尽可能具有黏性。一个最有效的方式就是为每一个观众提供个性化的观影建议。通过分析会员过往的观影习惯，人工智能算法可以优化会员在 Prime 视频首页看到的推荐清单。如果是由人工来完成这项工作，那将花费上百万个小时，成本会非常高。亚马逊最初进行图书推荐，后来在网站上不断增加商品种类，现在亚马逊正通过人工智能计算出每一个会员可能希望看到的内容。如果一个会员喜欢观看英国戏剧，那么他的 Prime 视频推送将会不断优化，可能会给他推荐 Acorn 或 BritBox 这样的拥有大量英国内容和戏剧的流媒体频道，或者会推荐美国公共电视网的经典频道，因为上面有一部叫《波尔达克》的讲述 18 世纪英国士兵故事的剧。"我们想向你推荐一部你还不知道的剧，"哈特说，"但是当你知道了这部剧，开始观看后发现喜欢的话，这就为你节省了时间，为你省去了不必要的麻烦，你观看视频的体验就会变得更好。"Fire 电视的用户直接让 Alexa 推荐一部剧或一部电影也是不错的选择。飞轮的旋转速度又加快了一档。

正如贝佐斯所说，消费者是"神圣且不满意的"。让人感到担忧的是，今天的数字生活方式将这种不满意推向了一个史无前例的高度，亚马逊 Prime 会员正处在这种现象的风口浪尖。在智能手机上点一下按钮或者简单地问一下 Alexa，消费者就可以立即获得价格、评论、物流和其他更多信息，无论他们想购物、寻找一部电影，还是订购一款处方药。消费者被赋予了更多的权力，他们想要最好的选择、最优的价格和服务，而且立即就要。

是的，这种服务和选择让上亿名顾客珍惜亚马逊。然而，一种数字化的生活方式对我们的社会和心理意味着什么？正如我所指出的那样，美国购物消费里每 10 美元中只有 1 美元是用于线上购物的，但是这个数字在过去 10 年快速增加。当实体店变得越来越稀少，我们大部分人都在家里或者办公室进行线上购物时，生活会变成什么样？

对很多人来说，社交孤独感在不断地增加。家里已经充斥着各种数字化的干扰，让我们不再与世界交流了。当你可以在

65英寸、带有环绕立体声系统的屏幕上观看高清电影的时候，你为什么要去电影院？当你可以在 Kindle 上下载电子书或者在亚马逊上购买纸质书时，你为什么还要去图书馆？尽管我们依旧在超市采购大部分的日常用品，但有了亚马逊和沃尔玛提供的两小时送达或者路边取货服务，我们离不再去超市、不再与邻居偶遇，而是在网上购买西红柿和三文鱼并让它们配送到家门口的日子还有多远？美国正在变成一个患有公共场所恐惧症的国家，我们为之付出的代价就是社区意识的消亡。我们会怀念在咖啡店里与朋友会面，但就像谷歌在澳大利亚提供的服务那样，当无人机可以将热咖啡送到你家的时候，你为什么还要去咖啡店？一同消失的还有在小型农贸市场里发现一块美味的羊奶酪或者在大超市里发现一个熟透了的芒果的乐趣，这是你坐在家里让 Alexa 帮你按照常规采购清单下单时无法体验的快乐。对个人来说，唯一一个可行的办法就是，无论有多方便，都努力拒绝网络包办一切的诱惑。这将会是一场艰难的战斗。

第七章

令人着迷的 Alexa 语音助手

> 亚马逊可以轻而易举地打造一个由语音连接其他智能家居设备的无缝衔接的网络。亚马逊正坐在个人数据的金山上,数据越多,亚马逊就能越好地向消费者推荐产品。

几个世纪以来，人类一直都对与机器交谈感到着迷。[1] 公元 1000 年，博学家教皇西尔维斯特二世据传曾前往安达卢斯窃取了一本有关秘密知识的巨著，制造出一个机械铜制头，据说它可以给出是或否的答案。铜制头告诉他，他会成为教皇，当问到他是否会在耶路撒冷吟唱弥撒曲之后死去，铜制头回答，是的。教皇西尔维斯特二世最终在一个名为耶路撒冷的教堂举行弥撒后中毒身亡。

又过了 1 000 年，会说话的头才由神话变为现实。20 世纪 50 年代，贝尔实验室取得了首个突破，创造了"奥德丽"，一个可以识别数字 1~9 的系统。[2] 差不多同一时期，斯坦福大学的计算机教授约翰·麦卡锡创造了"人工智能"这个词。[3] 他给出的定义是机器可以从事人类的工作，比如，理解语言、识别物体和声音、学习并解决问题。

20世纪80年代,会说话的娃娃,比如奇幻世界的朱莉,可以回答孩子提出的简单问题,但是直到下一个10年,第一款真正的语音识别软件才横空出世。[4]一款叫作"龙"的软件可以识别简单的语言,讲话者不用在每个词之间刻意地停顿。[5]尽管取得了进步,在接下来的20年,语音识别和其他各种人工智能技术的进展仍让支持者感到十分失望,人工智能周期性地进入了学术圈号称的"人工智能寒冬":进展和资金双双枯竭的时期。根本原因不是科学家不知道如何写出智能的程序,而是这些人工智能程序需要海量、罕见又昂贵的计算能力。

人工智能技术的命运因为摩尔定律而发生了改变,摩尔定律认为,计算机的处理能力和速度每两年会翻一番,这就极大地降低了人工智能处理海量语音数据的成本。2010年,计算已经变得很便宜,苹果推出了手机语音辅助应用程序Siri。[6]智能手机键盘小,是引入语音识别技术最理想的设备,比起用手指在手机键盘上点击,直接给手机下语音指令更容易。谷歌随后推出了语音搜索。

这些语音应用程序可以理解大部分的词语,甚至俚语,还可以用对话的形式进行回复。然而,这些软件仍是程序员一行一行敲出来的。人工智能改变了这一切。现在,应用程序变得更智能是因为它们不仅仅依赖于一个智能设备，还同时通过互联网接入了众多的计算机数据中心。复杂的数学模型从海量数据中进行筛选，数据量远超任何一台电脑或一部手机可以存储的上限，复杂的数学模型更善于识别不同的语言特征。随着时间的推移，这些应用越来越擅长识别词汇、方言、口语，通过分析呼叫中心与消费者的通话记录来解析对话的上下文。机器在学习。

飞速发展的语音识别领域没有把杰夫·贝佐斯落下。2010年初，他的 Prime 项目已经形成了一股吸引力，将大量的消费者吸引到了亚马逊的宇宙，但是他仍在寻找下一个可以让人工智能飞轮旋转得更快的工具。贝佐斯认为语音会带来巨大的机会。

亚马逊里充斥着《星际迷航》的"粉丝"（贝佐斯本人就是一个忠实粉丝），他们开始梦想着建造"进取"号星际飞船上搭载的可人机互动的计算机。"在我们梦想中的未来，你可以通过语音与任何设备互动。"亚马逊 Alexa 人工智能首席科学家罗希特·普拉萨德说道，他已经就对话式人工智能和相关话题发表了超过 100 篇科学论文。亚马逊的消费者如果仅通过说话就可以下单订购图书和其他商品、下载电影和音乐将会怎么样？人们将不用坐在电脑前敲键盘，不用在口袋或房间里到处找手机。2014 年 11 月，亚马逊发布了 Echo 智能音箱，其中搭载了人工智能语音助手 Alexa，这是一款可以帮助消费者更便捷地与亚马逊沟通的设备。

Alexa 和 Echo 销量惊人，截至 2019 年，亚马逊已经售出了超过 1 亿台内置 Alexa 的设备。[7] 在 2018 年节假日期间，亚马逊的这款设备销量极好，生产出成品后，亚马逊立即从中国香港空运发往美国，整个 1 月，亚马逊售价 29 美元的 Echo 智能音箱全部售罄。[8] 除了 Echo 外，亚马逊还销售其他内置 Alexa 的上百种产品，比如智能微波炉和安全摄像头。同时，亚马逊还说服了消费电子产品和家用电器的制造商在产品中嵌入 Alexa，比如智能电灯泡、智能温度计、智能安防和声音系统。"Alexa，在客厅的 Sonos（搜诺思）音箱上用 Spotify 播放妮琪·米娜的歌。"然后歌曲就开始播放了。

亚马逊的智能音箱运用人工智能听取人类的要求，在联网的数据库里搜寻上百万个词条，提供从复杂到简单的各种答案。2019 年，亚马逊的 Alexa 设备回答了来自 80 多个国家的消费者的问题，从阿尔巴尼亚到赞比亚，每天平均回答 5 亿个问题。[9]Alexa 可以播放音乐、提示最新的交通路况、帮你关闭安防系统；[10] 可以给家庭 iCloud（苹果云服务）日历添加活动；可以讲笑话、回答琐碎的问题，应对一些无聊甚至幼稚的捉弄。

（如果想试一试，你可以让 Alexa 打个嗝儿。）

感谢无处不在的亚马逊 Echo 和 Alexa，自史蒂夫·乔布斯推出苹果手机后，亚马逊在个人电脑和沟通领域掀起了一股巨浪。在不远的将来，智能家居设备，比如亚马逊的 Echo 智能音箱，将会变得和个人电脑甚至智能手机一样重要。不用使用键盘或手机屏幕，语音指令将成为我们与互联网互动最普遍的方式。"我们希望为消费者减少负担，"亚马逊的普拉萨德说，"最自然的方式就是通过语音。这不是一个给你各种结果，让你从中'选出一个'的搜索引擎。语音助手会直接给你一个答案。"

语音对于亚马逊人工智能飞轮的重要性体现在亚马逊在这项技术上已经投入了数十亿美元。亚马逊没有公布准确的数字，但是 Loup Ventures（风投公司）的创始人吉恩·蒙斯特估计，亚马逊等科技巨头总体上已经将年度研发预算的 10% 用于语音识别的开发。如果对贝佐斯是否重视 Alexa 还有疑问的话，那么我们可以看看，有 1 万名员工在从事亚马逊语音助手和智能音箱的研发。[11] 亚马逊的研发大军不辞辛劳地让 Alexa 背后的人工智能软件变得更快、更智能、更适应对话，让 Alexa 尽可能多地回答各种问题，而且争取让它面对第一次提问就可以给出准确的答案。Alexa 的设计理念就是要更像一直陪在身旁的同伴，这样使用 Alexa 的 Prime 用户就会陷入对亚马逊的依赖中无法自拔。

　　随着语音识别技术的不断完善，计算变得更快、更便宜、更普遍且更主流，亚马逊可以轻而易举地打造一个由语音连接其他智能家居设备的无缝衔接的网络。在极客圈，这被称为环境计算。无论在一天的什么时间，无论一个人身处何处，网络无处不在。Alexa 被嵌入了 Sonos 的条形音箱、Jabra（捷波朗）的耳机和宝马、福特、丰田的汽车中。你开车的时候可以让 Alexa 打开家里的智能空调、解除警报、开灯，还可以让它在全食下单，这样你在晚上回家的路上就可以顺便去取。2019 年秋，亚马逊推出了一批新产品，让 Alexa 变得更加无处不在。这些产品包括 Echo Frames 眼镜、Echo Buds 耳机、Echo Loop 钛金指环。这些设备都内置了麦克风，可以通过蓝牙连接到智能手机上，让人在走路的时候就可以了解电影院的时刻表或最近的亚马逊 Go 无人超市的位置。谷歌助手是一款与亚马逊 Alexa 竞争的语音系统，负责其产品设计的谷歌副总裁尼克·福克斯说道："用户不需要打开手机并找到应用程序，只需要对着设备说'让我看看谁在我家门外'，画面就会跳出来。一体化就是极简化。"[12]

　　是的，在某种程度上说，这是让生活更简化，但是从另外一个角度讲，当需要花费好几个小时才能安装和连接所有的智能设备时，生活也因此变得更复杂。而且一开始，许多人会觉得对互联网讲话让人感到困惑和奇怪，甚至还会感觉有点儿傻。每当 Alexa 没有听明白问题的时候，我的妻子都会提高音调再说一次，然后不耐烦地说："我讨厌 Alexa！"这有时看起来有点儿笨。（我是指 Alexa，不是说我的妻子。）它可以告诉我退潮的时间，但是不知道为什么，当我问它涨潮时间时，它会很困惑。让 Alexa 播放利昂·布里奇斯的歌，它会照做。但是如果没说"客厅"这个词，它就会用厨房的 Echo 播放，而不是用客厅里音质更好的 Sonos 音箱播放。未来人工智能会帮助 Alexa 变得更智能，或许它能预测到，大部分时间我们希望用客厅里音质更好的 Sonos 音箱放歌。

或许年青一代人会知道怎么和 Alexa 交流。亚马逊负责 AWS 机器学习的斯瓦米·西瓦苏布拉曼尼说，他 3 岁的女儿在家里与网络的唯一互动方式就是语音："我的女儿在有 Alexa 的世界中长大。她只知道这样的世界。进屋之后，她会用 Alexa 打开电视或开灯。"对她来说，与 Alexa 对话就像千禧一代用两个拇指发短信给永远最好的朋友一样自然。

人工智能主题一直都是反乌托邦流行文化的中流砥柱，最著名的就是在《终结者》和《黑客帝国》这样的电影中，邪恶聪明的机器人崛起，给人类造成威胁。谢天谢地，我们还没有到那种境地。对目前所有的技术进步来说，语音识别还处在襁褓期。与研发人员的期待相比，语音识别的应用还很初级。"人工智能语音识别让我们从双翼飞机的时代走向了喷气式飞机的时代。"华盛顿大学电子与计算机工程学教授玛丽·奥斯滕多夫说道，她是语音和语言技术领域世界顶级的科学家。她指出，计算机在回答简单直接的问题方面已经比较擅长了，但是如果变成了现实中的对话，计算机就无法应对了。"科技巨头现在已经让语音人工智能可以识别如此多的词汇，理解这么多的指令，已经非常了不起了。但是，我们还没有进入'火箭'时代。"

为了识别我们说的话，语音识别系统需要依靠物理学和计算机科学。语音在空气中产生振动，模拟声浪由声音引擎捕捉，然后转化成数字形态。计算机随后解析这些数字化数据的含义。人工智能首先通过区分这个声音是直接的指令还是"Alexa"这样的"唤醒词"，来加速这一分析过程。机器学习模式通过听取上百万人的对话训练，已经可以准确地猜出刚刚说话的意思。"一个语音识别系统首先识别语音，然后把词语放在语境里，"谷歌助手的工程副总裁乔安·沙尔克维克解释道，"如果我说，'……的天气怎么样？'，人工智能就知道缺失的那个词是一个国家或者一个城市。我们的数据库里有500万个英语词汇，要在500万个词中没有上下文地识别一个单词是个超级难题。如果人工智能知道你问的是一个城市，问题就变成了在3万个词中选一个，这样得出正确的答案就容易多了。"

便宜的计算能力给予了系统很多学习的机会。比如，让Alexa开启智能微波炉，语音引擎首先需要理解这个指令。这意味着学习解码浓重的南方口音、孩子的高频声音和外国人的口音等，同时还要过滤掉收音机播放的歌曲这样的背景噪声。

熟练地掌握如何将人类指令转化为行动，是语音识别技术快速发展的一个原因。谷歌的沙尔克维克表示，谷歌的语音引擎现在应答的准确率已经由2013年的80%提高到了95%，几乎达到了与人类听觉准确率相近的水平。然而，这种程度的准确率只有当问题十分简单时才奏效，比如，"《碟中谍》几点开始放映？"如果让Alexa给出一个观点，或者尝试着进行一来一回的对话，机器很可能给出一个啼笑皆非的预制答案，或者只能回复："嗯，我不知道。"

对消费者来说，由语音驱动的设备是有用的，有时也是有趣的"助手"。对亚马逊和其他生产语音设备的科技巨头来说，将设备连接到数据中心的计算机，设备即使很小也可以十分有效地搜集数据。根据消费者智能研究合伙人的调查，近70%的亚马逊 Echo 智能音箱和谷歌 Home 用户家里至少有一个诸如智能温度计、智能安防系统的辅助设备与智能音箱相连接。[13]一个由语音驱动的家庭设备可以记录用户日常无尽的数据。亚马逊、谷歌和苹果记录的数据越多，就能越好地通过其他辅助设备、订阅服务或推介商品广告来为这些用户提供服务。

这其中的商业机会不言而喻。一个将 Echo 智能音箱连接到智能温度计的用户顺理成章地会购买亚马逊推荐的智能照明系统。对保护个人隐私来说，这听起来可能有点儿让人毛骨悚然，亚马逊正坐在个人数据的金山上，数据越多，亚马逊就能越好地向消费者推荐产品。亚马逊表示只会将 Alexa 搜集的数据用于让软件变得更智能、对消费者更有用。亚马逊声称，Alexa 变得越好，就会有越多的包括 Prime 会员在内的消费者看到亚马逊产品和服务的价值，人工智能的飞轮就会转得越快。尽管亚马逊在大力推进数字广告业务，但亚马逊的一个发言人说当前他们没有利用 Alexa 搜集的数据来推销广告。鉴于广告业务是亚马逊增长最快且最赚钱的一个新业务，我们很难想象亚马逊不会想方设法在不打扰 Prime 会员的情况下利用 Alexa 变现。一些消费者产品公司已经开始尝试对 Alexa 搜索出来的一些内容收费，比如菜单和清洁小妙招儿。

尽管让智能设备帮助他们购物是亚马逊早期销售的噱头，

但消费者可能根本没有这样想过。亚马逊没有回答究竟有多少 Echo 智能音箱的用户通过设备进行购物，但是最近一个由 Codex（战略咨询公司）开展的关于购书用户的调研发现，通过设备购物还为时尚早。调研发现，只有 6% 的 Alexa 用户使用了设备的网上购物功能。"人类是习惯的生物，"Canalys（市场研究机构）的技术分析师文森特·蒂尔克说道，"当你想购买一杯咖啡的时候，你很难向一个智能音箱描述你的想法。"

亚马逊表示并没有特别将 Echo 智能音箱定位成购物助手，尤其是 Echo 还与亚马逊 Prime 订阅的音乐和视频等服务相关联。尽管如此，这款放置在消费者家中的优化设备还是很可能会推动亚马逊零售业务的发展。亚马逊的自然语言处理科学家普拉萨德说："如果你想买双 A 电池，那么你不需要看到这些电池，也不需要记住电池的品牌。如果你从没买过，那么我们会为你推荐。"当然，这种推荐通常会包括亚马逊自营品牌的商品。

"亚马逊在利用这些设备对美国消费者进行地毯式的轰炸，"Codex 的总裁彼得·希尔迪克-史密斯说，"改变行为习惯最难，公司都不愿意这么做。但是，有一天当消费者意识到他们可以将日常杂货和其他物品列个清单，让 Alexa 帮忙下单，而且当天就能收到货，这将给整个行业带来惊心动魄的颠覆。当竞争对手意识到亚马逊拥有这份购物清单时，一切已经太晚了。这就是经典的贝佐斯长期主义博弈。像在 Alexa 上购物这种今天看起来一文不值的业务，5 年后或许就价值数十亿美元。"

一份最近的研究显示，Alexa 和类似的设备可能会达到贝佐斯式的高度。OC & C（战略咨询公司）预测，2022 年，语音购物的销售额将会达到 400 亿美元，而 2018 年仅为 20 亿美元。[14] 这一预测源于音箱的革命性突破。亚马逊和谷歌都推出了带有屏幕的智能家居设备，这些设备看起来更像是介于小型电脑和电视之间的产品，因此更加便于线上购物。亚马逊在 2017 年推出了带有 10 英寸屏幕的售价 230 美元的 Echo Show。像其他 Echo 智能音箱设备一样，Echo Show 内置了 Alexa，用户还可以看到图像。这意味着，消费者可以看到他们下单的物品以及他们的购物清单、电视节目、音乐歌词、安防摄像头的图像和在蒙大拿州度假的照片，而这一切都不需要按任何按钮或者操控电脑鼠标。

语音识别人工智能的兄弟——视觉识别技术曾长期被用于在人群中辨别犯罪嫌疑人，视觉识别技术的兴起将会使用户感到在这些设备上购物更加便捷。2018 年底，亚马逊宣布与 Snapchat（色拉布）共同测试了一款应用程序，消费者用 Snapchat 相机拍摄一件产品的照片或者条形码，随后就能在屏幕上看到亚马逊上相应的产品页面。不难想象，下一步消费者将可以用内嵌在 Echo Show 的相机或者他们的智能手机拍下想要购买的商品，然后在屏幕上就能看到这款商品或相似商品的价格、评分以及是否可以通过 Prime 配送。

有一天，我测试了一下图像识别技术，又拖延了这本书的写作。我在苹果手机里下载了一个英国时尚网站 ASOS 的应用程序，拍摄了我穿的棕色船鞋。屏幕上弹出了六七双相近颜色和款式的鞋子供我选择。我需要做的就是点击我喜欢的那款的照片，然后就可以买了。这项技术很好用，但是我并不需要再买一双船鞋。抱歉，ASOS。

谷歌又杀了个回马枪，不愿意把语音购物拱手让给亚马逊。谷歌这个搜索引擎不像亚马逊一样直接销售商品，但是谷歌的购物网站将零售商与谷歌的搜索引擎连在一起。搜索引擎使谷歌 Home 设备成为一种购物工具。比如，谷歌和星巴克合作，允许无咖啡不欢的上班族通过谷歌助手下单"我常喝"，在用户到达目的地时，一大杯卡布奇诺咖啡就已经准备好了。在中国，阿里巴巴有一款智能音箱叫天猫精灵，可作为车载音箱。（在中国的宝马用户可以使用这个系统，比如，线上下单、观看影片、播放最喜欢的歌单或者查询目的地天气。）天猫精灵也可以被用来订餐或者付款。

阿里巴巴的物流和仓库业务——菜鸟每年可以运送250亿个快递，将所有的快递在正确的时间送到正确的地方是一个巨大的挑战。在2018年底的神经元信息处理系统大会上，阿里巴巴研究院发布了一个虚拟客户服务代理，它可以帮助300万名快递员更好地进行配送。[15] 阿里巴巴预计，在全部投入使用后，语音识别软件将帮助快递员减少每年16万个小时的电话沟通时间。虚拟代理可以处理客户的干扰信息，比如，突如其来地问"你是谁？"，并对配送情况做出像人一样的判断。当消费者说他不在家的时候，机器知道要提供另外一个配送选项。下面就是一组对话过程。

代理：你好，我是菜鸟语音助手。我是……

消费者：喂？

代理：是的，你的快递计划于早上送达文化西路588号。你是否方便收货？

消费者：你是谁？

代理：我是菜鸟语音助手。我想要确认你的快递将于早上送达文化西路588号，你是否方便收货？

消费者：早上我不在家。

代理：那是否要更改收货地址？

虚拟代理需要从"早上我不在家"中推断出快递可能需要被配送到另外一个地址，这对机器来说已经很智能了。是的，人工智能语音代理也会犯错，就像人类会犯错一样，但是机器的一个优势是它们在变得越来越聪明。阿里巴巴一直在为智能语音助手提供上百万条来自消费者的通话记录，算法可以持续学习口音、提问方式、不同的配送要求以及判断对话是否有效。

抛开所有这些让人叹为观止的技术成绩，语音有一个方面让人感到不舒服。关于技术公司究竟偷听了多少消费者的谈话，一直都有一个关乎合法性的担忧，这些公司在搜集语音信息所产生的数据上究竟拥有多少权力？那些如亚马逊和阿里巴巴一样雄厚实力的机构掌控大部分的个人数据会让人感到忧虑，特别是对那些呼吁保护个人隐私的人来说，这些企业可以偷听我们在家里、在车上和在办公室的所有谈话内容。这确实让人有理由担心。智能音箱应该只有在听到了"唤醒词"，比如"Alexa"或者"嗨，谷歌"的情况下才能切换至倾听模式。2018年5月，亚马逊错误地将一段波兰企业高管与妻子讨论实木地板的对话发给了这位高管的一名下属。[16] 亚马逊因为这个失误公开赔礼道歉，称 Alexa"错误地理解了"对话内容。

2018年底，一名德国的亚马逊消费者要求亚马逊提供关于他个人活动的数据，在新出台的欧洲隐私保护法的规定下，这是他的权利，但是他收到了 1 700 条 Alexa 记录下来的陌生人的音频。[17] 这位消费者担心这个人还没有意识到自己的隐私已经遭到了侵犯，认为他应该被告知，于是就与德国杂志《c't》分享了文件内容。《c't》杂志的编辑们听了音频后拼凑出了这个人的基本情况——拥有 Echo 智能音箱和一台 Fire 电视，同时还分析出了他的个人习惯。正如杂志所写："在一个人不知情的情况下，我们就可以掌握他的私生活。打探他人隐私的行为本质上是不道德的，一想到这儿，我们的汗毛都立起来了。音频数据中包含的闹钟设定、Spotify 指令和公交查询记录揭示了这个受害者的个人习惯、工作和音乐品位。通过这些文件，我们很容易就可以确定这个人的身份和他女伴的信息。天气查询、名字甚至姓氏都可以让我们迅速锁定他的朋友圈。脸书和推特上的公开信息还可以让我们查找到照片。"

当杂志联系到当事人的时候，他十分震惊。亚马逊道歉，称这是员工的一次无心之失。

隐私不是唯一一个让人感到忧虑的问题。我们讲话出错的概率要远高于正确地输入指令的概率，在一些情况下，这会导致严重的财务后果。2017 年，一个 6 岁的达拉斯女孩跟 Alexa 聊到了曲奇饼干和玩具屋，几天之后，4 磅的曲奇和一个 160 美元的玩具屋被送到了她家门口。[18] 亚马逊只是简单地回应说，家长应该知道 Alexa 可以开启家长控制权限，撤销小女孩的订单。

超过 1 亿个设备已经在千家万户开启了聆听模式，语音成为人机互动的主要方式只是时间问题。Alexa 和竞争对手们引发了这样一些问题，比如，我们的世界是否变成了充斥着简短回答的注意力转瞬即逝的世界？在这个世界里，我们的书写文字要消失了吗？即使 Alexa 变得足够聪明，可以进行大段的复杂对话，那也是数年甚至数十年之后的事情，与算法进行一些我们最激动人心的交流还是会看起来有些奇怪。语言学家约翰·迈克沃特在他的《圣经的力量》一书中惊恐地推测出，书写文字可能在人类的进化中昙花一现。[19] 他认为，与正式文本相比，人们更喜欢讲话，或用表情、缩写来传递信息。

出于很多原因，语音被广泛运用是可能的。比如，语音可以让严格区分新手和行家的领域变得普及化、大众化。语音让那些不怎么有文化的人可以使用智能系统；让不能打字的帕金森病患者可以使用互联网；帮助盲人上网，向电脑发出指令，比如打开家里的智能安防系统；帮助被技术困扰的老人上网；让人在驾驶的时候可以与页面互动。换句话说，语音扩大了亚马逊世界覆盖的人的数量。

第八章

黑暗中的仓库

所有的迹象都表明,机器人时代正在来临。一些被替代的人可以找到新的工作,一些人将依靠着政府提供的最低生活保障过活,还有一些人将依靠零工经济,尝试通过各种方式谋生。

大型技术公司大部分是通过网络虚拟空间来书写互联网的历史的。脸书和腾讯的社交网络平台就是大规模电子流在这两家公司复杂的服务器农场以光速进行移动交互。谷歌和百度搜索引擎也一样。考虑到它们的商业模式，它们通常不会提供大量的工作岗位。与亚马逊雇用大约65万名员工相比，谷歌的母公司Alphabet雇用了9.8万人，脸书只雇用了3.6万人，这些工作中许多都是高技能、高工资的编程和数据科学家岗位。[1]对于大部分像Alphabet、脸书、百度这样的大型科技公司，它们雇用的员工不太可能会受到自动化的威胁。

亚马逊不仅在网络虚拟空间运营，还在实体空间运营。亚马逊是物联网技术应用的领军企业，而物联网的核心是将我们现实世界中的所作所为数字化。像联网的手机、Echo智能音箱、亚马逊智能微波炉、智能耳塞和智能温度计这样的设备正在变得更智能、更容易操控。（正如我们在前面提到的，那些制造这些设备的公司更容易搜集关于我们购物习惯的数据。）在商业领域，感谢便宜的传感器和智能算法，仓库机器人、扫描仪和自动驾驶配送货车也可以联网。2022年，全球将会有290亿台联网设备，大约是全世界人口数量的4倍。[2]

阿里巴巴、京东、腾讯，甚至谷歌的母公司Alphabet这样的科技巨头，通过智能家居设备和自动驾驶汽车，正在加入亚马逊的行列，共同探索如何将人工智能融入我们的日常生活。对于全球的就业市场，这意味着严重的后果。这些公司将仓库自动化，使用无人机和自动驾驶卡车运送货物，许多蓝领工人的工作岗位将会消失。此外，随着亚马逊等全球科技巨头进入新领域，它们会加速医疗、银行和其他经济领域的数字化，这将对就业产生更广泛的影响。

这个社会即将面临前所未有的工作岗位大规模消失，亚马逊零售业务的实质将亚马逊推向了这个旋涡的中心。贝佐斯创造了人类历史上对机器人、大数据和人工智能最激进、最成功的应用模式，尽管亚马逊现在创造了上万个工作岗位，但这种情况很快就会随着人工智能和机器人的优化而逆转，世界上越来越多的公司开始采用贝佐斯经济学的模式。

贝佐斯经济学可以被视为一种经营企业的全新模式。1913年，亨利·福特证明了大规模流水线生产可行，引发同行纷纷效仿，最终创造了世界上最大的汽车工业。[3]上百家小型汽车制造工坊依靠掌握技能的手艺匠人耗时费力地进行车辆组装，只勉强支撑了一段时间，最终还是被迫关门。1961年，一家名为仙童半导体的加州初创企业开始销售第一款芯片，这项发明让电气设备可以小型化，企业可以运用计算机进行史无前例的全球扩张。[4]这一突破最终让大量的会计、中层管理者和电话接线员失业。供职于CERN（欧洲核子研究组织）的计算机科学家蒂姆·伯纳斯-李于1989年创立了HTTP（超文本传输协议）互联网标准，使服务器和客户在网页上的沟通更加便利。[5]随后，越来越多的公司将网页作为一种商业模式。这为我们带来了台式电脑、智能手机、搜索引擎、线上购物和社交媒体。这一革命还让大量的纸质媒体、图书经销商和零售商破产倒闭。

现在，人工智能出现了，杰夫·贝佐斯正在向我们证明，人工智能加上亚马逊的飞轮业务模式将会产生一股多么强大的颠覆性力量。无论是生硬地照搬还是探索各自的版本，贝佐斯经济学正在被世界各地尝试应用人工智能的公司接受。有一件事确定无疑：所有这些进步都代价高昂。亚马逊和其他紧随其后的科技公司正在给社会和经济带来史无前例的颠覆。除非你是亚马逊、Alphabet 或阿里巴巴的股东，不然这绝不是什么好事。

随着贝佐斯经济学的普及，全球财富的差距会越拉越大，因为经济中赢者通吃的局面已然变得更加严重。运用人工智能的机器人将取代全球上亿个工作岗位，从仓库的装卸工到出租车、货车司机，再到收银员。最终，公司将纷纷采用贝佐斯经济学，那些最先采用的公司拥有几乎无法超越的竞争优势，就像任何一个零售商都无法与亚马逊比拼线上定价、配送和服务一样。

无论是居民在纽约长岛街头抗议亚马逊拟建第二总部，还是特朗普在推特上抨击亚马逊，亚马逊总是因各种原因受到指责，其中包括拉大贫富差距、威胁未来工作岗位、迫使主街的商店停业。亚马逊确实存在部分被指责的行为，而且将来也肯定会对社会和全球经济带来更多的颠覆。然而，阻止亚马逊不会产生丝毫作用。政客可以明天就关停亚马逊，但是由人工智能驱动的贝佐斯经济学将继续对就业岗位构成威胁，进一步拉大贫富差距，助力那些最机敏的企业蓄积力量并轻易碾压竞争对手。亚马逊只是把人工智能大规模应用到实体领域并大获成功的第一家公司，其他公司会紧随其后。

对大规模失业的担忧引发了今天的工人对未来的恐惧和对资本主义的批判，这令贝佐斯成为众矢之的，背后的原因并不难理解。咨询公司麦肯锡预计，在最糟糕的情况下，到2030年自动化将替代8亿个工作岗位，约占全球工作岗位的30%。[6] 麦肯锡还指出，随着医疗支出的增加和对基础设施、能源与技术的不断投资，经济增长有可能会抵消这些失去的工作岗位。[7] 或许，随着经济的发展，最终这些岗位会被替代，但是在过渡情境下，全世界几乎1/3的人将被迫寻找新的工作，这真让人感到不寒而栗。我们很难想象这些因为自动化而失去工作的仓库工人、呼叫中心的接线员、杂货店的收银员、零售店的雇员和卡车司机可以很快地变成计算机程序员、太阳能设备安装员或家庭护理员。全球经济最终会产生足够多的新岗位来抵消那失去的8亿个岗位，但是这一过程中的颠覆将是巨大的。

目前为止，技术还在帮助人们更便捷地工作。机械臂可以帮助汽车组装工人提起沉重的汽车引擎盖。一些经济学家开始认为，当技术变得多样、有效，技术将不再仅仅简单地让工作变得更容易，而是会跨越一个台阶，大量地替代制造业、卡车、物流、零售业和行政等领域的劳动力，这些领域对自动化的颠覆几乎毫无抵抗力。牛津大学的丹尼尔·萨斯坎德提出了一个新型资本的经济模型，他称为"先进资本"。[8] 先进的意思是投资的目的是全面替代劳动力。他的假设场景是"工资降为零"。尽管他的学说还没有成为主流，但是我们想想就胆战心惊。

为了更好地了解亚马逊的自动化将如何威胁未来的工作岗位，我参观了华盛顿州肯特的亚马逊大型仓库。如果你参观过亚马逊的营运中心，你会发现，在那里工作很难让人高兴。位于西雅图的肯特仓库在绵延超过81.5万平方英尺的面积上雇用了2 000人。但是这个数字实际上并不准确，因为这里的仓库共有4层，实际的面积是200万平方英尺，大概相当于46英亩。

在仓库内部，你可以看到高耸的白墙上是黑色格栅式棚顶，梁柱上架设了明亮的在手术室常见的白色长灯。地面上，18英里长的传送带连接在一起，不断地快速将亚马逊印有微笑标识的纸箱运往下一个目的地。广阔的空间中散布着黄色金属安全栏杆和楼梯。在这些栏杆旁，你可以看到亚马逊的仓库工人穿着T恤衫、短裤和跑鞋，从箱柜中将商品分拣出来或装进纸箱。传送带发出像飞机引擎一样的阵阵巨响，声响会偶尔被叉车警告提示音和机器手臂的嗖嗖声打破。

亚马逊全球175个营运中心代表了世界上最自动化的仓储中心。2012年以7.75亿美元收购Kiva机器人公司后，亚马逊开始在仓库里配备机器人，现在亚马逊的仓库里有大约20万个机器人在做着原来由人从事的工作。[9]在某种程度上说,这是一件好事。现在的机器人可以完成很多工作,比如举起重物快递或箱柜。比如,长机械臂可以将装满商品的沉重托盘从一个空间搬运到另一个空间。根据一项调查,使用机器人的亚马逊仓库每平方英尺的库存平均比没有使用机器人的仓库多出50%,机器人帮助减少了20%的运营成本。[10]

人工智能控制着产品在亚马逊仓库的流动,数据科学家通过模拟来不断优化软件,改善地面上所需机器人的数量,协调需要拿取哪一个黄色储物箱以及要送到哪里去,这样工人就可以分拣出正确的商品进行包装。这个系统像一场复杂的芭蕾舞表演一样运行。如果机器人移动得不够快,工人就会无所事事;如果机器人移动得太快,箱柜堆积就会导致阻塞,速度放缓。关键还是要优化流程。人工智能算法就善于做这件事。

尽管应用了这些机器人,亚马逊在营运中心依旧雇用了12.5万名全职工人,在节假日工忙时,至少雇用10万名兼职员工。[11]仓库和运输成本是亚马逊网站运营成本高企的原因之一,而亚马逊以持续不断地追求效率著称,从第一天起就一直在贯彻降低成本、精减支出的理念。随着时间的推移,亚马逊会应用更多的机器人,雇用更少的员工。

对在亚马逊仓库中移动堆积如山的商品的员工来说,工作是艰难、重复和充满压力的。全职员工每天要工作10小时，一周工作4天，每天只有半小时的午休和两个15分钟的休息时间。一些工人抱怨没有充足的时间上厕所，工作无休无止。要将亚马逊的快递在承诺的两天或更短的时间内送达，需要紧凑的工作节奏，员工一直处在很难达成目标的压力下。抛开亚马逊行业领先的15美元最低时薪，换个角度看，亚马逊正在压榨社会的底层劳动者，让快递可以实现更快、更低价的配送。亚马逊的高标准促使全世界的仓储和配送行业越来越快，给世界各地的工人都施加了更多的压力。

亚马逊仓库最重要的工作可以归结为两项主要任务：妥善地将进来的商品放置在箱柜里，然后从箱柜中分拣商品进行包装和运输。在亚马逊的许多仓库，这个流程已经实现了高度自动化。亚马逊的计算机告诉放置员，哪个箱柜还有存放物品的空间。比如，一个胡萝卜削皮器从制造商运抵仓库，一个放置员会对其进行扫描，然后他工作台上的显示器会告诉他哪个箱柜最适合放置这个削皮器。

当消费者下单订购一个胡萝卜削皮器时，亚马逊脚凳大小的橙色机器人知道哪一个箱柜里放着削皮器，它会快速前往一个6英尺高的全部都是箱柜的黄色货架旁，滑行到架子下面，把箱柜提出来，运送给分拣员。分拣员工作台上的屏幕会告诉他哪一个箱柜里装着胡萝卜削皮器。分拣员把削皮器拿出来，扫描，然后装进袋子里，袋子会随着传送带进入包装站，一个工人会将削皮器装入运输纸箱。然后，机器人会给纸箱贴上标签，发往运输的港口。

露西尔·鲍尔在代表作《我爱路西》中试图追赶巧克力糖果传送带的速度，最终将一些糖果塞进了自己的口袋和帽子里。在亚马逊发生的这一切，就像是这个片段的回放。工作节奏有快有慢，但是亚马逊的放置员和分拣员处理一件商品的平均速度是 24 秒，一个人一天大概可以处理 1 300 件商品。在我参观仓库期间，我随机地停下来与乔（化名）聊了几句。他不是公关部门事先安排的，尽管我旁边有公关部门的同事陪同可能会让乔在谈论亚马逊的问题时有些迟疑。乔的年龄在 30 岁左右，穿着一件蓝色 T 恤，他看起来很开心，当我问他如何度过每天 9 小时的重复性工作时，他说就像是打游戏一样。事实上，他就是在打游戏。亚马逊向全美的分拣员推行了一个试点项目，让大家可以相互比拼速度，乔的工作台就可以追踪他的进度。乔说他已经在全美上千个参与者中排名第 26 位。

"你的领导觉得你很厉害吗？"我问道。

"我不在意领导的想法。我在意的是可以和朋友吹嘘我的成绩。我收到短信说：'嗨，你是第 26 名。真牛。'"

当然，乔只是感到心满意足的一名员工，我们很难衡量他的体验和感受是否带有普遍性。一个叫作 Indeed.com 的就业网站在 2018 年收到了 2.8 万条在亚马逊仓库工作的员工的评论。（为了可以发布一份简历，求职者必须对当前的工作写一条评价，这就解释了为什么这个网站上有这么多条评价。）整体上，亚马逊仓库的员工给雇主的评分是 3.6 分，总分为 5 分，这个得分和沃尔玛一样。换句话说，亚马逊仓库的员工认为这是一份高于一般水平的工作。

大部分网站上的亚马逊员工都描述了一种充满挑战的工作环境，亚马逊不断地追求生产力和达成目标。一名曾在亚马逊得克萨斯州哈斯利特仓库工作过的员工写道：

> 亚马逊中充满了机会，福利待遇不错，大部分经理都是公正的，对每一个员工的评判很客观，工作环境要看你所处的团队，但大部分也都是激励鼓舞人心的。

话虽如此，同在哈斯利特仓库工作的另一个员工却将这份工作描述成像在军队中一样，它并不适合每一个人，很多人因为一种近乎疯狂地追求速度所带来的压力而无法长久工作下去：

我从这份工作中学到的就是，你需要持之以恒、内心强大，你所做的事情要有连贯性，同时从我个人的经历来看，不要表现出你全部的潜力，我这样说是因为他们会利用你，不断提高要求，然后你就会被消耗殆尽……这份工作最难的部分就是保持专注，要时刻留意你手头上的事情，而你的上级会在你身后提醒你"休息超过了15分钟"，但实际上休息时间只有5分钟，因为走到休息室要5分钟，走回来还要5分钟，还要来回刷卡，所有流程都非常不合理。午餐30分钟，你会感觉食物就卡在喉咙里，因为在返回对体力和精神要求超高的工作岗位之前，你几乎没有时间消化食物。

一个在印第安纳州杰斐逊维尔的亚马逊前员工写，他经常担心会丢掉这份工作：

这就是一份工作。这是我唯一能给出的不错的评价。中层管理人员都是刚从学校毕业的孩子，还不知道他们在做什么。亚马逊经常对员工撒谎，而且经常改变工作标准。这让人很困惑。评价的流程很不友好。很多机器和技术问题会影响个人表现。但是如果你不能证明，你就会被记过或者开除。这是一份沉重的、充满压力的工作。所有的工作内容都是体力上的虐待：在水泥地上敲敲打打地工作10~12小时，上下无数的台阶，周围机器发出巨大的噪声。永远是"第一天"，这才是问题所在。你是否忠诚、努力工作、过去表现良好，都不重要。今天怎么样才重要。如果心情不好，在亚马逊是会丢饭碗的。我没有哪一天去工作是兴高采烈的。这就是一份工作。那里不宜久留，会折磨你的精神和身体。

还有一些人描绘了更加可怕的场景。詹姆斯·布拉德沃斯是一位英国作家，曾是托洛茨基工人自由联盟的成员，曾任左翼网站"左脚向前"的编辑。[12] 在《雇用》一书中，他回忆了自己 2016 年在英国鲁奇利亚马逊仓库工作的三个星期。他写到仓库总共雇用了大概 1 200 人，大部分是东欧移民，每 10 个半小时换一次班，每小时工资 9 美元，工人每天为了完成工作要走 15 英里。

他将工作环境描述为"一个缺乏体面、尊重和尊严"的地方，这个地方就像一个戒备没那么严的监狱，员工没有足够的时间吃午餐，请病假会受罚，没有达到生产力目标也会受罚。[13] 他写到，有一天在当分拣员的时候，他在货架上看到一个装着尿液的可乐瓶，据说是一个员工因为不敢去洗手间而尿在了瓶子里。

毫不意外，亚马逊强烈驳斥布拉德沃斯的叙述。亚马逊的发言人阿什莉·罗宾森笃定地说，没有员工在亚马逊的仓库往瓶子里尿尿。（尽管这件事很难证伪。）她补充说，员工有充足的休息时间，如果他们有正当理由需要多休息一会儿，那么他们也可以有更多的时间休息。

亚马逊认为，仓库出现负面评论主要有两方面的原因。首先，多年来亚马逊相信只要照顾好员工，其他的一切都会随之而来，因此没有必要为自己辩护。然而，随着对亚马逊工作环境的攻击越来越多，亚马逊改变了策略，最终开始在媒体上驳斥那些负面的描述。其次，亚马逊没有工会，一些工会的激进分子公开地表示，亚马逊12.5万个仓库全职岗位就是他们攻击的目标。

卡莱塔·奥顿曾在可口可乐公司工作多年，后来加入亚马逊成为分管健康、安全和可持续发展的副总裁，奥顿说道："我认为亚马逊被严重误解了。我们做了非常多正确的事情。我只为那些做正确事情的公司工作。如果我认为亚马逊没有做正确的事情，我就不会在这儿工作。"奥顿表示，亚马逊仓库的安全记录和其他公司处于相似水平，最近还采取了新的安全标准，对工作台的设计进行了调整，采用新技术来改善安全环境。在一些地区，营运中心的员工现在会穿着可以发出信号的射频背心，提示在仓库地面高速行进的机器人及时避让。亚马逊在机械臂周围加装了轻质围挡，如果有人用手破坏了围挡，机器人就会停止工作。如果员工的工牌显示这名员工没有接受过驾驶叉车的训练，那么叉车便不会启动。

很显然，亚马逊可以更好地培训经理来应对工作环境中出现的问题，如果允许设置弹性目标或至少给员工实现目标提供指导，它或许会更容易赢得谅解。总体上，在仓库工作本质上就是对身心的一种考验。另一位亚马逊的发言人告诉我，亚马逊知道在营运中心工作的艰辛，但是希望员工将这份工作视为一块走向更好生活的敲门砖。比如，员工在仓库工作一年后，亚马逊将会为他们的继续培训支付95%的费用，唯一的要求就是培训内容必须是当下实际工作需要的。塔罗牌当然不在继续培训的范围内。如果你希望学习如何操控机器人或为仓库的机器人编程，亚马逊就会为你支付学费。甚至如果你希望离开亚马逊，成为一名护士或者一名卡车司机，那么亚马逊也会为那些课程付费。自从2012年启动这个项目，大约有1.6万名亚马逊员工参与其中。这个项目的重点在于，仓库岗位的工资相对有竞争力，在那里工作还有各种福利，亚马逊希望这份工作可以成为想要赚更多的钱、追求新事业的员工的一块敲门砖。

抛开这些额外待遇，大部分人还是觉得这份工作让员工在大部分时间非常辛苦、充满压力，有时还反人性，因此，将这些工作自动化更节约成本，也更人性化。同时，自动化也是一门不错的生意。亚马逊所做的一切都是为消费者带来益处。"我在亚马逊学到的一件事就是，亚马逊持续地增加商品数量和提高配送速度。这意味着我将会看到越来越多的自动化应用。"亚马逊的副总裁兼机器人项目的工程师布莱德·波特说道。

波特是从麻省理工学院毕业的著名工程师，于2007年加入亚马逊，曾负责亚马逊网站的软件，参与过亚马逊的无人机配送项目，现在负责机器人项目。他向我解释说，如果有一天我们发现，机器人在亚马逊的仓库没有变得无处不在，一个关键原因肯定是他所说的"深箱分拣问题"。当需要从箱柜中分拣出一个形状特别的物品时，机器总是笨手笨脚的，人类却特别擅长。经过数百万年的进化，我们进化出了天衣无缝的手眼配合。我们的祖先中那些从树上安全地爬下来，以最快的速度摘果子，然后在捕食动物出现前爬回去的人，更有可能生存下来。"深箱分拣"这件事已经深深植入了人类的基因，比如，在万圣节的糖果袋中，一个4岁的小孩几乎瞬间就可以从40

多种糖果中挑选出那一小块士力架。

"在深箱中找到一样东西对今天的机器操控来说充满挑战,"波特表示,"你可以设计一个擅长从箱柜中分拣出像手机盒这种固定物品的系统,但是考虑到亚马逊每天上新的商品数量和种类,这种算法还没有出现。"因为这需要100%的准确率。波特没有明确表示亚马逊究竟要过多久才能彻底解决"深箱分拣问题"。他说道:"如果你进行实验室测试模拟,出了点儿问题,这没什么。但是如果是在仓库环境下,那么15%的出错率将会是一场运营噩梦。"

亚马逊不是唯一一家致力于打造并应用先进仓储技术的公司。在欧洲和中国,我们都可以找到一些类似的公司。英国线上超市奥凯多(Ocado)自称"人工智能第一机构",它为未来提供了一些线索。奥凯多于2018年在英国安多弗开设了一个仓库,大小相当于几个足球场,内部是由看起来像巨型象棋盘的金属轨道组成的网状空间。[14] 1 000多个电池驱动的机器人滑动着进行白色洗衣机的装配,在轨道上以最快每小时9英里的速度来回穿梭。4G(第四代移动通信系统)网络作为空中交管员向机器人发射信号,避免机器人彼此冲撞。在网状空间的每一个方格下都摆放着17个日常杂货箱。[15] 这看起来有点儿像奥黑尔的交通高峰期,这些机器人在轨道上到处飞行,用钳臂选出所需的商品并将其装入腹中，然后把商品投放在一个固定的位置，由工人将商品装入配送用的购物袋中。在传统的仓库里，商品到处摆放，为一个订单挑选出正确的商品通常要花费1个小时以上，而机器人只需要几分钟就可以完成分拣。奥凯多的系统每天可以完成6.5万个日常食品订单。2019年2月，机器人充电站导致的电路问题引发了一场大火，烧毁了仓库。[16]奥凯多正在重建。

奥凯多不仅是一个线上日用食品店，还希望能向全世界的大型零售商出售自己的机器人系统。目前，奥凯多已经与一些国际零售商达成合作协议，帮助它们建设仓库，其中就包括2018年与美国连锁超市克罗格签订的协议，奥凯多将帮助克罗格建设20家自动化的"消费者营运中心"。消息公布当天，奥凯多的股价飙升了45%。[17]

中国的线上零售商京东已经设计了一个专门确保机器顺利开展工作的仓库，为未来提供了另外一种可能的范本。作为拥有3.1亿名消费者的中国最大的线上零售商之一，[18]京东在2017年建成了一个可以用机器人分拣固定形状和尺寸快递的仓库，比如分拣手机或者箱装洗衣皂。[19]这在世界上同类仓库中自动化程度最高。从外面看，这家坐落在上海郊区的大型建筑与中国其他的仓库无异。与巨大的京东红色商标——微笑的小狗相比，这里缺失配套设施这件事更加引人注目：京东的仓库没有配备给员工的大型停车场。因为这个巨大的仓库虽然每天可以运输大约20万个快递，却只有4名员工。[20]

当有消费者下单，比如下单一部三星手机时，装有商品的浅灰色塑料桶会自动从货架上滑落，滑到传送带上，被带到包装区，一个6英尺长、带有绿色吸盘的乳白色机械臂会把手机拿起来。一个未折叠的纸盒会滑过来，机械臂会把手机放在纸盒上，纸盒随后被封好，贴上运输标签。

接下来，另一个机械臂将纸盒拿起来，放在一个看起来像是红色小型脚凳的机器人上。许多这样移动的机器人飞快地前往仓库的开放区，就像是在协和广场高峰时刻穿行的汽车彼此快速地擦肩而过，机器人会找到地面上一处正确的空间把货物放下。快递滑向一个购物筐，被自动地送往正确的卸货区。没有人来挑选和分拣货物，没有午休，没有病假，没有假期，没有人在瓶子里解手。理论上讲，除了4名京东员工对机器人进行检修的时间外，仓库都不用开灯——机器人不用看见。

京东的仓库运转良好是因为它只需要处理标准形状的快递。亚马逊没有这种奢侈。"用塑料袋或塑料翻盖盒装的东西，对机器人来说很难分辨。"亚马逊的波特说道。设想一个机器人要试图分辨一个胡萝卜削皮器、一个生蚝刀和一盒圆珠笔，所有的包装只是在形状、颜色和材质上有些许差别。这是一个十分复杂又棘手的任务。

为了解决这个问题,亚马逊于 2015 年推出了一项亚马逊机器人挑战,为可以设计出最优分拣机器人的团队提供年度奖励。亚马逊希望找到一个既可以分辨物品、从袋子里取出物品并放入储物箱,也可以从储物箱里拿出物品并放入纸箱里的机器人。参赛团队只要放对了物品就会得分,速度快也会得分,放错了或者破坏了物品会被扣分。

2017 年,来自 10 个国家的 16 支机器人队伍在日本的名古屋集结,争夺最终的奖项。冠军是来自澳大利亚的机器人卡特曼。卡特曼是由昆士兰科技大学、阿德莱德大学和澳大利亚国立大学联合研发并用现成零部件制作的,成本只有 2.4 万美元。[21] 它在一个笛卡儿网络上移动,围绕着三个呈 90 度的轴前后上下移动,就像一个三维棋盘。摄像头在桶里识别出物品,然后它用其一端带有吸盘的使用旋转夹持器的机械长臂和两指机械爪抓取物品。尽管并不完美,但卡特曼仍然是当天最好的作品,赢得了 8 万美元的奖金。

取物机器人崛起的速度可能比很多人预想的要快。2014 年,一个由哈佛大学、麻省理工学院和耶鲁大学学生组成的团队赢得了美国国防部高级研究计划局的机器人挑战赛,他们随后创立了一家名为右手机器人的公司，在马萨诸塞州萨默维尔开设了一间办公室。其中一位创始人利夫·亨托夫特说，他们已经解决了让机器人识别和挑选出不同大小、形状和颜色的快递的问题。"我们研究人类的手是如何工作的，"亨托夫特说，"我们将机器智能引入运用三维摄像数据和传感器的机器人，以此分辨正确的物品，然后像人那样，机器人会弯手去拿那个物品。如果拿起之后物品掉落了，机器人就会学习尝试用其他方式再把东西拿起来。"

亨托夫特说，他的取物机器人的准确度已经使它可以商用了。百陆达是日本最大的便利店批发商，向消费者出售肥皂盒、牙刷一类的包装物品，在 2018 年节假日期间，百陆达使用一台右手机器人处理了上万件快递。"技术已经出现了，"亨托夫特认为，"还是处于初期阶段，但是发展的速度要比预想的快很多。"

仓库的工作并不是所有岗位中唯一被亚马逊自动化技术颠覆的。亚马逊收购了全食食品连锁店，开设了一些小型商店，正在试图进军传统零售业，所有业内专家都认为零售业早就应该改革了。在不断地追求效率和节约成本的过程中，亚马逊看到了结账收银过程中存在的问题。毕竟，谁愿意排长队，把所有物品一样一样地放在结账台上等着收银员扫描后，再放回袋子里，还要拿出信用卡结账才能离店呢？

为了改变这种烦琐的程序，2018年贝佐斯在亚马逊的"第一天"西雅图总部大楼里开设了第一家亚马逊Go无人超市。从街上看，这家店看起来就像是任何一家环境不错的都市超市与咖啡店，大面积的玻璃窗使货架上预先做好的藜麦和羽衣甘蓝沙拉、地中海鸡肉卷、中东素食扁面包三明治、薰衣草味的气泡水和巧克力棒一览无余。

夏末的一天，我来到这家店，因为大量媒体关注，店里人头攒动。令人印象深刻的是这里不需要结账。一旦消费者下载了亚马逊Go应用程序，只需要用手机扫一下旋转栅门就可以进店。消费者在选购了想要的物品后，装进袋子里，然后直接离开就可以了，总金额会直接记在他们亚马逊的账户上。这个应用程序可以告诉商店系统前来购物的消费者的情况。棚顶上的摄像头可以追踪消费者的行踪。出于隐私保护的原因，系统被设计为不读取个人特征，对摄像头来说，消费者看起来就像是一个个黑色的灯泡。

当消费者从架子上拿了一个三明治，会发生两件事：棚顶的摄像头记录下"灯泡"拿了一件商品，为了确保记录准确，每个架子都有一个计重秤，货架重量的变化会告诉系统，消费者是拿了一个三明治还是两个；当消费者走出旋转栅门的时候，他们的亚马逊账户会被自动扣款。店里依旧有人工作，他们负责准备食物、解答消费者的问题。亚马逊还卖啤酒和红酒，根据州法律规定，商家需要检查消费者的身份证（这项任务很难自动化），但是店里没有收银台或收银员。有一天我去店里，从货架上挑选了一包巧克力饼干，然后就离开了，要不是稍后我的手机上显示亚马逊账户扣款 4 美元，我甚至感觉自己有点儿像在偷东西。

消费者似乎很喜欢这家店。2018 年底，在点评网站 Yelp 上，173 位顾客给出了 4.5 分的评价，满分是 5 分，抱怨最多的是亚马逊 Go 无人超市已经变成了一个旅游打卡的网红地。然而，阻力也同时存在。技术十分昂贵，一些地方政府认为，无现金结账的商店是对没有银行（或亚马逊）账户的穷人的歧视。亚马逊似乎很喜爱无人超市，已经在芝加哥、纽约和旧金山开了很多家。技术不仅仅是亚马逊取悦消费者的另一个手段，还可以让亚马逊更好地了解店里食物的流量模式，掌握有关哪种商品以何种价格销售最好的数据。同时，亚马逊还可以建立每位顾客的偏好和消费喜好的档案。

对全世界各地商店里的上千万个收银员来说，这可不是什么好消息。美国有 360 万个收银员，收银员这个岗位是美国雇用人数最多的岗位之一。[22] 随着亚马逊将 Go 技术推广到其他地方，包括上百家全食商店，这些收银员的岗位就岌岌可危了。此外，沃尔玛和克罗格这样的大型零售商也带来了另外的威胁。2019 年，沃尔玛在得克萨斯州开设了一家无人收银的山姆会员商店。

尽管仓库工人、卡车司机和收银员的工作前景堪忧，但是经济的发展历来都会为这些需要重新就业的人提供新的机会。当美国从农业社会转向 19 世纪末 20 世纪初的工业社会时，上百万个农场的工作岗位消失了，但是被替代的农民的后代去了城镇和大城市，最终在纺织业、制鞋业、汽车业找到了新的工作，还有些人成了店铺收银员。类似的担忧一直伴随着现代化工业时代的发展。包括两位诺贝尔奖得主在内的顶尖精英撰写了一份《三重革命报告》，他们认为美国正处在经济和社会动荡的边缘，因为工业自动化会摧毁上百万个工作岗位。这份报告在 1964 年 3 月被递交给当时的美国总统林登·约翰逊。[23] 然而，这场革命没有发生。

在未来，随着自动化的发展，上亿个工作岗位会重置，一些人将会与机器协作，这被称为"协作机器人"，这个词描绘了人类和机器人共同协作的效率要远高于人类或机器人单独工作的效率。过去搬运和摆放商品的仓库工作人员将会变成机器操作员，掌控工作流程，保养和使用无人机，当机器出现故障时进行修理。创意型的新岗位将会出现。"有太多的事情人做得比机器好，"麻省理工学院的教授埃里克·布莱恩约弗森说道，"新的工作岗位更多是创意类的。人类可以做更多与人相关的工作，更多地思考。我不认为我们经济中短缺的岗位只能由人来从事，我认为接下来的几十年都会是这样。大范围的颠覆将会出现，但是人类的工作岗位永远不会短缺。"

没错，新的岗位会出现，但是这一次的不同之处在于颠覆的规模和速度。保罗·范霍文式的反乌托邦的情景不会出现，在那种情景里，机器人掌控了全部的工作，大量失业的人四处流浪，在废弃物中翻找食物，居无定所。但这一次的颠覆将会是大规模的，受影响的经济要用几十年的时间来消化大量被替代的工人，要么创造那些我们想象不出的工作岗位，要么政府就要提供最低的生活保障。

这对于工厂和仓库的工人可不是好现象。[24] 专家一直都担心自动驾驶汽车会替代美国 350 万个卡车司机和数以百万计的出租车司机。亚马逊与丰田合作研发的自动驾驶配送货车只会加速这个进程。在酒店业，2018 年亚马逊开始为万豪提供内置 Alexa 的 Echo 智能音箱，客人可以直接通过客房服务点汉堡、要求提供干净的毛巾或推荐晚餐，这一切服务都不需要人的帮助。[25]

人工智能带来的破坏可能会影响更加深远。技术已经智能到替代那些被认为不会轻易被替代的工作。比如，人工智能现在已经可以从事一些通常由刚开始工作的律师、银行业从业者、新闻撰稿人从事的工作，甚至在一些情况下，替代医生的工作。斯坦福大学的研究员开发了一种算法，可以比放射科医生更好地诊断胸部肺炎的 X 光片。[26] 德意志银行首席执行官约翰·克莱恩在 2017 年预计，最终德意志银行的 9.7 万名员工中将有一半会被机器替代。[27] 2017 年，腾讯的"梦幻写手"——一款编写新闻的机器人，已经可以每天编写 2 000 条财经或体育类的新闻了。[28]

连艺术家和音乐家都被机器盯上了。卢森堡的人工智能创业公司 AIVA 开发了一款人工智能软件，它可以编写爵士乐、流行乐和古典音乐，已经被用于电影、游戏和广告的音轨制作。通过读取由巴赫、贝多芬、莫扎特等伟大作曲家编写的大量经典音乐片段，这款软件在掌握了音乐理论的概念后，就可以在活页乐谱上进行创作了。[29] 效果如何？该公司说，当他们让专业的音乐人听 AIVA 创作的音乐时，没有人猜到这是计算机编写的音乐。因此，失业的编曲人可以做什么呢？转行当一名放射科医生，然后发现这项技能也被计算机掌握了？

目前为止，亚马逊 Go 无人超市、自动化仓库和自动驾驶配送货车只是一些初期的警示信号，一波新的技术将使全世界数以亿计的工作岗位被替代。对大多数人来说，拿着解雇通知书的机器人还没有到来。但是，所有的迹象都表明，机器人时代正在来临，除了那些完全不受影响的行业，通常是那些高度个性化或有情感成分的行业。

一些被替代的人可以找到新的工作，一些人将依靠着政府提供的最低生活保障收入过活，还有一些人将依靠零工经济，尝试通过各种方式谋生。当然，其中一个方法就是在亚马逊上开店卖东西。

然而，这却意味着与亚马逊无情的人工智能飞轮直接展开竞争。

第九章

亚马逊第三方卖家：与恶魔共舞

> 亚马逊确实对那些没有线上销售渠道的小企业构成了威胁，但是亚马逊的网站已经为200多万个卖家提供了一个活跃的市场。这些卖家的数量一直在不断增加，很多还经营得越来越好。

约翰·摩根伤感地回顾起自己在西班牙海边经营一家风筝冲浪店的岁月。作为一家小型零售店的店主，在风吹日晒的那些年里，他最大的任务就是确保库存里采购了正确的北面和巴塔哥尼亚牌装备，且波涛汹涌的海浪可以吸引冲浪爱好者来到他的海边小店。一天，一个朋友（这位朋友担心得罪亚马逊，因此要求匿名）向摩根分享了关于如何在亚马逊上销售商品的课程信息。这看起来似乎很简单，你只要在亚马逊上选择一款销量前100的商品，进行局部的设计微调，在中国找一家代工厂进行低成本生产，然后就可以在亚马逊上以你自己的品牌进行销售了。之后，再花些时间尝试设置吸引消费者进店浏览的关键词，你就可以财源滚滚来了。摩根对此很感兴趣。

他关掉了海边的冲浪用品店，回到伦敦，2013年开始在亚马逊上销售旅行装备。他成了亚马逊上200多万个第三方卖家中的一员，这些小型零售商在网站上售卖自己的商品，支付亚马逊相应的费用。一开始，一切都像摩根期待的那样。到2016年，他的"旅行方块"每年的销售额高达100万美元，这种便携式的塑料收纳盒可以将衣服和日用品打包，大约可以节约旅行者行李箱1/3的空间。

摩根的成功没有被亚马逊一直保持警觉的人工智能算法忽略。亚马逊遭人诟病的地方在于经常监控网站上哪种商品卖得好，亚马逊如果觉得不错，就会自建品牌与其竞争。（亚马逊否认存在这样的行为。）那一年的一天，摩根醒来发现，亚马逊开始以22美元的价格销售自营的旅行用品套装，而摩根的售价是35美元。"一夜之间，亚马逊干掉了我的产品线。"摩根回忆道。每个套装的成本大概是15美元。如果摩根像亚马逊一样定价为22美元，那么他将无法赢利，因为他每销售一个套装就不得不向亚马逊支付7美元的线上营销费用，这笔费用是亚马逊用来支付摩根的仓储和Prime配送的。

摩根的麻烦才刚刚开始。当亚马逊开始售卖自有的旅行箱品牌时，广告打在了摩根产品页面的上方，这是他最有价值的铺面位置。这样投放广告会不可避免地将消费者的注意力从摩根的商品吸引至亚马逊的商品上。为了在亚马逊网站上一直保持可见，摩根不得不向亚马逊支付数千美元的费用，以拥有诸如"旅行袋""化妆包""节省旅行箱空间"等线上搜索关键词。这意味着当消费者输入其中一个关键词的时候，他们就会看到页面上方摩根产品的广告。相对而言，亚马逊给自营产品的绝佳排位是免费的。其他商家很难与拥有这种优势的卖家竞争。"他们拥有全部的数据，"摩根表示，"他们知道你在中国合作的是哪家工厂，还掌握了你所有的运输数据。他们知道你每天在哪个市场能销售多少产品。他们还有自己的广告平台，可以在更好的位置投放广告，从而超过你。基本上，他们就是在窃取你的流量。"

为了生存，摩根像每一位勇敢的企业家面临困境时一样，加大了投入。他大幅削减了旅行袋外包客服的成本，只在菲律宾雇用两个人接电话，支付原来一半的工资，网站的设计交给了收费更低的东欧设计师。他还转变了战略，试图通过走量来弥补被亚马逊抢占的利润。因此，为了购入更多的库存，他从亚马逊借了30万美元，亚马逊像银行一样给第三方卖家提供贷款，2018年总共贷出了超过10亿美元。摩根的方法奏效了。他的销售额由2016年的100万美元增加到2017年的250万美元，他又开始赚钱了。可是在2018年1月，亚马逊的算法突然认定摩根不具备贷款资格，毫无预兆地拒绝了给他发放贷款。

这是一个暗箱机器人做出的决定，他无法申诉。"我完全不明白算法为什么会做出这个决定，也没有申诉的渠道，简直是疯了，"摩根说道，"他们又一次彻底地干掉了我。"

摩根将2018年描述为压力巨大的一年，这名伦敦企业家大部分时间都在东拼西凑地偿还亚马逊的贷款，利率高达12%。因为将大部分资金都用于偿还贷款，所以他没有资金购入新的库存来支撑销售增长。所幸，他的故事并没有以失败收场。摩根用了9个月的时间还完了亚马逊的贷款，他的一个朋友，也是亚马逊的第三方卖家，为他提供了50万美元的贷款。他的生意又重新有了起色。

"我无法忍受的是亚马逊的霸凌行为，"摩根说，"你不能与它竞争。他们拥有不公平的竞争优势。"然而摩根表示，他热爱他的生意，小企业还能从哪里触达全球3亿名消费者呢？哪怕用西班牙阳光明媚的海滩旁的另外一家冲浪用品店来交换，他也不会换的。摩根总结了自己的教训，认为在亚马逊上卖东西就是"与恶魔共舞"。

摩根的经历事关一场关于亚马逊是否正在扼杀小企业的激烈讨论。亚马逊是最大的线上"新人"，它的到来引发了"邻家"店铺的各种烦恼。2018年3月，在一篇推文中，时任总统特朗普说亚马逊正在让成千上万个零售商无生意可做。[1]一个主张加强本地社区的左翼智库——本地自给自足研究院,将贝佐斯比作"19世纪掌控何种生意可以做、要付多少钱才可以做的工商业铁路巨头",认为亚马逊正在迫使独立零售企业的数量急剧下降。

只看数据的话,我们很难证明或推翻这个论点。一些研究表明,美国小企业的数量在增加,尽管它们采用的是几年前的数据,而这些研究包括与亚马逊开展竞争的主街上的小型零售商。[2]

另一些证据表明,一些小企业确实受到了亚马逊的伤害。东汉普顿是纽约顶级富人的海边度假胜地,那里有很多高端的商店,但是一家在主街上销售时尚休闲服装和运动鞋的商店Sneakerology因无法吸引足够的顾客,于2018年底停业。当被问到究竟是何原因的时候,商店经理说Sneakerology无法与线上销售渠道相抗衡,因为它的销量不大,制鞋公司不给它发最畅销的款式。这就是许多主街上的店铺正在遭遇的事。如果这些企业无法做到与众不同,没有一个强大的线上店面,它们注定要失败。

另一种类型的商店是位于纽约杜波斯菲利的Reader's硬件商店,一家数十年来服务当地社区的生意兴隆的家族企业。Reader's附近几英里就有一家家得宝超市,消费者当然也可以在亚马逊上以更低的价格购买到 Reader's 的大部分商品，但是这家本地小型硬件商店提供了大超市和亚马逊无法提供的服务：知识性服务。在家得宝寻求建议的时候，你如果能找到一个工作人员上前询问，最有可能出现的场景是，这个工作人员挥一挥胳膊，似乎朝挤满商品的过道指了过去，你想要的东西可能在那儿，也可能不在。在 Reader's，友善的工作人员不仅会带你找到需要的东西，还会耐心地给你提供建议：水龙头漏水的话，哪种垫片最好；橱柜的油漆哪种质感最好，怎么刷。尽管 Reader's 的价格要比家得宝或亚马逊高一点儿，但这家小店忠诚的顾客愿意为良好的体验支付一些溢价。

无论是知识性服务，还是农场制造的奶酪这种手工制品，都无法在亚马逊上轻易地扩大销售规模，而具备此种优势的小企业会发展得还不错，尽管亚马逊持续扩张，迫使零售业的环境更加艰难。一些服务性的企业同样不会受到影响，不信你就试试在亚马逊上理发或文身。亚马逊控制了线上电子商务近 40% 的份额，大部分希望生存下去的小型零售商将不得不找到在这个零售巨头平台上存活的方式。但是，正如约翰·摩根艰难地领教到的，这是一场让人感到窒息的游戏。企业不仅要与亚马逊竞争，还要与在亚马逊上销售商品的 200 多万家世界各地的小型企业竞争。[3]

亚马逊辩称，在亚马逊网站上销售商品的200多万家中小企业已经在世界范围内创造了160万个工作岗位，其中有2.5万家企业的营收达到100万美元以上。[4]将这些卖家描述为亚马逊线上业务的"重要组成部分"就显得过于轻描淡写了。[5]在2018年致股东的信中，贝佐斯写到自1999年以来，第三方卖家的销售额增速已经是亚马逊线上自营收入增速的二倍。在这样的数据面前，我们很难说亚马逊正在扼杀小企业。这些批评的声音没有理解亚马逊其实最不愿意做的就是扼杀小企业，因为这些小企业给亚马逊带来的利润边际要高于亚马逊自营的传统电商业务。亚马逊让约翰·摩根这样的商人为大部分商品支付了不菲的费用，平均相当于一款商品零售价格的15%，那些使用"亚马逊物流"仓储和配送服务的卖家还需要额外支付15%。一名不愿透露姓名的私募投资者认为，让独立的商户在亚马逊上销售是贝佐斯最大的一项业务，他预测在接下来的10年里，增速会超过10倍。

对第三方卖家来说，这些费用确实很高，但是作为交换，他们可以获取大量的顾客，此外还能得到亚马逊品牌的信誉加持。我曾经在亚马逊上为我的花园订购过一扇雪松木门，但到货之后，我发现那并不是我想要的。这扇门是亚马逊上的第三方卖家出售的，我想退货，卖家却告诉我这扇140美元的门不能退。我给亚马逊打电话，他们确认了卖家确实不接受退货，然后询问我觉得门有哪里不对。我说我不喜欢。几乎没有停顿，亚马逊的客服说，她已经给我的美国运通信用卡退回了140美元，而且我可以把门留下，直到今天，那扇门还在我的地下储藏室里。（有谁想要一扇雪松木门，可以联系我。）

一些小企业发现，亚马逊可以成就一件商品，也可以摧毁一件商品。罗伯特·王发明了一款可以蒸、压、炖的多功能电锅Instant Pot，这款锅的销量一直平平，直到2010年他将产品放在亚马逊上销售。美食评论家和厨师开始给这款锅积极的评价，说这款锅可以节约几个小时用于准备肉类或豆类的时间。销量开始攀升，Instant Pot最终成为一个爆款产品。到2019年初，这款锅累计收到了3.102 1万个平均4.5星的好评。这款产品90%的销量一度都是通过亚马逊实现的。[6]罗伯特·王作为首席执行官告诉《纽约时报》："没有亚马逊，就没有我们的今天。"

然而，每一个成功的罗伯特·王背后都有上百个不成功的企业家。很常见的情况是，充满希望的企业家白天上班，利用业余时间在亚马逊上卖东西。当亚马逊决定通过发布相似的商品直接与其开展竞争时，一些商户就被打败了。还有一些情况就像在《狂野西部》的游戏世界里一样，商户间不择手段地彼此竞争，一些还讲道德，一些则毫无底线。那是一个充斥了虚假评论、假货和被劫持网站的世界。一些没有道德的第三方卖家捏造事实，向亚马逊投诉，诬陷竞争对手，使亚马逊冻结对方的账户，直到他们的怨气平息。对许多卖家来说，账户被亚马逊冻结就意味着被判了死刑。

许多在亚马逊上开店的小商户还发现，他们不仅要与200多万个第三方卖家竞争，还要与那些无穷无尽的亚马逊自营的相似商品竞争，比如家用商品、服装、食物和电子产品。这些商品使用各种不同的品牌，因此在很多时候，消费者甚至没有意识到他们买到的是亚马逊自营的商品。

亚马逊的优势是拥有所有通过其电商平台销售的商品的信息和定价数据，这也是亚马逊被抱怨的一个主要原因。亚马逊的人工智能软件几乎可以实时分析数据，进而根据竞争对手的定价、产品是否有货、商品偏好、订单历史、预期利润边际等因素来调整自营产品的价格和库存。

亚马逊声称没有利用过个体卖家的数据来获取竞争优势。然而，这并不意味着亚马逊没有仔细地研究不同商品品类的数据——AAA电池卖得怎么样。灰色男式帽衫卖得好吗？亚马逊还拥有其他的优势。2018年底，亚马逊开始在竞争对手页面的底部投放标题栏"来自亚马逊自营品牌的相似产品"，以此推销自营品牌。⁷点击这个链接就会将消费者带到亚马逊自营品牌产品的页面。目前为止，亚马逊的自营品牌只占总销量非常小的一部分，但是商品的目录在不断增加，这就是一个潜在的威胁。

除了自营品牌商品外，亚马逊还直接销售从其他制造商和批发商那里买到的产品。这是亚马逊的核心零售业务。在这方面，亚马逊同样在和独立的卖家进行竞争，一些商品的定价并不合理。2016年，非营利刊物《ProPublica》开展了一项关于亚马逊定价算法的调查，在几周内追踪了热销的250件商品，比较哪些商品被放在了亚马逊虚拟货架最显著的位置，这就是所谓的黄金购物车，一开始它是作为亚马逊推荐购买而出现的。黄金购物车是今天互联网上最有价值的一块零售地产。《ProPublica》发现，在75%的情况下，亚马逊黄金购物车会选择推荐自营商品而不是独立卖家的商品。比如，一管亚马逊直营的乐泰胶水以7.8美元的价格出现在了黄金购物车里，而第三方卖家同款商品的价格比它低10%，还包邮。当消费者点击购买亚马逊的胶水时，除非是Prime会员，否则消费者还要支付6.51美元的邮费，于是这笔交易就显得更不划算了。《ProPublica》得出的结论是，亚马逊的算法不客观，它偏向于亚马逊直营的商品。算法的设计似乎是希望更多的人加入Prime会员。⁸亚马逊告诉《ProPublica》，商品是否进入黄金购物车，除了价格外，还有很多其他的考量因素，以确保"消费者拥有最好的消费体验"。

因为在亚马逊上售卖商品十分复杂且充满变数，一个围绕着亚马逊的咨询和律师行业开始兴起，从业者为卖家提供在亚马逊"丛林"中生存的建议。克里斯·麦卡贝曾在亚马逊工作6年，之后他成立了一家总部位于波士顿的亚马逊咨询公司，为第三方卖家提供咨询服务。因为大量卖家的经营与亚马逊的规定有冲突，所以他的生意一直不错。如果亚马逊收到了关于一个卖家销售假冒伪劣商品、邮寄错误或危险物品，或使用虚假评论的投诉，无论这种指控是真是假，亚马逊会暂时冻结这个卖家的账户，直到问题得到解决。"在亚马逊，在你被证明是清白的之前，你都是有罪的，通常那意味着你已经倒闭了，"麦卡贝说，"我们应该遵循疑罪从无的原则。"亚马逊先开枪，后发问，因为要保护亚马逊神圣的消费者。不幸的是，坏人想要打垮竞争对手，所以会向亚马逊发送虚假指控，而好人往往最终受到伤害。

为第三方卖家提供建议的沃恩法律集团的 J. C. 休伊特表示，亚马逊曾经在没有任何沟通或解释的情况下关闭了一个营业额达到数百万美元的化妆品卖家。休伊特说："这个卖家拥有多个账户，我们推测有可能是因为这触犯了亚马逊的一条禁止规定。"这家企业不得不向本地立法机构寻求帮助。对亚马逊任意关停店铺的投诉在 2019 年夏天变得十分普通，德国联邦卡特尔办公室与亚马逊达成了一项协议，亚马逊向全世界的第三方卖家承诺，在关闭店铺前会提前三天通知。[9]这的确可以帮助缓解无辜卖家被关停的问题，但是同时也让那些不诚信的卖家可以利用这三天的期限，利用假冒伪劣或调包的商品欺骗消费者。

当卖家遇到问题时，他们不得不给亚马逊的客服打电话，结果并不总是让人满意。一个担心会惹恼亚马逊而选择匿名的卖家说道："当你遇到问题了，你不得不与亚马逊在海外雇用的客服打交道，他们根本不知道你在说什么。在通常情况下，你懂的比他们多，事情变成了你告诉他们要怎么做，并期待他们会照做。他们能力不足，导致我们受到了伤害。"

只有那些最成功的卖家才负担得起亚马逊提供的优质客户服务。每月支付 5 000 美元，卖家可以直接电话连线一个英语讲得不错的、理论上应该熟门熟路的客服代表。对亚马逊来说，这是一笔挺不错的业务。如果亚马逊给这样的客服代表一年支付 5 万美元，那么每一个客服代表平均可以处理 25 个卖家账户。这就相当于每一个 5 万美元薪资的客服代表每年都能带来 100 多万美元的营收。利润相当好。一个沮丧的卖家说道："这些服务本应该是免费的,亚马逊却每个月收取我们几千美元的费用。"为什么卖家会愿意支付这笔不菲的费用?他们把这笔费用当作一份保单。如果一个大账户被关停,那么哪怕只有几周,营收损失也有几十万美元。

亚马逊上越来越多的中国商户让这些保单变得更有价值了。糟糕的卖家全世界哪儿都有,绝大部分的中国人诚实、勤劳,但是许多接受本书采访的卖家和顾问都认为中国的第三方卖家擅长投机取巧。一些卖家说中国的卖家不遵守规定、不负责任、主动采用黑客技术攻击亚马逊上的其他卖家。在中国甚至有大量专门向卖家兜售这些在亚马逊上卖货的手段的会议,其中一些手段是非法的。

许多类似会议的参与者都是资金雄厚的中国工厂的老板,他们是美国和欧洲亚马逊卖家的供货商,一旦看到那些店在亚马逊上发展得很好,他们就决定踢掉中间商,直接在亚马逊上销售自己的商品。亚马逊积极地吸纳中国卖家。正如前面提到的,亚马逊为这些卖家提供了一个叫作"龙船"的专属的物流服务,将产品运往美国所需支付的运费比美国卖家支付的传统物流运费还要低。[10] 为什么要提供这样周到的服务?因为贝佐斯希望亚马逊成为大量中国卖家进入美国市场的平台。亚马逊在美国的主要竞争对手是中国的线上巨头阿里巴巴,后者通过阿里全球速卖通平台将商品销往美国。

贝佐斯的战略让中国卖家喜笑颜开，却让眼睁睁地看着自己的市场被中国商家侵占的美国和欧洲卖家愁容满面。中国卖家在最初的失利后，开始变得对产品设计、在线搜索和产品差异化越来越在行。截至 2019 年，这些卖家成为亚马逊上一股不可忽视的竞争力量，投入数百万美元推广自己的品牌。截至 2018 年，亚马逊上 1/3 的卖家来自中国，前十大卖家中有四家是中国卖家。[11] 仅 2017 年，就有超过 25 万个新的中国卖家开始在亚马逊上销售商品。

在线上分享交易故事和诀窍的论坛上，有很多美国和欧洲的亚马逊卖家关于中国部分卖家破坏规则的抱怨，也有一些是抱怨美国和欧洲卖家的激烈竞争，但大部分是抱怨中国卖家。其中一个最普遍的抱怨就是网站劫持。一个卖家进入竞争对手的账户，然后在亚马逊上占领竞争对手的页面。看上去像是卖家的页面，但实际上不是。这些劫持者窃取他人的页面设计、图片和产品描述。劫持者掌控着一切。当亚马逊的消费者在那个网页上购物时，他们不知道这个卖家的真实身份。

在一个卖家意识到自己被中国卖家劫持了之后，他只能给劫持者写信抗议。"他们只会嘲笑我，来中国找我呀。"他回忆道。为什么他不联系亚马逊，让亚马逊来取缔这种假冒的卖家呢？他当然可以这样做，但是他担心会遭到报复。他说："他们只需要向亚马逊举报我正在销售假冒伪劣产品，当然这不是真的，但是亚马逊会把我的网站关停。亚马逊从来都是先开枪，后提问。亚马逊会立即关停我的账户，为期2~4周，而我需要经历一个复议过程。"想想就觉得可怕，就好像是在主街上经营红火的实体店，突然有一天几个检查人员过来说，你们要关门整顿，直到被投诉的问题得到解决。

劫持者掌控竞争对手的主要原因不是窃取销量。（尽管事实上，他们确实这么做了。）他们最终的目标是窃取另一个卖家的销售数据，这在亚马逊的宇宙中才是真金白银。他们可以看到被劫持的商品卖了多少钱，什么颜色或款式卖得最好，哪一个关键词搜索最多。与其花费大量的时间和金钱建立一套成功的网上广告策略，无良卖家可以仅通过劫持一家店铺就窃取到所需数据。

如果这也不奏效的话，一些无良卖家就会向亚马逊的员工购买这些数据。在深圳，亚马逊开除了一批以80~2 000美元不等的金额贩卖数据的员工，某些中国卖家希望以此来获取碾压竞争对手的数据。被贩卖的数据包括内部销售指标和评论者的电子邮箱。[12]这些被擅自使用的数据可以让卖家了解到他们的竞争对手对广告关键词的精确出价，这样他们就可以用比竞争对手稍微高一点儿的价格竞拍到这个关键词。这种窃取数据的做法给亚马逊上经营良好的卖家造成了严重损害。

一个欧洲的亚马逊卖家眼睁睁地看着她的业务因为中国的竞争对手用机器人攻击网站而缩水近半。这些网络破坏者时常用她的广告关键词（她说自己为这些关键词支付了高昂的费用）搜索，然后点击进入她的网页却什么都不买。她的竞争对手还会大量下单，然后退货。亚马逊实时监控的算法会得出一个结论：这个卖家买了这些关键词，很多消费者点击了网页，但是没有人买东西，她的产品一定很差。秉持客户至上原则的亚马逊的算法会决定把她的商品移到第三页，很少有人会去看。"一旦你在第三页上，"她说，"就意味着，你还是卷铺盖走人干别的去吧。"

为了在亚马逊上竞争，卖家需要评论，这些评论很难获得，除非是花钱买来的。一些商家购买假的五星好评，在 Freelancer.com、Fiverr.com 和脸书上有很多人愿意写几句奉承话来赚钱。美国联邦贸易委员会收到过一份投诉，是亚马逊上的一家营养补充剂卖家援引了一封邮件的内容，举报亚马逊在这封邮件中提供了一家暗箱操作商店，建议卖家花 1 000 美元换取 30 条虚假好评，亚马逊还提议他们长期合作并保证产品的评分在 4.3 分以上。[13]

最具破坏力的虚假评论就是妄称一个竞争者在销售假冒伪劣产品。在很多情况下，亚马逊会将被指控销售假货的商店关停，直到这个不知情的卖家可以证明自己出售的商品货真价实。亚马逊已经起诉了那些撰写虚假评论的自由职业者，但是这种操作仍然是亚马逊面临的一个主要问题。[14]

此外，还有评论交换俱乐部，卖家免费为评论者提供产品以换取好评。其中的一些评论是发自内心的，但是很多人参与就只是为了得到免费的产品，而且他们拿到的免费产品太多了，根本不可能很好地进行体验评价。同时，这些评论者倾向于只给好评，因为如果给了差评，他们就不会再收到免费的产品了。

在一些极端情况下，一些无良卖家会劫持其他卖家的网页来窃取他们的评论。克林特·赫丁是一个成功的第三方卖家，他销售的商品很多，从草地鞋到花园软管喷嘴，再到营养补充剂，不一而足。一天他早上醒来，发现一个中国卖家得到了亚马逊的许可，将他网页上的喷嘴照片和产品描述移到了他们销售高清天线的网页上。"当中国卖家占领网页时，他们想要的就是劫持你的评论。我的花园软管喷嘴有590个4.5~5星的评论。你如果想要销售天线，有600条评论说明是很成功的，不需要费力地进行消费者市场推广。可是这简直太疯狂了，他们销售的是高清天线，但视频评论和图片全都是我的花园软管喷嘴。"很显然，许多消费者只是看一下评分和评论数量，根本不会滑到评论里看看评价的内容究竟是什么。

这种劫持造成了困惑。一些以为自己购买了喷嘴的消费者收到了天线，这就损害了赫丁作为卖家的声誉。他试图让亚马逊来解决这个问题，但并没有什么用。即使亚马逊关停了这个仿冒的网站，赫丁说，这个中国卖家的幽灵账号会消失，第二天再以另外一个名字出现。最终，他决定将产品下架，但是亚马逊要求他必须支付剩余未售商品的库存保管费。赫丁支付了这笔费用，将喷嘴运回来后捐给了当地的一家慈善机构，因为被仿冒，他损失了数千美元。

虚假评论的问题十分严重，一名高盛的前交易员沙特·卡利法还为此成立了一家公司。他曾在亚马逊上购买了一些五星好评的运动器械，使用一周后这些器械就坏了，在那之后他创建了 FakeSpot 公司。他后来返回那个网站，仔细地看了一下评论，发现都是一些支离破碎的语言和奇怪的描述，感觉就像是那些"来自尼日利亚王子的信"，希望你可以给他们寄一些钱，这样他们就能拿回自己的财产，然后分一些给你。2015 年，卡利法与朋友一起建立了一个网站来分析亚马逊上用奇怪的语言留下的评论或有其他虚假特征的评论，比如，只有一行字的五星评价非常可能是假的。在亚马逊上购物时，卡利法会把给定评论页的URL（统一资源定位符）剪切并粘贴到自己的软件程序里，以此分析评论是否为虚假评论。

卡利法的网站火了，截至2019年，他已经分析了在亚马逊和其他线上零售商网站上的超过40亿条评论。根据目前的观察，他估计亚马逊上的评论中大约有30%非常可疑。亚马逊运用机器学习技术来删除虚假评论，但是每天在网站上发表的评论数量实在是太多了，亚马逊也很难面面俱到。那要怎么办？经验丰富的消费者应该对那些拥有太多五星好评的产品或者语言太过简短或太过恭维的相似评论保持警惕。有一个办法就是看一看那些三星评论，这些通常是对商品优劣最诚实的评价。一个不诚实的商家基本上不太可能花钱请人打三星评价，而一星评价通常是一些吹毛求疵的消费者的抱怨，有的说运送货物的纸盒有凹陷，有的说产品的蓝色不是他们想要的蓝色，谁知道具体是什么意思呢。

当然，一些评论指责卖家兜售假货倒确实是真的。假冒伪劣商品已经严重到亚马逊在2018年的财务报告中第一次提到了，亚马逊指出，假货已经成为网站上的一个主要问题。大量的企业因亚马逊没有尽到应尽的义务并防止假冒伪劣商品而起诉亚马逊。旗下商品包括梅赛德斯-奔驰的豪华车生产商戴姆勒，起诉亚马逊允许那些侵犯了戴姆勒设计专利的轮胎在亚马逊网站上销售。一个田纳西的家庭起诉亚马逊，因为他们在亚马逊上买到的一个假的平衡车起火，将他们家的房屋烧毁了。[15]亚马逊寄希望于人工智能算法，希望算法能更容易地在网站上辨别假货，但在这些程序真的变得更智能之前，诚实守信的商家和消费者还是会处在对假货毫无防备的危险中。

亚马逊确实对那些没有线上销售渠道的小企业构成了威胁，但是亚马逊的网站已经为200多万个卖家提供了一个活跃的市场。这些企业不仅会感受到来自亚马逊的竞争，同时也会感受到彼此间的激烈竞争，但是这些卖家的数量一直在不断增加，很多还经营得越来越好。指责亚马逊正在让成千上万的"邻家"店铺濒临破产，就像特朗普上台后所指责的那样，而不把亚马逊与不同卖家的互动方式放在具体的情境中去理解，这样的指责至少是对亚马逊的曲解。

亚马逊给大型传统实体零售商带来的才是更大、更紧迫的威胁。

第十章

无人机游戏

亚马逊拥有在机器人、机器学习和自动配送方面的经验,将会在混业零售方面占据领先地位,消费者可以在店内、线上或者通过两者结合的方式进行购物。这也是零售业未来的发展方向,亚马逊正在运用自己的技术能力来彻底地改变游戏规则。

2017年6月16日，亚马逊宣布以137亿美元收购全食食品连锁店，整个行业为之震动。零售业股票下挫，首席执行官们焦躁不安，专家们开始讨论另外一只靴子什么时候落下。亚马逊用了超过20年的时间将自己打造成世界上最强大的线上零售商，为什么却想要投资过气的、利润极薄的实体零售业？亚马逊对产业的这一端又了解多少呢？

　　对亚马逊的内部人士来说，这个问题的答案显而易见。首先，亚马逊在美国的线上业务增速开始放缓，这对掌控市场份额如此之大的公司来说是不可避免的，因此如果不打破边界并进入下一个重要的领域——传统零售业，亚马逊就无法保持快速扩张的势头。亚马逊是线上的巨头，但是零售业总体来讲太庞大了，美国零售业的销售规模一年高达4万亿美元，亚马逊只占整体市场份额的一小部分。全球零售业的销售规模更大，达到25万亿美元，亚马逊的份额就更少了，只占不到1%。[1]

贝佐斯和他的团队热爱尝试新事物。亚马逊负责全球电商、Prime和全食的高管杰夫·威尔克谦虚地讲述了亚马逊在收购全食这家高端食品连锁店之前对食品业知之甚少的故事。在宣布收购之后，他飞往奥斯汀与全食的员工面对面地会谈，解释这笔交易背后的想法。威尔克与全食首席执行官约翰·麦基一同站在台上，说他对于高端食品连锁店挖掘出了"有机食品"这一类别充满敬意，并补充说有机食品可能会让他延年益寿，同时他也对麦基和现场的员工表示了感谢。然后，他转向麦基并对他说，他在酒店里点了一份藜麦蔬菜餐，这在15年前的得克萨斯州是无法想象的。麦基转向他说："威尔克，藜麦不是蔬菜。"

回想当时的场景，威尔克在接受我的访问时笑着承认，亚马逊确实有很多需要向实体零售业学习的地方，收购全食可以帮助他们攀升这个陡峭的学习曲线。在线上零售业，销售商品的品种数量几乎没有限制。在网站上列出上亿种商品对亚马逊来说成本并不高。但是实体店空间有限，只能储存数千种商品，存不了上百万种。管理者必须决定把哪些商品放到货架上。如果做出了错误的决定，销售就会遭殃。"我可以告诉你，我们现在收购全食已经有一年的时间,"2018年8月在接受我的采访时,威尔克说道,"在展销、实体店布局、合理采购物品、在有限的货架上摆放物品方面,经验是无穷无尽的。"

传统的零售业发生了翻天覆地的变化,行业曾面临的最大的变化就是沃尔玛的创始人山姆·沃尔玛于1962年在阿肯色州罗杰斯开了第一家超市,从此沃尔玛让不计其数的"邻家"店铺倒闭,开启了一个超级市场的时代。[2] 现如今,只在线上销售还不够,只有实体店也不够。那些可以将线上购物体验和线下实体店零售完美结合的公司才兼具优势。这是一种没有边界的零售模式,通过将实体店与网络空间融合,为消费者营造出多种便捷的购物方式。这就是贝佐斯下一个零售人工智能飞轮的大动作。

在这种新兴的趋势背后是大量希望有更多便捷选项的消费者。他们希望可以在网上购物,或者在网上下单、在实体店取货,或者在网上下单、店铺配送,或者传统地在实体店购物。似乎在消费者下单后,订单完成的速度再快都不为过。2018年,Trustev(反欺诈创业企业)的一项调研显示,年龄在18~34岁的消费者中有56%的人期待有当日配送的选项。[3] 这表明了消费者需求的时间和地点,而且不要有裂缝的鸡蛋,不要少东西,冰激凌不能融化。零售商都不希望因为订单中原本的有机鸡胸肉不见了而面对来自一个饥饿家庭的怒火。这很容易就会给一个品牌带来破坏性的影响。

"我所了解的消费者不会在早上醒来说：'我今天要去哪儿买东西？'"亚马逊的威尔克说道，"他们只会醒来说：'我需要买什么？'如果恰巧电脑或手机在手边，他们可能就直接下单了。如果刚好开车到商店附近，他们可能就直接在那里取货。现在的情况是，我们的商店变得越来越像其他的零售商店，而其他零售商店也变得越来越像我们。消费者会做出选择。"尽管有些消费者喜欢花时间在店里寻找最新款的鞋子或者酷炫的运动器材，但我们大部分人并不愿意在购买牛奶、燕麦和洗衣液这样的日常用品上花费过多的时间。这就是为什么无边界零售将会是一个受欢迎的趋势。

这种将线上和线下融合的新模式很可能会触发零售业进一步的震动。第一，美国在短期内会强烈地感受到这种变化。美国商店的数量太多，美国人均的零售商店面积几乎是其他富裕国家的4倍。同时，比起前往商场购物，千禧一代更喜欢在手机上自由支配自己的收入，从购买流媒体内容、购买医疗保健用品到偿还学生贷款，不一而足。同时，他们还需要在线购物，这意味着未来需要的商店数量将越来越少。第二，大部分传统的零售商都不具备建立良好线上体验所必需的计算机技术，无法满足混业零售所必需的快速配送，因此无法与亚马逊抗衡。即使他们希望转变，很多零售商也负担不起建立这种能力的成本，因为近年来，一些大型零售商被私募基金或对冲基金收购，传统零售业负债累累。这也是传统的百货连锁巨头西尔斯和玩具反斗城倒闭的关键因素。2017 年，超过 6 000 家美国商店宣布关门，至少有 50 家零售企业申请破产。2019 年，很多昔日声名显赫的零售商，比如 Neiman Marcus（尼曼）、Gap（盖璞）、GNC（健安喜）和 Guitar Center（吉他中心）都在沉重的债务负担下苦苦挣扎。[4]

当很多传统零售商在试图摆脱债务问题，应对反复无常且对价格敏感的消费者时，亚马逊在收购全食两年后再一次令行业震动。2019 年 3 月 3 日，《华尔街日报》刊登消息称，亚马逊计划在洛杉矶、芝加哥、华盛顿特区等主要城市建立数十家新的食品零售店，因为全食销售的大部分是健康食品，商品线相对单一。"嗨，奥利奥在哪里？"不熟悉全食的顾客可能会发出抱怨。作为应对，亚马逊新的食品店将提供各种各样的商品，包括那些好吃却可能对身体不是那么好的食品以及比食品更赚钱的美容产品。

这一举动传递了一个强烈的信号：亚马逊不会将食品业务拱手让给沃尔玛。当这家线上帝国全力进军实体店时，沃尔玛作为美国最大的食品零售企业、世界上最大的零售商,也正在投入数十亿美元打造自己的数字零售业务,在线上与亚马逊展开竞争,下一章将讲到这一部分的内容。

在亚马逊准备进入线下实体世界的时候,它的野心没有止步于食品。2019年,亚马逊以亚马逊Go、亚马逊四星店和亚马逊实体书店的名义运营了42家小型零售店。开始并非一帆风顺,经营一家让消费者眼花缭乱的实体店与经营最大的线上商城是两码事。亚马逊在纽约最时尚的SoHo(苏豪区)附近开设了一家亚马逊四星店,里面销售的商品都获得过线上客户四星或者更高的评价,它却被《纽约时报》抨击:"毫无吸引力!这家实体店就像是仓促拼凑起来清仓甩卖的快闪店,让人觉得厌烦、毫无特色。相比之下,Lot-Less Closeouts(折扣商店)都显得更有活力和魅力。"[5]

截至2019年,亚马逊只开设了15家Go无人超市,消费者可以购买成品食物,比如三明治、沙拉和饮料,不用排队结账。消费者似乎更喜欢亚马逊Go而不是四星店,亚马逊没有理由不快速扩大其规模。加拿大皇家银行的资本市场分析师估计,每一家Go无人超市每年可以带来150万美元的收入。[6]

亚马逊目前将最大的赌注都押在了赚钱的实体食品店上。2017年,美国消费者从超市购买了价值超过7 000亿美元的食物等商品。线上销售只占很小的一部分，但是市场调研机构凯度的消费者指数预测，美国电商食物和酒水的销量将得到突破。[7]

目前为止，沃尔玛是美国食品行业的霸主，其销量占市场总销量的56%；克罗格位列第二，占17%；亚马逊的全食四舍五入的话大概占2%。[8]那贝佐斯为什么要收购这家次中量级规模的食品连锁店呢？因为收购全食的500多家门店，亚马逊就获得了它所需要的主要城市和郊区的地产，同时还获得了高端食品的消费者，他们与亚马逊Prime会员的人口统计学特征十分吻合。收购全食的时候，大约有一半的全食顾客已经是Prime会员，10个全食顾客中就有8个也在亚马逊购物。[9]亚马逊开始给Prime会员提供在全食消费的折扣，这是另外一种将消费者锁定在亚马逊生态系统的方式。从全食的角度，被亚马逊收入麾下避免了激进的对冲基金贾纳合伙人的恶意收购。同时，全食还获得了所需的资本和技术来应对沃尔玛主导下日益残酷的食品业竞争。

那些惧怕亚马逊及其令人震撼的技术能力的零售业从业者确实应该为此感到担忧。在食品市场的角逐中，最终的赢家会是那些可以用最快的速度、最少的错误配送最新鲜食物的玩家。贝佐斯谋划着通过让下单变得快捷简便来颠覆食品行业，只要说"嗨，Alexa，我需要牛奶和香蕉"，几个小时后，订单就会被配送到家。这听起来似乎很简单，但要实现这一切，需要大量的人工智能相关技术在背后支撑。

在提高配送速度的竞赛中，亚马逊一直在产品流程的每一个环节创新。亚马逊销售的每一件商品都要从农场、牧场或制造商配送到亚马逊仓库，有时根据需求地距离的远近，亚马逊的算法会将一件商品配送到另一个仓库。在打造零售业务的时候，正如前面提到的，亚马逊实际上正在变成一家巨型的物流公司，如果亚马逊保持当前的速度，不断地扩大配送规模，那么它还将成为颠覆物流行业的一个主要玩家。

背后的动因是节约成本。2018年，亚马逊在全世界配送了大约44亿个快递。[10] 为了降低从中国、印度等地将商品运送至美国、欧洲仓库的成本，亚马逊构建了自己的海运集装箱、大型货运飞机和牵引挂车（UPS、联邦快递和DHL，你们都听到了吧？），通过控制包裹，亚马逊就能够进行长距离的快递运输，根据花旗集团的估计，与使用UPS或联邦快递相比，亚马逊每年可以节约11亿美元。[11]

亚马逊的这笔账算得很好，通过不断加大投入节约了更多的成本。2019年，亚马逊旗下拥有1万辆印有亚马逊微笑标识的货车。亚马逊还有租用的货船和货机，用于处理来自亚洲的货物。亚马逊在得克萨斯州、伊利诺伊州、俄亥俄州和北肯塔基州都开设了区域航空中心。毋庸置疑，亚马逊的队伍正在全速前进。

一些运输业的专家对亚马逊是否会构建一个配送系统并与联邦快递和UPS展开竞争表示怀疑。亚马逊数十年来一直在加大投入以打造庞大的配送网络，运输业的很多人都忽略了这个威胁。在2018年底的投资者电话会上，联邦快递首席执行官弗雷德·史密斯告诉投资者："目前，我们不认为亚马逊是同业竞争对手。"[13] 然而，像鲍德斯（Borders）和巴诺（Barnes & Noble）这样的大型连锁书店也曾经对亚马逊是否会颠覆图书行业表示过怀疑，看看后来怎么样了。亚马逊是一个由人工智能驱动的强大的物流组织，我们不难想象，亚马逊可以找到比现有快递公司更便宜的进行长距离运输的方式，它甚至可以开始向其他公司提供运输服务，就像当初建立的AWS一样。

联邦快递终于把亚马逊视为一个实实在在的威胁是在2019年中期，它宣布在美国将不再为亚马逊配送快递。[14] 事实上，它提交给美国证券交易所的10-K文件里显示，鉴于亚马逊在配送能力方面的投入，联邦快递现在已经将这个电商巨头视为竞争对手。[15]

从消费者在网上下单，到将这些食物配送到家，这段距离在行业里被称为"最后一英里",其配送是十分复杂和昂贵的。多年来,包括亚马逊在内的大量公司尝试从集中的仓库进行订单配送,除了配送巨头FreshDirect(生鲜直达)以外,基本上都不成功。仓库不像一家大型超市一样可以快速周转,往往送达时,新鲜的食物已经不再新鲜。曾经尝试过这种模式并于2001年破产的网上杂货零售商Webvan被亚马逊收购,当时亚马逊自己的配送服务——亚马逊Fresh正在苦苦挣扎。亚马逊Fresh线上食品配送服务每月收取14.99美元,在纽约、芝加哥、达拉斯、伦敦、东京和柏林等23个城市开展业务。然而,这项线上业务没有像亚马逊的其他业务一样为消费者提供出色的服务。根据《商业内幕》的报道,一些顾客抱怨食品质量不好甚至是坏的,订单打包时里面的东西不对,还有不配送或者延迟配送的问题,配送的订单也经常缺少东西。[16]根据2018年的特姆金消费者满意度评分调查,亚马逊Fresh的得分降低了13个百分点,排在最后一名。[17]

全食为亚马逊的食物配送问题提供了一个解决方案。全食门店分布在距离美国40%的人口一小时车程的地方。未来,这些门店可能还会承担另外一个职责——仓库。因为全食的蔬菜、水果和其他易腐烂食品的周转率很高,满足消费者期待的新鲜食品配送由此成为可能。亚马逊的全食配送服务Prime

Now 承诺两小时内配送，对于 Prime 会员，除了必须给配送员的小费外，下单超过 35 美元，即可免费享受该服务。在一些市场，消费者可以在网上下单，然后把车开到全食门店外，食物就会被送到他们的车上。

对亚马逊和其他食品供应商来说，挑战在于配送食物的成本很高。我们要明确一点：为了让亚马逊的人工智能飞轮不停地旋转，贝佐斯可以接受高昂的物流成本，但这笔费用着实不菲。2018 年，亚马逊在物流上投入了 270 亿美元，比前一年增加了 23%。单次配送成本可以高达 7~10 美元。最后一英里的配送成本激增，几乎占配送一个订单总成本的一半以上。

食品配送还涉及另一个层面的成本。培训员工挑选新鲜食物、进行包装和配送都非常昂贵。这时，亚马逊的优势技术就可以发挥作用。亚马逊正在开发的机器人技术可以被用于食物下单，减少部分人工成本。然而，在挑选订单的时候，挑战仍旧存在。如果顾客想要成熟到刚刚好的草莓，机器人要怎么区分出草莓熟了没有？在亚马逊的秘密研究实验室，机器学习团队想到了一个方法来判断一些草莓是否比其他草莓更新鲜。虚拟识别技术提供了解决方案，机器可以学习什么样的草莓是成熟到刚刚好可以吃的。该项技术可以识别出最红、最成熟的草莓，就像人脸识别技术可以在人群中识别出某个人一样。

为了降低成本、提升配送速度，亚马逊近些年一直尝试将一些本地的配送外包给小型的独立快递公司，它们的收费低于联邦快递或 UPS。亚马逊 Flex 是亚马逊提供的当日配送服务，运营方式和优步相似，独立的承包人驾驶自己的汽车进行配送，完成配送后收到配送费。实际上，一些亚马逊 Flex 的配送员实际上同时也是优步司机。像很多其他零工经济的从业者一样，这些司机的生活通常难以为继。将亚马逊的快递配送到住家或公寓楼，一小时可以赚 18~24 美元，但是除去汽油、保险和维护成本，司机最后拿到手的钱少之又少。而且，亚马逊 Flex 的司机是独立的承包人，不享受企业福利，尽管一些人穿着亚马逊的制服，向亚马逊的经理汇报工作。

配送工作并不好完成。《大西洋月刊》的特约作家阿兰娜·塞缪斯在旧金山体验了一天当亚马逊 Flex 司机的生活。[18] 非商用汽车在市中心停车就是一场噩梦，最后她只好提着一个 30 磅重的快递走了两个街区，每走 100 多步就得停下来喘口气。她写道，当她费了九牛二虎之力将快递送到那些为员工提供免费食物和高额报酬的技术公司时，她看到，在那里工作的人似乎一天到晚就只需要上网买买东西，她描述了自己如何面对眼前的一切并平复愤怒的心情。"技术让他们感受到了生活的美好，但对我来说，我因此感到疲惫不堪和暴躁。'不划算！！'

当我走下9层楼，厌倦了等待一部不知是否坏掉的货梯，回到车上继续配送其他快递时，我在笔记本上字迹潦草地写下了这几个字。"

除了一群依靠零工经济的从业者忙着到处配送快递外，亚马逊还雇用了小货车公司帮助处理不断增加的当日达订单。这种方式节约了亚马逊的成本，但也带来了一系列问题。2018年，《商业内幕》曾报道了部分小货车公司的车辆情况，司机驾驶的是"车窗破损、后视镜有裂纹、车门卡顿、刹车有问题、轮胎破旧"的货车。[19]几乎在同一时间，有200多名配送司机因未收到全额工资而起诉亚马逊和其中一家外包的配送公司。[20]亚马逊表示将对配送司机的配送费进行重大改革，确保透明公平。[21]

面对各种各样的关于配送公司的负面新闻，亚马逊于2018年宣布了一个名为"配送服务合伙人"的新项目，朝构建一个强大的配送体系又迈进了一步。具体运作方式如下：亚马逊表示将会租赁2万辆奔驰斯宾特商务车，接受希望创立本地配送公司业务的创业者申请。截至2019年，超过100位创业者加入了这个项目，他们中的一些人还是亚马逊的员工。

对于这个新的配送项目，亚马逊表示，他们希望寻找"那些专注于消费者并愿意在高速变化的环境中培训团队的合伙人"。符合标准的申请者将得到1万美元的启动资金。（对希望自主创业的亚马逊员工来说，亚马逊为他们提供最高1万美元的资金和3个月的工资，帮助他们创业起步。）每一位创业者可以管理最多40辆商务车。如果成功的话，他们一年可以赚取7.5万~30万美元。现在来判断这个项目是否成功还为时尚早，但是这个项目旨在解决配送货车轮胎破旧、车窗破损等问题。亚马逊租赁斯宾特商务车，建立运输队伍，一定还会应用亚马逊的技术，亚马逊因此将会密切关注这项业务，避免出现任何工资给付或安全方面的问题。

尽管做出了这些改变，亚马逊仍将面临成本问题。通过减少向联邦快递和UPS支付的费用，亚马逊确实节省了部分成本，但是最后一英里的配送成本依旧昂贵。那些小型配送公司不得不为租用奔驰车付费，要雇用员工、培训员工、支付员工福利，还要实现盈余。这也是亚马逊投入数十亿美元研发新技术的原因，它需要确保从长远的视角看，可以彻底改变最后一英里的配送，这些技术包括自动驾驶货车、可以将快递投放在门口的机器人、可以将新的Bose（博士牌）耳机投放在你家后院的无人机。它们带来回报的潜力相当可观。根据麦肯锡咨询公司的预计，自动配送将会让零售商削减超过40%的成本。[22]这意味着亚马逊每年可以节约100多亿美元，它比竞争者又多了一个优势。接下来，贝佐斯最可能做的就是将节省的成本用来给消费者降价，以吸引更多的消费者。他的人工智能飞轮会越转越快。

这些可能会节省下来的成本在贝佐斯眼前闪现，他很快就加入了自动驾驶汽车的行列中。亚马逊强大的计算能力和机器学习经验令它成为这一领域中让人敬畏的玩家。2016年，亚马逊获得了一项系统专利，该系统可以帮助自动驾驶汽车分辨在任意车道中的车流方向，便于车辆安全地转换车道。[23] 在与丰田的合作中，亚马逊开发了一款具有自动驾驶理念的汽车，叫作e-Palette，它是一款可以运送乘客或快递的小型货车。[24]

2019年初，亚马逊领投了7亿美元，投资了一家在密歇根州开发电动皮卡货车和运动功能车的公司Rivian。同年晚些时候，福特又给这家公司投资了5亿美元。[25] 在几乎同一时间，由三位行业内冉冉升起的新星——斯特林·安德森、德鲁·巴格内尔和克里斯·厄姆森共同创立的硅谷自动驾驶初创企业Aurora收到了来自亚马逊的5.3亿美元投资。安德森曾负责特斯拉的自动驾驶项目，巴格内尔曾负责优步的自动化和感知团队，厄姆森曾是谷歌自动驾驶项目的负责人，而谷歌的这个项目已经成长为当前领先的自动驾驶公司之一：Waymo。Aurora不造车，而是开发自动驾驶汽车背后的人工智能大脑，并计划与亚马逊这样的零售商和主要汽车制造商合作，制造一流的自动驾驶汽车。

在自动驾驶汽车的竞赛中，亚马逊并不孤单。[26] 根据调研机构 CB Insights 的报告，全球至少有 46 家公司正致力于开发自动驾驶技术，其中包括主流汽车制造商，比如通用、福特、宝马、奥迪；技术企业，比如 Alphabet、百度、微软和思科；互联网汽车服务公司，比如优步和中国的滴滴；零售商，比如沃尔玛、克罗格和阿里巴巴；以及其他一些初创企业，比如 Aurora 和 Udelv。

可以确定，当自动驾驶汽车首次大批量出现时，这些汽车将会首先被用于配送服务。因为运送快递，而不是乘客，将极大地降低自动驾驶汽车带来的风险。如果布朗纳博士订购的卡斯提尔香皂在轻微车祸中被挤坏了，虽然不幸，但那也不会是一场悲剧。在事故中，自动驾驶货车的程序设定是自我牺牲，以避免给步行者、骑自行车的人或其他汽车的驾驶员造成伤害。换句话说，它们会选择撞向一棵树，而不会与行人或其他车辆相撞。这些配送货车的先发优势在于，大部分情况下，它们的路线都是可预测的，因此它们可以轻易地掌握进入复杂城市环境的路线，从而降低导航错误和交通事故发生的概率。

一些创新型公司已经与大型的零售企业联手，对自动驾驶货车进行试点。2018 年 1 月 30 日，硅谷创业公司 Udelv 宣布已成功地为加州圣马特奥的食品杂货连锁店德雷格市场进行了首次自动驾驶配送。该汽车的"大脑"搭建在由中国的搜索引擎公司百度开发的阿波罗软件平台上。百度正在与Alphabet的Waymo等公司争先设立行业标准,类似于自动驾驶汽车领域的安卓系统。随后,Udelv与沃尔玛合作,在亚利桑那州进行货物配送。[27] 2019年,一家名为Nuro的初创公司在亚利桑那州的斯科茨代尔为克罗格提供了一次配送服务,使用了一辆重达1 500磅、可装载250磅食物的自动驾驶货车,货车看起来有点儿像20世纪60年代大众品牌的小型公共汽车的迷你版。[28] 配送费为5.95美元,没有最低下单金额要求。

上述公司在自动配送方面采取的方式虽略有不同,但最基本的理念都是消费者通过使用智能应用程序要求订单在特定时间内进行配送。像优步一样,这个应用程序可以追踪配送车辆在开往目的地过程中的轨迹。当货车停在顾客家门口时,它会向顾客发送一条信息,包含着密码和收货提醒,告诉顾客究竟是食物、干洗的衣物还是处方药到了。当顾客走到车边,在车侧面的屏幕上输入密码后,相应的储物格的门就会打开。一旦快递被取走,门会自动关上,然后货车会开往下一个目的地。

自动驾驶配送货车有各种造型和尺寸。2019年初,亚马逊在华盛顿州的斯诺霍米什县的人行道上投放了6辆侦察配送车。这种电动配送车的外观是淡蓝色加黑色的，看起来就像是带轮子的小冰柜。它们可以以步行的速度在人行道上前进，避免撞到行人或宠物，还可以通过一系列的传感器探测过马路时的道路情况以及是否有障碍物存在。当识别出已到达目的地时，这款自动驾驶配送设备会停下来，给顾客发短信提示，然后开启上部的盖子。在顾客把快递取走后，盖子会自动关闭，然后它会前往下一个配送点。目前为止，亚马逊对这款配送设备的运转情况很满意。2019年夏天，亚马逊决定将这个项目扩展到南加州。

这款设备似乎对于简单的配送没什么问题，但还是不足以替代人类。至少一个机器人还不能打开大门、走上台阶、按门铃，或在雨天的时候，为了避免快递被淋湿，将小快递安全地放置在防风门和正门之间的缝隙里。只有当顾客在家的时候，这款设备才能发挥作用，这就限制了它们的用途。如果顾客没有来取货怎么办？要等多久？亚马逊和其他公司认为，一个可行的解决办法就是设立机器人可以投放快递的储物箱，但建设这样的基础设施需要花费数年甚至数十年。如果调皮的孩子把这款配送设备踢倒了怎么办？如果大量的设备堵塞了人行道怎么办？这些设备或许可以解决最后一英里的问题，但是会产生最后50英尺的问题。

并非所有的自动配送设备都要走地面。2013年，贝佐斯在接受哥伦比亚广播公司《60分钟》节目采访时，向主持人查理·罗斯解释道，亚马逊的无人机将可以在半小时内将重达5磅的快递送到客户手中。[29] 根据贝佐斯的说法，此举意义重大的原因在于，亚马逊86%的快递重量为5磅或以下。无人机配送可以再一次降低人力成本并为亚马逊额外节约数十亿美元。

无人机有很多积极的属性。理论上讲，它们比汽油配送货车排放更少的温室气体，可以向偏远地区送药；它们可以帮助监控公共设施管线，将关键补给送达受灾地区；它们还可以被用来给乡村地区的消费者提供更多价格低廉的商品。在中国，线上零售商京东已经开始使用无人机向偏远的山村配送货物，将配送时间缩短了数天或数个小时，同时还大幅降低了成本。这只是无人机和其他配送技术的开始。[30] 京东首席执行官刘强东认为，在未来10年，无人机和其他人工智能相关技术的发展将会比过去100年更快。

在《60分钟》的采访中，尽管贝佐斯认为无人机技术还处在初期阶段，但是他对于2019年就可投入使用十分乐观。日子一天天临近，无人机在美国的配送却远未普及。2018年，美国联邦航空管理局要求进行为期两年半的试点项目来搜集数据，了解无人机可能会对空域产生的影响，无人机的推广使用

第十章 无人机游戏

暂缓。[31] 那一年，一架民用无人机迫使英格兰的盖特维克机场关闭数小时，加深了联邦航空管理局的担忧。但管理局没有就此止步。2019 年 4 月，联邦航空管理局允许谷歌的母公司 Alphabet 开始在弗吉尼亚州进行无人机配送测试，这是美国首次进行此类测试，亚马逊紧随其后。

亚马逊正在竭尽所能地加速这一进程。亚马逊 Prime Air 的负责人鲍伯·罗斯带领着公司的无人机部门开发了一个旨在确保低空飞行（低于 400 英尺）安全的交通管理系统。[32] 亚马逊 Prime Air 在西雅图、特拉维夫、巴黎和英国剑桥都设有办公室，罗斯和他的团队正在打造一个全自动化的系统——没有飞行管理员，无人机也不会闯入普通飞机、直升机或其他无人机的飞行路线。这个系统还可以让联邦航空管理局追踪无人机并在紧急情况下设立禁飞区。

如果无人机开始频繁地光顾上空，我们可以预想到，这将会引发当地社区的强烈反对。一些人担心隐私问题：无人机上的摄像头是否会被用于监视？无人机的制造商表示，摄像头分辨率很低，只是用来导航和提升无人机性能的。现在或许是这种情况，但我们不能保证未来这些摄像头的分辨率不会变得更高，噪声不会变得更大。

另一个无人机飞行的问题就是噪声。一项 2017 年美国航空航天局的研究发现，居民区道路的噪声远不及飞来飞去的高频无人机的噪声让人烦躁。[33] 当 Alphabet 的 Wing 部门开始使用无人机向在澳大利亚堪培拉郊区博纳森的消费者配送热咖啡和食物（用时不到 3 分钟）时，这种蜂鸣声并非没有引起注意。一名本地居民，也是博纳森反对无人机组织的成员简·吉雷斯比表示，无人机高频的噪声听起来就像是 F1 赛车。社区向当地政府提交了一份请愿，希望禁止无人机配送。[34] 吉雷斯比和博纳森反对无人机组织的其他成员确实说得没错。噪声是可怕的，但这不足以让政府禁止这些机器：尽管选区人民对于噪声的投诉不绝于耳，堪培拉政府依旧在 2019 年初正式批准了无人机配送。[35]

无人机支持者表示，人们单纯是不喜欢无人机发出的声音，但这种理由没有让人觉得有些许安慰。我们不难想象，在反乌托邦的未来，一阵阵让人神经紧张的无人机蜂鸣声将打破许多郊区或乡下的平静。美国无人机噪声的受害者不应该对联邦航空管理局抱有期待。因为这个联邦机构既管控空域飞行，又对无人机进行推广。一旦批准了商业无人机飞行，那就没有退路可言了。

无论是无人机、侦察配送机器人还是正常尺寸的自动驾驶配送货车，自动配送运输工具总是比人类驾驶员更能节约成本。这意味着未来自动驾驶配送货车将会是关键，人们将需要适应这些设备在街道上穿梭。一开始，这些机器将会遇到一些奇特的事情。在密歇根州安娜堡的一个试点项目中，一辆福特的自动驾驶 Fusion 油电混合动力汽车被用来给郊区的住户配送达美乐比萨。[36] 在签收之后，视频记录下了一些顾客对汽车说"谢谢"的情景。我很难理解人为什么要对汽车说谢谢。或许这些人担心，一旦机器掌控了人类，它们的第一件事就是检查过往的记录，看看哪些人对机器友善，哪些人不友善。

亚马逊拥有在机器人、机器学习和自动配送方面的经验，将会在混业零售方面占据领先地位，消费者可以在店内、线上或者通过两者结合的方式进行购物。这也是零售业未来的发展方向，亚马逊正在运用自己的技术能力来彻底地改变游戏规则。通过发展混业零售，亚马逊将不仅可以在食品等新市场发现增长机会，还可以发掘更多新的效能，释放更多的投资成本。麦肯锡提到的由于进军自动驾驶领域，亚马逊节约了 100 多亿美元，就是一个很好的案例。节约下来的成本将给亚马逊带来更多资本，使它能够为消费者降低价格，创建和收购更多的实体店。或许，就像传言一样，亚马逊甚至会收购塔吉特公司，这将使贝佐斯的人工智能飞轮越转越快。

目前为止，美国只有一家公司足够庞大、足够智能，可以与亚马逊抗衡——沃尔玛。

第十一章

哥斯拉 vs 魔斯拉：
亚马逊与沃尔玛的混业零售大战

当沃尔玛和亚马逊在通过混业零售模式瓜分美国零售市场的时候，其他零售商的前途命运看起来十分黯淡。沃尔玛是美国唯一一家有能力、有实力直面亚马逊的企业。

2016年夏天，马克·劳尔像他的许多企业家前辈一样，意识到他的公司与亚马逊竞争的火力不足。他的电商初创企业Jet.com向千禧一代销售时髦、高端的产品，比如Yes To葡萄柚面膜和Fitbit经典智能手环，年营收快速地达到了10亿美元。和这个领域其他的领先者一样，劳尔知道，零售业的游戏就是不断探索无止境的客户体验。现在，只拥有实体商店已经不够了，只做线上也已经不够了。成功的零售商不得不为消费者提供一系列的选择——或者在店里购买，或者在线上下单、在店里取货，或者在线上购买，然后订单可以在几小时或者几天内送达，只要消费者喜欢。这种想法其实已经存在一段时间了，但实际操作起来难于登天。为了提供这种混业服务体验，劳尔明白他需要扩大规模，而这就需要海量的资本。他在风投基金筹集了2.25亿美元，可这些钱远远不够，因此他求助于亚马逊的死对头：沃尔玛。

在那一年的秋天，沃尔玛以33亿美元收购了Jet.com（包括劳尔在内）。那时，Jet.com被一些分析师估值为10亿美元，因此沃尔玛实际上花了20多亿美元买下了劳尔本人。[1]这个世界上最大的零售商看中了劳尔所拥有的可以与亚马逊在电商领域一较高下的线上经验。亚马逊2018年的销售额占据全美线上销售额的近40%，是沃尔玛线上销售额的10倍。[2]一位专家打趣说，沃尔玛收购一家时髦的线上公司就像是一个遭遇中年危机的男人不惜重金植发。

劳尔看中了沃尔玛拥有让他追击亚马逊所需要的规模和资金。沃尔玛总部在阿肯色州的本顿维尔，在美国运营着大约4 700家超市，这些超市的位置使得沃尔玛和全美90%的人口的距离都不超过10英里，是一日达购物的完美选址。为了对标亚马逊Prime的免费配送，沃尔玛开始提供35美元以上订单的一日达免费配送服务，其核心在于沃尔玛无处不在的门店。劳尔认为可以将这些门店作为大型本地仓储店，线上下单的顾客可以在路边提货，或者下单后几小时货物就可以送达。"我们全国的门店里有120万名员工可以从事配送工作，"劳尔说道，"这使得我们可以在两小时内或当日内以比竞争对手更低的成本配送新鲜商品、冷冻商品和其他普通商品。"沃尔玛的顾客还可以在线上商城下单,然后开车到附近的超级购物中心,在路边提货。根据科文公司分析师的分析,2019年1月,沃尔玛大约11%的顾客使用了路边取货服务。[3]他们只要把车开到超级购物中心,沃尔玛的员工就会把货物装进他们的后备厢。

劳尔很清楚他正在与亚马逊对抗。正如前面提到的,他曾经在亚马逊工作。2005年,他和维尼特·巴哈拉拉在新泽西州创立了一家名为Quidsi的电商公司,这个公司名称结合了两个拉丁语单词——"quid"和"si",意思是"如果"。这家公司旗下的Diapers.com承诺为手忙脚乱的父母免费在夜间配送尿片和其他婴儿用品,还获得了风投资本公司5 000万美元的投资。[4]两位创始人喜欢他们独立的经营模式。然而,私下里他们欣赏贝佐斯的线上技巧并尊称贝佐斯为"sensei",这是一个日语词,意为武术技艺大师。

新晋的爸爸妈妈们喜欢Diapers.com,2008年Quidsi的年营收增长到3亿美元。根据布拉德·斯通的《一网打尽》,贝佐斯留意到了Quidsi,亚马逊开始大幅降低尿片的价格来打压Diapers.com。劳尔和他的团队计算过,亚马逊一度在3个月的时间内低价销售尿片,损失了1亿美元。鉴于前景黯淡,劳尔和他的合伙人开始与沃尔玛和亚马逊协商收购事宜。当贝佐斯得知沃尔玛感兴趣，正如斯通所写的那样，亚马逊的高管"进一步施压，威胁 Quidsi 的创始人说，如果他们被沃尔玛收购，'sensei'作为一个严肃的竞争对手，将把尿片的价格降到免费"[5]。2010 年，劳尔和他的合伙人投降了，以 5.5 亿美元的价格将 Quidsi 卖给了亚马逊。回顾这笔交易，劳尔说他被迫卖给亚马逊的原因不是担心亚马逊凶残地降低价格，而是一旦贝佐斯盯上他的公司，投资人就不会给 Quidsi 提供与亚马逊这家电商巨头打长期价格战的资金。

劳尔在亚马逊任职时间并不久。作为协议的一部分，Quidsi 会成为亚马逊的一个独立事业部，但在亚马逊最终把这项业务吸纳到自己的运营体系后，Diapers.com 的名字就消失了。

在沃尔玛收购了 Jet.com 之后，沃尔玛的首席执行官董明伦让劳尔管理美国的电商业务，他既负责沃尔玛的网站，也负责 Jet.com，沃尔玛给予他充分的自由，去建立一项可以追赶亚马逊物流的具有创业精神且快速增长的线上业务。沃尔玛的首席执行官也希望确保劳尔获得充足的报酬来打这场硬仗。根据 2016 年的《女性穿搭日报》，劳尔那一年是零售、时尚、美妆界薪酬最高的高管，工资加奖金共计 1 400 万美元，股票激励价值 2.42 亿美元。[6]支付了这么一大笔薪酬后，沃尔玛期待这位曾经的创业者可以带领沃尔玛在实体店、物流、资金及地位方面全面打压亚马逊。

沃尔玛最早在1999年，也就是贝佐斯创建亚马逊的几年后，就开始在网上进行销售。沃尔玛当时拥抱互联网的动力是为顾客营造一种混业的购物体验。听起来是不是很熟悉？在2011年的分析师电话会上，沃尔玛网站当时的首席执行官乔尔·安德森解释道，沃尔玛的战略是"建立一种多渠道的方式"[7]。他的意思是沃尔玛将利用网络拓宽商品种类，为在线购物的顾客提供店内商品次日达服务，且提供三次免费配送，安德森将其誉为"快、更快、最快"。这个战略对沃尔玛当时的管理层来说可能说得通，但是对当时的消费者来说就另当别论了，这个项目最后无疾而终。

劳尔承认沃尔玛加入线上零售这场游戏有点儿姗姗来迟，它在技术方面的投入准备不足，有很多需要补的功课。沃尔玛的网站并不具备亚马逊网站上那些丰富的选择和便捷友好的功能。沃尔玛也没有一个会员俱乐部提供Prime会员可以享受的福利，比如电影、电视、图书、音乐和免费两日达或更快的配送服务。对沃尔玛来说，互联网带来的是典型的创新者困局，零售商很难大举进军电商领域，因为这么做就意味着要自毁已然取得成功的实体店业务。

劳尔准备与亚马逊一争高下，因为沃尔玛具备一个无与伦比的优势：实体店的经营经验是混业零售体验取得成功的关键因素。就像亚马逊在全力建设实体店帝国一样，沃尔玛正在将具有吸引力的线上购物体验与其强大的实体店相融合。沃尔玛聘用了一批又一批数据科学家，增加沃尔玛网站的商品数量，邀请小零售商在沃尔玛的网站上运营，试图将人工智能和机器学习结合起来，为消费者提供更好的购物体验，探索各种提升配送速度的方法。沃尔玛是美国唯一一家有能力、有实力直面亚马逊的企业。

在亚马逊征服世界的形形色色的新闻中，我们可能很容易就忘记沃尔玛的规模几乎是亚马逊的二倍。2018年，沃尔玛的销售额达到5 000亿美元，使得沃尔玛不仅成为世界上最大的零售企业，还成为世界上最大的企业。[8] 沃尔玛在美国拥有4 700家门店，而亚马逊只有550家，沃尔玛在全球还拥有6 000家门店，而亚马逊在全球的门店数量屈指可数。这真是令人生畏。问题是，沃尔玛向混业零售转型的速度是否足够快，让亚马逊无法超越的同时又不影响沃尔玛的利润？尽管在所有企业中，沃尔玛最有可能战胜亚马逊，华尔街却不这么认为。沃尔玛的规模是亚马逊的二倍，而2019年沃尔玛的市值只有亚马逊的一半。

沃尔玛认为自己可以通过最擅长的领域——强大的零售实

力，来更快、更智能地打败亚马逊。"如果你想谈亚马逊取得成功的原因，"劳尔说道，"不要谈技术，不要谈 AWS、数字娱乐或人们谈论的其他所有事情。最终，它取得成功的核心在于零售业务。"在劳尔看来，这就是让消费者以最划算的价格和快速、可预期的方式购买到任何想要的东西。"那非常好，对我们来说，这也是我们非常擅长的游戏：物流和展销。"

两家巨头将产生对抗，竞争会十分激烈，但这并不意味着在战场上有一家会失败。亚马逊和沃尔玛都拥有实力、资本，强大的资产负债表使它们可以将自身转型为混业零售模式。我们可以想象这样一个场景：亚马逊和沃尔玛在美国成为两大主流购物平台，依据各自的影响力瓜分着这个国家的零售业版图。

劳尔解释道："如果让我来设想一下最后的结局，最终亚马逊将更倾向于占领沿海地区和城市，而沃尔玛更倾向于占领美国的心脏地带。这主要是由当下的格局决定的，亚马逊在更多的城市地区占优势，而沃尔玛在美国的心脏地带占优势。"总体上，沃尔玛比亚马逊更具定价优势，当面向乡村地区中低收入的人群时，这是一个优势。而且沃尔玛的门店和仓库比亚马逊那些近大城市的仓库更贴近消费者。这意味着配送美国中部地区所需的物品时，亚马逊有时会需要更长的配送时间。

沃尔玛在纽约市没有门店（尽管 2019 年沃尔玛宣布将在

布朗克斯开设一家杂货配送仓库），全食却在这里有 13 家门店。这两家公司在商品种类、配送速度和覆盖范围方面令其他零售商很难与其竞争。在国际上开展竞争的方式有些许不同。我们可以想象一下，一群零售巨头像殖民帝国一样根据各自的影响力瓜分全球市场是什么样的场景。在中国占主导地位的两个平台是阿里巴巴和京东。亚马逊会在欧洲占据主要市场地位，在英国的可能是 Tesco，在法国的是家乐福，在德国的是施瓦兹集团或阿尔迪。亚马逊、阿里巴巴和沃尔玛将会抢占印度这个拥有 13 亿名消费者的市场。

尽管零售似乎没有边界，但 2019 年只有一小部分消费者在线上购买食品。在线上购买食品并确保到货时完好无损，要比在线上购买其他商品难得多。正如在前面的章节中提到的，水果、蔬菜、鱼、肉等容易变质的食物的货架周期很短，它们在仓库时就很容易磕碰或腐坏。沃尔玛相比于亚马逊的优势在于，它可以利用自身比全食数量更多、空间更大的门店向更多的地方更快地配送新鲜的食物。在沃尔玛超级门店流量巨大和周转快速的同时，沃尔玛食品的浪费还更少，这对零售商来说是一个特别棘手的问题。

沃尔玛超级门店的利润可以覆盖消费者在网上下单订购食品时产生的间接费用。像 FreshDirect 或亚马逊 Fresh 这种在仓库储存食品的门店，配送到家服务将不得不产生间接费用，因此它们在成本上处于劣势。"店内采购和配送到家相结合充满了神奇的力量。"劳尔说道。在他的愿景中，未来的门店只有一小块区域是用来满足消费者在店内购物的，在门店的后方将会有一个大型的仓储室用于配送在线订单和路边取货。然而，这并没有阻止亚马逊加大筹码。正如前面提到的，传闻中，亚马逊会打造一个全美的食品连锁店，预计将比全食拥有更多种类的商品和更低廉的价格，这样的连锁店将直接与沃尔玛开展竞争。

尽管有密集的动作和重金的投入，沃尔玛和亚马逊在食品配送到家方面还有很长的路要走。一个问题就是线上消费者很难知道他们下单购买的究竟是什么。当浏览全食网站时，消费者可以看到商品的小图片，有价格、尺寸和重量，但是这种体验让人非常困惑。当我在全食下单一份看起来是小分量的凉拌菜丝时，配送给我的却是一大盒混合菜丝，里面有圆白菜丝和胡萝卜丝，却没有蛋黄酱或调味料。问题出在哪儿？我确定全食会为这个错误向我赔偿，但是谁想多费口舌把问题向他们叙述一遍呢？随着时间的推移，消费者会有一个学习曲线。最终，门店的系统会更清楚地知道消费者的喜好。或许未来 Alexa 会告诉我："你确定你想点一份混合菜丝？这只是一大盒没有味道的圆白菜丝和胡萝卜丝。"

两家公司都在通过人工智能和机器学习来减少此类的困惑。亚马逊在这方面享有优势。多年来，亚马逊掌握了在线上商城购物的数亿名消费者的购物喜好。像沃尔玛这样以实体店起家的零售商，作为电商的后起之秀，连所谓的数据量都没有。沃尔玛希望通过一个在纽约市推广的名为 JetBlack 的试点项目来弥补这方面的缺失。支付 600 美元的年度会员费，JetBlack 会员就可以获得商品推荐、快速配送，以及从无论在沃尔玛、古驰、蒂芙尼还是 Lululemon（露露柠檬）下单任何商品都可以当天收货的权益。沃尔玛的员工会上门拜访 JetBlack 会员，询问他们的喜好，更好地了解他们的购物习惯，这样下一次，当会员在网上订购牛奶的时候，沃尔玛就知道他们想要的可能是半加仑地平线牌有机减脂 2% 的牛奶。劳尔表示，消费者在 80% 的情况下会接受沃尔玛的推荐。

JetBlack 的想法不在于沃尔玛逐一拜访所有的消费者，而在于更多地了解他们的习惯并将其转化为人工智能算法。随着时间的推移，这个系统将变得越来越自动化。"这是一个长期游戏，"劳尔说道，"我们希望未来不需要人与人的互动，机器就了解你，了解你想要什么、喜欢什么。"当算法变得足够智能的时候，语音购物将会变得更准确、更便捷。尽管如此，亚马逊在完善语音识别技术方面可谓领先沃尔玛几光年。Alexa在全世界范围内快速发展，远超了一切竞争对手。沃尔玛则需要消费者使用谷歌助手进行语音购物。这就使沃尔玛远离了自有客户，它也更难去搜集宝贵的购物数据。

同亚马逊一样，沃尔玛也在解决最后一英里食品配送的问题。沃尔玛正与百度、Waymo、Udelv等技术公司联手开发自动驾驶配送货车。在自动驾驶货车成为现实之前，沃尔玛会一直不断地尝试完善现有的配送系统。沃尔玛在2019年推出了一个项目，让店内的员工将线上订单直接配送到消费者家中的冰箱里。送货员配有摄像头，输入消费者家门上的一次性智能锁密码，进入家门后，将诸如牛奶、冰激凌、水果和蔬菜等易腐坏的食品放入冰箱。为了避免盗窃或破坏物品，消费者手机上的软件可以让他们实时监控或录像回看送货员进入家门后的各项操作。一开始，消费者不愿意让陌生人在他们不在家的时候进入，但是许多人逐渐适应了，就像是逐渐适应陌生人通过爱彼迎订房并住在他们家里一样。到目前为止，沃尔玛还没有收到任何投诉，尽管终有一天，一只不太友善的罗威纳犬可能会向一名送货员发出警告。

劳尔认为直接配送到家里的冰箱可以节约成本。沃尔玛将不再需要将牛奶和冰激凌包装在保温箱里，这样就让沃尔玛在配送时间上更加灵活了。通常，沃尔玛在下午 4 点到晚上 8 点会面临配送高峰期，消费者希望下班回家后食物就已经配送到家。沃尔玛新的系统允许其在消费者不在家时进行配送，意味着沃尔玛可以更合理地规划物流配送，减少配送的次数，节约成本。2019 年，这个项目在一个市场进行了试点。"但我们有远大的规划，"劳尔说道，"这代表了未来。我们首先吸引愿意尝试的顾客，之后就会扩大规模。"

当沃尔玛和亚马逊在通过混业零售模式瓜分美国零售市场的时候，其他零售商的前途命运看起来十分黯淡。但一群坚定勇敢的零售商正在探索不同的方式，与巨头们共生共存。

第十二章

无惧亚马逊：如何与亚马逊开展竞争

未来的零售商将会重点关注四个主要方面：创造一种无与伦比的店内体验，并将其与线上体验完美地融合起来；提供精心筛选过的独特商品；在技术方面加大投入，包括掌控社交媒体；加强一种社会使命感，让顾客在买东西的时候感觉良好。

只要商店开门营业顾客就会走进去购物的日子已经一去不复返了。今天的零售商正在进行着一场存在主义的讨论：商店究竟是什么？商店是一个营销平台吗？商店是一个闲逛的地方，还是一个线下提货的地方？ 2019年《纽约客》的一幅漫画描绘了一对年轻的夫妇从商店出来，空手而归，总结了商店当前的这种困境。[1] 丈夫对妻子说道："他们脸上充满希望，觉得我们不会只在网上购物的表情，让我感到暖心。"

　　尽管众多千篇一律的零售商店前途未卜，但是对那些避开与亚马逊正面交锋、坚持"曲线救国"的商店来说，未来一片光明。一家企业如果无法在商品数量、价格或配送速度上与亚马逊竞争，那么就必须在其他方面找到与众不同之处。它需要采取亚马逊难以与之竞争的战略。那么，共同的特点是什么？

未来的零售商将会重点关注四个主要方面：创造一种无与伦比的店内体验，并将其与线上体验完美地融合起来；提供精心筛选过的独特商品；在技术方面加大投入，包括掌控社交媒体；加强一种社会使命感，让顾客在买东西的时候感觉良好。

本章提到的企业之所以蒸蒸日上，就是因为它们掌握了上述四项基本教义。然而，从长远看，随着亚马逊不断地、更好地侵入实体店经营，仅仅掌握这四种战略中的一种将不足以与亚马逊抗衡。任何希望能够在亚马逊世界中生存的企业都必须最终掌握两种或三种，甚至全部四种战略才行，因为亚马逊在建立自己的实体店帝国的过程中也会掌握它们。

像耐克和丝芙兰这样的公司已经将线上体验和线下店内体验很好地无缝对接了起来，让顾客购物时更有满足感。像威廉姆斯·索诺玛这样的公司会通过销售在其他地方买不到的高端餐具和厨具胜出。像 Stitch Fix、ASOS 和 Lulus 这样的时尚零售商则通过运用技术手段让顾客体验到一种亚马逊无法给予的特殊感受。Stitch Fix 聘用了大量的数据科学家，极大地提高了顾客在网站上挑选到满意、合身的衣服的概率。英国的 ASOS 在快速地崛起，因为它的目标受众是全球 20 多岁的时尚潮人。它通过每天发布时尚和生活方式类内容以及精心挑选的产品与顾客建立情感联系。Lulus 通过在照片墙和其他社交媒体上充满创意的营销，赢得了大量狂热的粉丝。在线眼镜零售商沃比·帕克每卖出一副眼镜就会向发展中国家捐赠一副眼镜，并确保这一社会使命得到充分曝光，业务也因此快速成长。每一家公司都在以独特的方式执行各自的战略，这些战略给那些对融合线上线下购物体验充满担忧的公司提供了非常有益的启示。

要与亚马逊竞争，就要清楚地明白亚马逊不擅长做什么。是的，亚马逊作为电商巨头可以提供很多选择、服务、有吸引力的价格和便捷的配送，但是这更像是一种向顾客提供商品的实用性服务：高效，在任何时间、任何地点都可以完成。除了沃尔玛和阿里巴巴，大部分的企业将很难在价格和速度上打败亚马逊。而亚马逊不擅长的是打造一个强大的品牌定位，让顾客感到与众不同。谁能说出亚马逊的斜纹棉布裤或者亚马逊20世纪中古家具系列的品牌？像亚马逊这种规模的企业，如果试图为消费者提供定制化的产品和创意化的体验，很有可能就会将自身拖垮。

一家已经在亚马逊丛林中站稳脚跟的企业就是俄勒冈州比弗顿市的鞋履和服装制造商——耐克。耐克打造了一种与线上体验相连接的店内体验，让顾客可以自由地在"两个世界"间切换。这需要无缝对接顾客的个人数据信息，包括在家网上购物，用智能手机购物，或者在店里消费的全部数据。以这种方式管理数据可以创造出一种高度个性化的体验，在2018年开业的纽约市第五大道高端体验店，你就可以亲身感受这种体验。这家店不仅是一家商店，还是一个"创新000之家"，"0"代表"源头"或"起点"，正如耐克所表达的那样："一家旗舰店可以为这座城市带来无限的可能。"

占地6.8万平方英尺的门店总共有6层，店员穿着白大褂儿，在楼层间小步快跑着为顾客提供服务。耐克说，它的理念就是让员工更好地熟悉所在社区的成员，这样就可以追赶上他们不断变化的品位和需求。为了实现这个目标，耐克第五大道的门店开辟了一整层"耐克速度店"，它通过采用本地营销数据和社交媒体的反馈陈列货架，快速地根据周边顾客的喜好更换商品。顾客可以从消息灵通的店员（也被称为店内"运动员"）那里得到建议，或者可以参考店里显示的社区周末购买信息的数据。耐克为会员提供了一项叫作"耐克+"的服务，会员可以通过手机应用程序预订产品，并将其预存在店内的储物柜里，待方便的时候来店里试穿或取货。同时，会员还可以通过手机结账，避免排队等候。

为了将运动鞋打造成不仅仅一款商品，耐克让顾客可以预订专属的样式，在一些可以定制化的地方自行选择喜好，比如运动鞋上部的材质和鞋带的颜色,甚至在耐克的标志上加天使翅膀的图案。只有"耐克+"的会员才可以进入(仅通过预约方式)门店中叫作"耐克专家工作室"的顶层。这些顾客可以享受到会员待遇,包括享受专属产品、个人造型课程或跑马拉松的装备推荐。在这种关注度和多样选择下,花费 200 美元购买一双运动鞋的体验还是非常好的。到目前为止,耐克的混业战略很奏效。在过去 5 年间(截至 2019 年初),耐克的股价上涨速度是标普 500 股票指数上涨速度的两倍多。[2]

耐克并不是唯一一家尝试对体验式零售进行探索的企业,这个想法的背后是商店可以提供娱乐性或是抓住生活方式的本质。为了不被竞争对手超越,加州的鞋履和服装制造商 Vans(范斯)在伦敦开了一个 Vans 之家,一家占地 3 万平方英尺的娱乐商店,小轮车和滑板发烧友可以在店里聚会、看电影、听现场摇滚乐,在咖啡吧喝一杯能量饮料,加入街头艺人汤姆·纽曼的绘画课程,学习如何绘制出 Vans 早期光辉岁月时经典的滑板图样。[3] 然而,Vans 表示,最吸引人的还是由滑板发烧友为滑板爱好者设计的水泥坡道和碗池。Vans 之家的活动在照片墙、汤博乐和脸书上吸引了众多的流量和转发,营造了一种紧密的社群氛围,吸引着新顾客到店体验。

Casper(纽约的床垫制造商)认为自己卖的不是床垫,而是一夜安睡好眠。[4] 在店里，Casper 搭建了一个"梦境世界"，里面有 9 个睡眠舱。只需花费 25 美元，顾客就可以在 Casper 的床垫、床单和枕头上小睡 45 分钟（Casper 认为这是恢复精力的最佳休息时长）。顾客可以在线上预订一个睡眠舱位，附带浴袍、睡眠眼罩和耳塞。小憩之后，顾客会被带到一个休息区，喝一杯咖啡，当然，还可以和销售人员聊聊天。这么做管用吗？根据 Casper 的数据，在启用睡眠舱后的三年时间里，总营业收入增加了超过 6 亿美元。[5]

Casper、耐克等零售商已经在店内为顾客营造了一种强烈的体验感受。在不远的将来，零售技术将变得更为高级，进一步将线上和线下购物融合在一起。比如，一个名为 FaceFirst 的初创企业在拉斯维加斯 2019 年的 Shoptalk 大会上展示了一个全新的系统，运用面部识别技术来辨别进入商店的顾客。商店通过短信征得顾客的同意后，销售人员就可以下载顾客的购物数据，包括该顾客来店里多少次，上一次购物花了多长时间，买了哪些东西以及在商店的官网上购买过的物品清单。作为向商店分享个人购物历史记录的回报，顾客可以获得电子优惠券或享受特殊折扣。每一次顾客走进商店，摄像头都会对其进行分辨，销售人员的手机上会弹出他们的购物历史记录。FaceFirst 的首席执行官彼得·特雷普在 eMarketer（调研机构）

的一个广播节目中说,他正在与一家大型零售商店合作,商店通过数据发现,4%的顾客带来了该店55%的营业收入。[6]"但他们不知道那4%的顾客何时来店光顾。"特雷普说道。面部识别技术可以帮助解决这个问题。

在中国,对于个人隐私的担忧基本上不存在,阿里巴巴运用面部识别技术让顾客更方便地进行支付,同时,也更便于这家线上零售巨头搜集宝贵的客户数据。阿里巴巴的支付业务蚂蚁金服于2017年底推出了一个叫作微笑支付(Smile to Pay)的系统,在许多地方进行推广,其中就包括杭州的肯德基餐厅。[7]蚂蚁金服是百胜中国的投资人,而中国的肯德基都是在百胜中国旗下的。这个系统是这样操作的。顾客走到一个带有冰箱大小屏幕的售货屏前翻动菜单,选择炸鸡、可乐或其他任何想吃的东西。当准备结账时,顾客将面部对准屏幕上的一个圈,然后微笑,这一餐的费用就直接记在了顾客的账户上。不需要钱包、信用卡、现金、智能手机,肯德基的配餐就这样送到了一个饥肠辘辘的顾客手中。

一开始,大部分人都很反感被摄像头拍摄。2018年的一项由RichRelevance(个性化商品技术推荐服务商)对购物人群开展的调查显示,61%的受访者认为商店使用面部识别来确认他们的身份是一件"让人不寒而栗"的事情。[8]这种担忧有两个方面。一个通常的担忧就是这是对个人隐私的侵犯，因为一家公司竟然可以通过面部特征识别个人身份，进而获得更多的个人数据。另一个担忧就是这些系统并不安全，一个网络骗子可以在脸书上窃取用户的头像，将图像放置在面部识别的屏幕上，以此获得一顿免费的肯德基，或者在更糟糕的情况下，从银行的自动取款机上窃取钱财。

大部分消费者最终会忽略面部识别所带来的隐私方面的问题。企业和政府已经掌握了太多的个人信息，一家公司下载顾客的购物历史记录，远不如一家保险公司或一个雇主得知某人私密的医疗历史记录可怕。就像其他新技术的普及一样，早期的使用者会使用面部识别技术购物，然后与朋友们分享这项技术有多么方便，之后大众才会开始纷纷效仿使用，就像第10代苹果手机的用户很快就适应了其面部识别密码系统一样。

令人感到宽慰的是，面部识别系统致力于使自己比其他形式的支付系统更加安全可靠。信用卡号、驾照信息和护照都可能被盗用或被仿造，导致身份失窃，这每年会造成数十亿美元的损失。[9] 其实，要骗过一个面部识别支付系统是相当困难的。阿里巴巴曾让一名年轻的中国女性戴着黄色假发，化着浓妆，站在肯德基快餐的面部识别系统前，让她尝试与一群长相相似但戴着粉色或蓝色假发的人一起打败这个系统。每一次，摄像头都选出了正确的人。与从脸书上窃取照片的计谋相比,这个面部识别系统运用3D(三维)摄像头来区分面前的是真人还是一张2D(二维)的图像。摄像头还可以捕捉活动的迹象,比如眨眼或转头。如果这还不足以让人放心,顾客取餐时,还可以通过输入手机号码进一步提高安全等级。很快,汽车钥匙、房门钥匙和电脑密码都将被面部识别系统取代。当这一天来临的时候,桌上那一张张写满复杂难记的银行卡、有线电视和购物账户密码的纸条将统统被扔进垃圾桶。

体验式零售有助于将顾客吸引到店里,新兴的诸如面部识别技术可以帮助零售商在顾客进店后更好地追踪和服务顾客。但这并不意味着传统的零售商可以忽略线上销售。一些销售特定商品的实体店,比如销售奢侈品或定制服装、高端家具和厨房用品的商店,也可以通过在网上直接向消费者销售商品而财源广进。你现在可以在亚马逊上从第三方卖家那里以2 726美元的价格购买到一只卡地亚坦克系列不锈钢男表。但是,购买奢侈品很重要的一点是购买过程中的体验,坦白地说,在一个网站上既能买到仅2.99美元一桶的网球,又能买到价格不菲的奢侈品,这样的购物感受能有多好?在亚马逊的页面上,你几乎看不到关于这款表的介绍、使用说明和起源。消费者无法将这款表与卡地亚其他的款式进行比较。但是,在亚马逊的网站上购买，可以比在卡地亚官网上买节省54美元。此外，你也不确定这个独立的卖家是否获得了授权，能否在亚马逊或任何一家网站上销售卡地亚的手表。这只手表是不是真的，是不是从黑市上来的，有没有卡地亚的质保？

瑞士奢侈品公司卡地亚的母公司历峰集团，通过向世界上最富有的消费者提供最高品质的商品做大做强。现在，它正致力于将线上奢侈品购物打造成一种令人满足的体验，从而让亚马逊望尘莫及。除了卡地亚，历峰集团旗下的品牌还包括IWC、万宝龙和梵克雅宝。历峰集团大部分的超豪华店铺都开设在纽约、巴黎、东京和上海最引人注目的商业街，但是历峰集团发现，最富有的人群的消费习惯也在发生着变化。现在，时间宝贵的那1%的购物者希望他们的购物体验可以快速、便捷，最好在智能手机上点点屏幕就可以完成。为了应对这种市场变化，2018年历峰集团宣布斥资34亿美元收购线上奢侈品时尚零售网站Yoox Net-a-Porter。该网站拥有并运营一系列互联网网站，包括Net-a-Porter、Mr. Porter、Outnet和Yoox，同时运营了包括斯特拉·麦卡特尼、杜嘉班纳和克洛伊在内的30多个奢侈品牌的电商网站。

历峰集团斥巨资投资技术、物流和线上营销，表明电商对奢侈品市场来说正变得越来越重要。根据贝恩咨询的一项研究，2017年线上奢侈品销售增加了24%，占奢侈品全渠道总销售量的9%。贝恩预计到2025年，这一比例将上升至25%。[10]"通过迈出新的一步，我们希望可以强化历峰集团在数字渠道的存在感和专注度，线上销售已经成为满足奢侈品消费者需求的重要方式。"历峰集团董事长约翰·鲁伯特说道。[11]

当然，贝佐斯不会轻易地让这些奢侈品牌在网上扩张。亚马逊已重金投资高端时尚行业。亚马逊在布鲁克林、东京、新德里和英国的霍克斯顿打造大型的时尚摄影工作室；开始生产自营时尚品牌；赞助光彩夺目的活动，比如在大都会博物馆举办的时尚界奥斯卡。同时，亚马逊还在网站内设立了一个"奢华美妆店"来吸引在网站上寻找高端品牌的消费者。亚马逊还与迈阿密热火队的得分后卫德韦恩·韦德合作，在亚马逊网站上运营韦德自己的高端运动服饰和运动鞋店。但贝佐斯很难在亚马逊网站上营造那种成功的奢侈品购物体验，因为亚马逊整体上更偏向于接地气的风格。最终，这些奢侈品零售商将需要在线上营造一种与线下金碧辉煌的实体店同样优雅豪华的购物氛围，给消费者带来一种亚马逊无法提供的特殊购物体验，进而脱颖而出。

亚马逊提供了上亿种商品，但并不代表消费者可以在亚马逊买到一切。另一个可以和这个线上巨头抗衡的方式就是为消费者提供特殊的、通常很难寻找到的高端商品。这正是威廉姆斯·索诺玛正在采取的方式，这一策略使其成为 2017 年美国线上销售第十三大运营平台。[12]

在亚马逊上输入"锅碗瓢盆"，第一个弹出来的就是售价 43.99 美元的 15 件套 Vremi 不粘厨具。你没看错，全套就是这个价钱。2 227 个评论给出了 4.5 星的评价，非常划算。去威廉姆斯·索诺玛的网站，输入同样的关键词，搜索出的页面包括零售价 800 美元的谱瑞玛铜制汤锅。这款锅由成立于 1810 年的一家法国公司制造，而且威廉姆斯·索诺玛控制着库存，确保大部分商品直供自有渠道和品牌，这才是关键所在。

一些消费者可能会直接选择 43.99 美元的餐具套装，但是那些寻找与众不同的高端产品的消费者不太可能在亚马逊上购物。威廉姆斯·索诺玛在众多实力雄厚的线上零售网站中脱颖而出，其超过一半的收入来自线上，同时它还建立了一个包含 6 000 万名消费者信息的数据库。[13] 威廉姆斯·索诺玛将实体店统称为"品牌的公告牌"，提供琳琅满目的商品，助推利润远高于线下实体店的线上销售。[14]

精心挑选商品有助于零售商避开亚马逊最擅长的价格战。换句话说，与亚马逊在价格上竞争的诀窍在于不要这样竞争。这是全球知名家居连锁零售商 Crate & Barrel 的首席执行官内拉·蒙哥马利在对店铺进行现代化改造、重金投入社交媒体以提升这家高端的德国家具连锁店时,时刻谨记在心的要点。亚马逊在线上销售家具,Wayfair 和 Overstock 等零售商也在网上销售家具。然而,蒙哥马利认为可以通过为消费者提供优质的设计和有品质的客户服务来提高溢价。蒙哥马利这样向《华尔街日报》解释:"消费者告诉我们,他们真正珍视和期待的是一种与众不同的服务和更加个性化的体验。"这种对消费者的专注让蒙哥马利的业绩一直很不错。

  Crate & Barrel 可以定价更高的一个原因是,它 95% 的产品都是独一无二的,消费者愿意为特殊的产品支付更高的价格。零售商在某些商品的价格上进行激烈的竞争,比如红酒杯和银器,但是蒙哥马利认为:"我们意识到自己需要的是专注于差异化经营,为消费者的忠诚度提供令人满意的回馈,而不是尽可能地在市场上竞争谁的价格更低。"[15] Crate & Barrel 在全球拥有 125 家门店,可以让消费者亲身感受到家具、窗帘和地毯的触感,因此商品的定价就是可以更高一些。他们的门店里还有设计工作室,帮助消费者设计他们心目中期待的样式,这是亚马逊不具备的功能。很多线上的家具零售商没有这种优势,导致退货率奇高,比如,退换一个沙发的各种烦琐手续会加剧消费者的不满意体验。

到目前为止，蒙哥马利的方法十分奏效。2017年Crate & Barrel的同店销售额增加了近8%。像Crate & Barrel这样的零售商的挑战来自亚马逊开始摆脱零售商、直接对接制造商从而获取更多的市场份额。贝佐斯提供了配送家具制造商产品的一流服务，包括无条件退换的政策。家具制造商只需要在亚马逊上销售产品，配送和退货等所有烦琐的流程都交给亚马逊就可以。

另外一个避免与亚马逊进行价格战的方式就是销售那些需要很多手动操作的商品。主打消费电子产品的零售商百思买本应被亚马逊打压。2000年初，这家明尼苏达州的公司在商场的店铺客户流量不断减少，对于便携式电视、小家电和电脑等大部分商品，消费者都可以在亚马逊上以更低的价格和更快的速度购买到。百思买一度出现了消费者所说的"展厅现象"：消费者去百思买挑选最好的电视，然后回家在网上以更低的价格购买。百思买的销售量和利润都受到了重创。[16]

休伯特·乔利在2012—2019年担任百思买的首席执行官期间实施了一个"恢复蓝色"战略，成功地与亚马逊抗衡。百思买将优化的线上体验与实体店策略相结合，其销售的商品转变为提供建议和安装的服务，比如复杂的家庭影院、家庭Wi-Fi（无线网络）和安防系统的安装。百思买的极客小队负责提供上门服务。正如麦肯锡数字化和分析业务的全球负责人罗德尼·泽梅尔关于零售业务所说的那样:"你需要问问自己,你所拥有的有什么是别人攻不破的?你所拥有的是依靠店还是依靠人?你如何在消费者体验方面进行竞争?"

当然,百思买也不得不压低价格与亚马逊竞争。百思买开始将价格对标亚马逊,提供免费配送和店内取货服务。其中一个减少支出的方式就是开店内店。谷歌、微软、三星和其他消费电子产品制造商都在百思买店内开设专营店,这就降低了百思买的场地成本。从2016年初到2019年初,百思买的股票价格翻了一番,远超标普500的股票指数。

Crate & Barrel、威廉姆斯·索诺玛、百思买和历峰集团都在线上直销和线下实体店销售之间找到了平衡,这个策略将会在未来取得成功。然而,如果这些公司希望追赶亚马逊的步伐,它们还必须提高自身的技术能力。亚马逊对技术的掌控是无与伦比的:亚马逊客户至上的平台使得购物快捷、容易、简便。在亚马逊人工智能飞轮扩张到线上领域的时候,希望与之一较高下的零售商需要最终变成拥有正确理念的科技公司,这个理念就是算法为王。关键是要打造拥有独特技术优势的自营品牌。

巴黎奢侈品巨头LV集团旗下的全球美妆连锁店丝芙兰就是一家利用技术扩大自身优势的企业。2017年,丝芙兰进一步扩大市场份额并实现了超越过往的营收增长。与推特、Salesforce（客户关系管理软件服务商）和优步一样，丝芙兰的总部也位于旧金山。它既是一家美妆零售商，也是一家科技公司。

丝芙兰经常进行各种技术系统的实验，为消费者带来愉快的购物体验。在美国，超过 1 100 家丝芙兰的店铺推行了一个叫颜色 IQ 的项目，它通过使用数字设备扫描消费者的面部，捕捉肤色特征，分析最适合这位顾客肤色的口红、粉底、眼线笔和打底液。一旦顾客找到了适合的搭配，信息会记录在数据库里，之后顾客可以通过线上平台订购更多的产品。同时，丝芙兰还建立了一个社交网络叫美妆达人社区，丝芙兰的忠实会员可以分享评论、照片，获取产品推荐。丝芙兰通过脸书上的互动栏目触达粉丝，它还有一款叫作丝芙兰虚拟艺术家的应用程序，消费者可以用智能手机对面部进行立体扫描，在线尝试不同的美妆产品。它就像一面镜子，随着使用者的移动，脸部的影像也跟着移动。消费者可以在线尝试不同的商品，通过手把手的教程更好地掌握化妆技法。丝芙兰掌握着可以在线下实体店和线上商店之间营造无缝对接体验的技术。

丝芙兰优于亚马逊的一个地方在于，它设计了可以将顾客圈定在自己的应用程序和网站中的算法。算法赋予了丝芙兰为消费者提供合适商品的数据，同时确保了所推荐的全部是丝芙兰自营商品。而如果要与亚马逊或任何一家在亚马逊网站上销售美妆产品的第三方商家相比较，这些产品就必须与亚马逊网站上弹出的数十种其他品牌开展竞争。

另外一家找到战胜亚马逊的方法的公司是线上女装商店Stitch Fix。在哈佛商学院读书期间，卡特里娜·雷克于2011年在马萨诸塞州剑桥市的寝室里创立了自己的公司。这家公司于2017年底上市，如今市值已达到20亿美元。她的秘诀是什么？运用数据为在线客户提供那种亚马逊可望而不可即的亲身体验服务。

服装销售从来都不是一门简单的生意，而亚马逊是一个强大的竞争对手。2018年，摩根士丹利表示亚马逊将占据美国服装市场近10%的份额，击败沃尔玛和塔吉特，成为美国最大的服装零售商。[17]亚马逊拥有很难战胜的优势组合——可选商品种类多、价格低、无条件退货，亚马逊当年就实现了服装销售量两位数的增长，与此同时，梅西百货、诺德斯特龙和杰西潘尼等零售商的销量却在下降。仅在价格和种类选择上，它们就很难与亚马逊竞争。亚马逊的正确之处在于将客户服务视为最重要的一个优势。然而，尽管客户至上是贝佐斯经济学的一个要义，亚马逊无法做到的是营造一种与消费者产生共鸣的高度个性化的消费体验。正如一个私募股权高管告诉我的那样："在传统的零售世界里，我们谈论的是商人的眼光。拥有眼光的商人可以预测时尚的走向，而亚马逊不行。你如果打开亚马逊的网页，会发现页面很难看。当贝佐斯在谈论客户至上时，这个概念是很狭义的，指的是最佳的实用性，而不是擅长时尚或者亲身体验式的服务。"确实如此。依照亚马逊的运营规模，雇用大量的人力来为消费者提供个性化的建议是不符合财务逻辑的。

这个劣势就为任何一个无论规模大小、仅希望能与众不同的企业提供了与亚马逊竞争的机会。当意识到零售商不可能一直提供面向大众的服务体验而获得成功时，雷克开始尝试发起一场零售业的运动，通过广泛的定制化和专注于品牌建设推动业务发展。她的调研发现，人们并不喜欢进入商店并在上百件衣服里挑选出自己喜欢的那件。调研还发现，很多消费者认为线上购物很无趣。正如她告诉《洛杉矶时报》的那样："作为消费者，你不希望从100万条牛仔裤里进行挑选。你只想要合身的、看起来好看的那一条。这就带来了巨大的机遇。消费者的需求在当前的市场中并没有得到满足。"[18]雷克决定通过全新的、都市个性化的服务来填补这个空白。

Stitch Fix 的运作模式是这样的。消费者填写一份详细的情况说明：他们的预算、三围尺寸，喜欢的风格、颜色和品牌，服装穿着的场合等。然后，每个月、每两个月或者每个季度，他们会收到一盒由衣服、鞋子、首饰组成的 5 件商品的套装。这些商品是由 Stitch Fix 的造型师根据用户提供的个人数据精心挑选的。Stitch Fix 对每盒套装收取 20 美元的费用，用于支付消费者选择的商品。顾客为他们选择保留的衣服付费，并且可以轻松退回那些不想要的。

雷克的秘密武器是将数据分析（她雇用了 100 位计算机科学家）与经过良好训练的时尚顾问手动挑选服装相结合，从而提高了顾客喜欢他们收到的商品的概率。"从根本上说，"雷克在接受《市场观察》的采访时表示，"我们所提供的是个性化。比如，数据会告诉我们，这位客户有 50% 的概率会留下这条牛仔裤。"[19]

亚马逊无法与 Stitch Fix 相抗衡的是高度个性化的体验。亚马逊的商业模式是由算法而不是人来驱动的。亚马逊的目标是尽可能在零售业的公式中减少人的因素，以不断压低成本。这就为 Stitch Fix 提供了一个占据先机的窗口。雷克的承诺是为顾客提供一种配备了智能数据分析的个性化的购物体验，无论他们的预算是多少，这在实体店和线上基本上都很难做到，特别是在有亚马逊这样规模大、价格低的竞争对手的情况下。

她的方法一直在推动着 Stitch Fix 增长。这家旧金山的公司在 2018 财年的销售额为 12 亿美元，拥有 3 500 名全职和兼职的造型师来满足消费者的不同品位和喜好。

像所有与亚马逊竞争的创业者和企业领袖一样，雷克意识到杰夫·贝佐斯并没有坐视不管。2018 年初，亚马逊推出了一项新的服务，叫作 Prime 衣橱，让消费者在购买前可以试穿。（听起来很熟悉？）消费者可以预订多款商品，然后决定他们是否想购买这些衣服或将其退回。使用 Prime 衣橱时，消费者可以使用一个全新的造型助理 Echo Look，内置 Alexa 的摄像头可以拍摄试穿后的照片或视频，从不同的角度展示这件衣服，图片还可以与朋友分享，让消费者能够听取他们对于哪件衣服是否适合参加重要会议或约会的建议。

亚马逊步步紧逼，Stitch Fix 需要提升自己的玩法，它也确实是这样做的：不断加大对业务的投入，雇用更多的数据科学家，改善算法，开拓诸如英国这样的新市场。在 2018 年，Stitch Fix 增加了 300 万名新用户。

另外一个跳过亚马逊陷阱的小公司是女性时尚商品零售商 Lulus。它是一家由母女组合德布拉·坎农和科琳·温特创办的线上零售企业，以合理的价格销售从波希米亚风裤装到山羊皮凉拖，再到粉色亮片长裙的一切时尚商品。温特表示：

"如果你在亚马逊上搜索一条黑色的裙子，你可能有一万种选择。我们的产品都是经过精心挑选的，当我们的顾客想要一样东西的时候，我们就给他们那样东西。我们的品牌属性非常稳定。如果他们从我们这里预订了'小号'，他们就知道应该会很合身。"Lulus的总部位于加利福尼亚州，商品销往76个国家，主要面向时尚前卫的青少年和千禧一代。然而，Lulus在社交媒体上精明的策略正在帮助它推动业务增长，2018年它额外吸引了1.2亿美元的风投资本。[20]

温特明白，要跳出亚马逊的阴影，零售商必须在消费者最可能出现的地方出现，让他们的购物体验更便捷有趣。这意味着零售商需要一直在社交媒体趋势上保持领先，当消费者转换平台时，零售商需要快速地追随，公司的粉丝互动界面要十分友好。在温特的案例中，她深知那些千禧一代的顾客大部分的社交和购物都是在照片墙应用程序上完成的。

温特依靠她称为"大使"的上千名社交网络红人在线传播推广她的品牌。一些人通过在线生产内容获取Lulus的推广费，另一些则是喜欢发布最新时尚趋势的狂热品牌粉丝。大使们在拼趣和照片墙上发布的各种美照和评论帮助强化了品牌的认知度，吸引了新顾客。这样做有用吗？温特认为，这种营销方式不是科学，而是艺术。她确实会衡量发布的费用和获得点赞的数量或收到的评论数量，但这并不是全部。温特认为，社交媒体的效果很难通过隔夜发布内容的受关注数量来量化。"如果我们每天在照片墙上发布15条内容，回报是什么？你只要相信就好，因为从长远看，你会得到想要的结果。"她表示"#Lulus"已经成为与香奈儿和古驰齐名的零售业热门标签。Lulus 的营销副总裁诺埃勒·萨德勒告诉《广告周刊》："Lulus 的大量顾客最初知道这个品牌都是口口相传，直接从朋友那里听说或者通过社交媒体照片墙，照片墙一直是一个发现我们品牌的重要平台。"[21] 萨德勒说，近33%的在照片墙上点击了解 Lulus 产品的人最终都浏览了他们的官网，这有助于业务发展。2019年，Lulus 拥有130万名粉丝。

Lulus 充分利用了照片墙提供的一项新功能，该功能让零售商可以直接向这家坐拥8亿名用户的照片分享网站上的消费者销售商品。当有人看到 Lulus 在照片墙上精心投放的广告时，他们就可以直接在照片墙上购买。他们可以单击"点击浏览"按钮，发现更多的信息和价格，然后单击"现在购买"按钮就可以购买 Lulus 的商品。

亚马逊有很多标签，但是它唯独不具备的标签就是社会良心。亚马逊一直因为仓库的工作环境而备受指责，它最近承诺将数量众多的能源密集型服务器农场转型为零碳排放模式。一家名为沃比·帕克的初创企业发现,在一个亚马逊称霸的世界里可以通过唤起人们最善良的本能来打造一家蒸蒸日上的公司。自2010年创立以来,沃比·帕克这家时尚前卫的眼镜制造商已累计销售超过100万副眼镜。每卖出一副眼镜,它就会给发展中国家的贫困人群免费提供一副眼镜。(亚马逊也销售眼镜,但是消费者需要将镜框拿到眼科医生那里配镜片。)

什么样的公司会白送商品?创始人尼尔·布卢门撒尔和戴维·吉勒博阿告诉我,这是一个很聪明的做法,因为作为社会公共事业的一部分,这种做法既有助于加强品牌形象,也有助于提升客户服务。沃比·帕克生产和销售价格在100美元左右的高品质眼镜,还生产少量传统眼镜。他们自己生产眼镜并在网上批量销售,剔除了将眼镜加价10倍甚至更多的眼镜店这一中间环节。卓越的客户服务和很酷的店铺使这家快速成长的纽约公司融到了3亿美元的资金,2018年估值为18亿美元。

社交媒体无孔不入,社会意识觉醒的千禧一代充满期待,每家公司的企业价值都在他们面前暴露无遗。这是沃比·帕克创立之初就深刻地学到的重要一课。他们不仅要创造利润,而且要实现消费者认同的社会善举。这就令其拥有超越亚马逊的优势,亚马逊尽管一直在努力改善社会和环境声誉,却没有赢得太多的认同。

在宾夕法尼亚大学商学院读书时，两位创始人在餐桌上的一次谈话激发了创立眼镜公司的想法。戴维·吉勒博阿丢了一副眼镜，竟然要花费 700 美元才能再配一副。于是他开始与朋友尼尔·布卢门撒尔商量，以更低的价格销售时尚眼镜是否拥有商业空间。

商业计划从一开始就包括社会慈善。布卢门撒尔这样向我解释："我们的社会使命从来都不是一个附加属性。我们思考的核心就是，我们希望建立一个当早上闹铃响了，我们不会转身按掉闹钟的组织。"

但是，创业家如何在不分心的情况下为世界带来积极的影响？他们的首要任务就是建立一个以利益相关方为中心的模式，这意味着公司为消费者、投资人和整个社区服务。沃比·帕克通过销售消费者负担得起的眼镜，提供优质的服务，赚取利润并让投资人满意。

公司通过社会使命组建了一个积极性被充分调动起来的团队，为消费者提供绝佳的店内和线上服务，这是品牌的一个里程碑。"我们在招聘端看到的最大的好处就是，"布卢门撒尔说道，"我们可以吸引世界上最有才华和最富有激情的人来我们这里工作。"为了可以一直维持这种激情，在沃比·帕克工作满三年的员工将有机会游历发展中国家，实地感受公司的项目在贫困人群中发挥的重要作用。

"我们现在感到很兴奋的是,"布卢门撒尔说道,"我们想向世界证明,在扩大业务规模的同时,我们也可以为世界做一些贡献,而这些都不需要提高我们产品的价格。"公司的销售增速就是消费者对沃比·帕克的社会使命和充满热情的销售人员的最好回应。沃比·帕克找到了一个与亚马逊竞争的绝佳方式,同时让世界变得更美好了。

本章中的每一家公司都代表了一种关键的、与众不同的实力。耐克、Vans、Casper 将令人满意的线上体验与绝妙的店内体验相结合。威廉姆斯·索诺玛和 Crate & Barrel 为消费者提供了精心挑选的商品。丝芙兰、Stitch Fix 和 Lulus 是零售技术和社交媒体的先行者。沃比·帕克从强大和明确的社会使命中受益。

这些战略很显然对大多数零售商都适用,对那些即将受到亚马逊冲击的其他行业也大有裨益,比如广告、医疗和金融等行业,它们都十分脆弱。充分理解贝佐斯经济学的原理将使这些行业的公司受益良多,亚马逊很快会把低廉的价格、优质的服务和无所不能的人工智能飞轮应用到这些领域。

而这一切发生得比大部分人预想中还要快。

第十三章

亚马逊无处不在：
在广告、医疗与金融领域的探索

亚马逊愿意为一项新业务亏损数年，华尔街业也允许它这么做。亚马逊可以人为地将价格压低，直到吸引足够多的用户，一跃成为目标领域的领头羊。这些贝佐斯经济学中的战术在各个领域屡试不爽。

一个阳光明媚的秋天，我沿着麦迪逊大道与全球最大且最有影响力的咨询公司麦肯锡的一位执行董事步行前往外交关系协会大楼参加一场会议。我的这位朋友有机会接触一些世界上最著名的首席执行官。多年身为记者和商业书籍作者，我充分地理解高管们的时代精神，在步行途中，我们一致认为当下的热门话题是亚马逊。首席执行官们、董事们和投资者们都在议论这家电商巨头何以像五级飓风一样威胁着要吞没各个行业领域：服装、食品杂货、消费电子产品、媒体、云、医疗、购物，金融或许是下一个。杰夫·贝佐斯正向着我的行业进发，我们应该做些什么？我们无法和亚马逊展开价格战。我们追赶不上亚马逊的速度、财力或从 A 到 Z 的标志性微笑标识。我们怎样才能不受亚马逊的影响？每一个领域的企业在面对亚马逊时都感到惊恐万分。

我一边走一边询问麦肯锡的朋友是否有兴趣写一本关于如何与亚马逊竞争的书。他回答道，麦肯锡给每位客户提供相关咨询，赚取了大笔的咨询费用，为什么要将秘密公之于众？

这段我与朋友的谈话表明，整个咨询业都在提供关于如何与亚马逊竞争的建议。为什么这么多的企业领袖将亚马逊视为威胁？毕竟，亚马逊是一家非常成功的电商企业，但是它对其他行业又了解多少呢？

那些对亚马逊暂时没有惧怕心理的人认为，历史上不乏那些扩张到其专业领域外，却以失败告终的企业案例。20世纪六七十年代的巨头，比如，哈罗德·杰林的国际电话电信公司曾一度控制了全世界80个国家的350家企业，查理·布卢多恩的海湾和西部工业集团曾被喻为"吞噬公司"，它们都是在单个或两个行业起家，但最终不堪自身庞大的体量而倒闭的。[1] 无论掌握多少技巧，没有任何一位首席执行官可以处理迥异的市场、用户和技术所带来的复杂难题。此外，最初通过将这些业务整合在一起所带来的成本节约和效率提升，最终会因为逐渐侵蚀和复杂的官僚体制而造成整个企业失去焦点。

至少，这是一种观点。

我似乎已经可以听到那些受贝佐斯威胁的企业领袖们集体

长舒一口气了,但是别高兴得太早。亚马逊在一个关键的地方是与众不同的。除了全食之外,亚马逊并没有试图在不同的行业吞并、运营大企业,它只是希望在新的领域有机地建立不同的业务,有时候进行一些相对小规模(每个不超过 10 亿美元)的战略收购,来获取亚马逊逐渐进入一个领域所需的人才或技术。想想线上游戏频道 Twitch、数字门铃创业公司 Ring 和在线药店 PillPack。亚马逊拥有足够的耐心和实力,无论需要多久,它都可以让一家新企业活起来。亚马逊愿意为一项新业务亏损数年,华尔街业也允许它这么做。亚马逊可以人为地将价格压低,直到吸引足够多的用户,一跃成为目标领域的领头羊。这些贝佐斯经济学中的战术在各个领域里屡试不爽。

让亚马逊的竞争对手最为担忧的就是贝佐斯在挑选行业颠覆性技术方面战绩辉煌。[2] 过去这些年里,贝佐斯本人是谷歌、优步、推特、爱彼迎和朱诺医疗的早期投资人。另一个让人担忧的是亚马逊拥有无可比拟的技术力量,这些技术可以被应用于任何亚马逊想进军的行业。让亚马逊脱颖而出的是,它可以对网站上的交易进行扫描,分析出哪些是潜在客户以及他们的需求和偏好是什么。一旦亚马逊锁定了某一个领域,它就会运用由海量的客户数据驱动的人工智能飞轮,开始缓慢地推进,提供超出期待的商品和服务,吸引更多的客户,由此带来的收入使亚马逊可以用更低的价格提供更好的商品和服务，进而吸引更多的客户，飞轮就这样越转越快。

这就是1995年亚马逊进军图书行业时的成功经验。亚马逊销售的图书整体定价低于同业，在成为美国首屈一指的图书经销商之前，它一直处于亏损状态。当亚马逊认为读者或许希望以一种更便捷的方式阅读书籍时，亚马逊在2007年发布了Kindle。[3]在经历了数年的亏损和最初的一些失败后，亚马逊占据了电子图书业80%的市场份额，在这个过程中，它变成了一家消费电子产品公司。[4]亚马逊最新的爆款产品——内置Alexa的Echo声控设备当前的售价并不赚钱或者最多刚刚打平，但已经在世界范围内占据了主要的市场份额。当前，这家电商巨头正在向智能家居行业进军，研发可连接无线网络的自营品牌微波炉、闹钟和监控摄像头……商品列表还在不断增加。2018年初，亚马逊甚至投资了一家小型的预制房屋制造商，这意味着，有一天亚马逊可能会建造出内置亚马逊自营智能家居的房子。与此同时，亚马逊已经和美国最大的房地产企业莱纳联手，在该公司所有新建的房屋内预装Alexa语音助手。

亚马逊进入一个新领域的另一种方式是用公司内部行之有效的技术为他人提供服务。亚马逊通过在线销售图书积累的计算机技术能力让人叹为观止。为什么不把这种能力与其他行业分享呢？2006年，AWS诞生了。在开发网络应用10年后，亚马逊意识到自身已经在大规模运营计算机基础设施和数据中心方面积累了核心竞争力，到了能够以不错的价格为客户提供云服务的时候了。今天，AWS是世界上最大、最先进的云计算公司。既然AWS特别擅长人工智能和机器学习，为什么不将这种知识以具有吸引力的价格销售给其他客户？AWS机器学习技术的负责人斯瓦米·西瓦苏布拉曼尼说道："我们将过去20年在亚马逊积累的经验都打包提供给我们的客户。"亚马逊的机器学习服务业务现在为其他行业提供语音和面部识别、语音文字转换等其他机器学习技能的工具包，虽然业务规模不大，但在AWS里增速很快。

这一切都似曾相识。关键的问题是，贝佐斯锁定的下一个行业是什么？假设一款软件程序可以扫描出亚马逊雷达上的新目标，这种想象中的算法会给出一个亚马逊可以轻易攻破其弱点的行业列表，比如，向大众市场销售商品的行业、服务不尽如人意的行业，或者商品服务极其昂贵的行业。贝佐斯曾经打趣道："你们的利润就是我的机会。"在经过初步扫描后，算法将会再次进行扫描，选出那些或多或少已经成熟到可以通过人工智能进行颠覆的行业，比如，那些人力成本（和思考成本）高昂、可以被智能机器所取代的行业。

与上述特征高度吻合的行业有广告、医疗、金融和保险。亚马逊在这些领域已经有了一些早期的动作，意味着这些行业已经进入了亚马逊的视线，尽管作风低调的亚马逊并没有解释这些初步动作的含义。重型制造企业，比如空中客车、波音或纽柯钢铁，可以放轻松了。还有那些十分依赖人与人接触的行业，比如餐饮、家庭保健或高度技能化的工作，比如律师和战略咨询。其他行业则要当心了。

在所有进入的新领域里，亚马逊已经有所积累的就是广告业。只要登录亚马逊的网站，你就会在网页顶部看到一系列赞助商的广告，它们恳求消费者购买一个空气炸锅或者购买一件看起来和其他数十件没什么差别的帽衫。过去亚马逊的网站可不是这样的。多年来，贝佐斯永远让顾客满意的金科玉律使得亚马逊一直小心翼翼地少用网站上的广告去打扰或"轰炸"他们的顾客。这一切正在发生变化。正如亚马逊全球电子商务业务负责人杰夫·威尔克所说的："我们一开始一次只卖一样东西，通过每笔交易赚取小额利润。所有的注意力都放在确保顾客的消费体验愉快上面，如果投放广告会对顾客的体验造成干扰，我们就会感到很紧张，于是静静地等待时机，尝试了各种对顾客有帮助且制造商和品牌都想要投放广告的位置……我们在过去的几年中，恰巧发现了一些有效果的广告位。这个发现将我们又向前推了一步。我们视广告为可以提高顾客或卖家体验的途径，那为什么不尝试一下呢？"

威尔克非常轻描淡写地讲述了这一切，亚马逊突然进军广告业，似乎是为了给顾客提供他们想要的商品才自然而然进行的扩张。事实上，凭借着强大的数据能力和一贯心无旁骛的冷酷无情，亚马逊正在彻底改变 3 270 亿美元的全球数字广告市场。[5] 目标对手是谁？谷歌、脸书和阿里巴巴这三家公司占全球广告市场 2/3 的份额。在 2015 年前后，亚马逊网站几乎没有什么广告收入。当亚马逊意识到在不流失顾客的情况下，可以在网站上投放广告时，它就开始全力以赴地拓展广告业务。截至 2018 年，亚马逊的广告收入接近 100 亿美元。然而，亚马逊仍然只位列美国 1 290 亿美元数字广告市场的第三位，远远落后于谷歌和脸书，这二者合计控制了近 2/3 的美国数字广告市场份额。[6] 但是，亚马逊的广告收入增长迅猛。英国的市场调研公司朱尼普研究公司 2019 年的报告预测，亚马逊的广告收入将在 2023 年达到 400 亿美元。[7] 因为亚马逊的零售业务已经为运营庞大的服务器农场支付了费用，因此，广告部分的收入可直接计入收益，变成一项利润极其丰厚的业务。摩根士丹利 2019 年预测，亚马逊的广告业务价值 1 250 亿美元，超过了耐克或 IBM 的市值，广告成为继电子商务和云计算后亚马逊的第三个业务支柱。[8]

亚马逊知道大部分同行做梦都想了解关于消费者的一切。亚马逊记录了上个月谁买了 Tom's 牙膏，这些消费者是更喜欢耐克还是锐步，他们住在哪儿（亚马逊有他们的邮寄地址），他们在 Prime 视频上看过什么或者在 Prime 音乐上听过什么，从他们买的玩具可以看出他们的孩子多大了，以此类推。所有这些数据让亚马逊基本上可以知道消费者想要的一切。因此，超过一半的购物搜索都发生在亚马逊网站而不是在谷歌上，这就不足为奇了，过去当人们想上网购物时，第一个选择是去谷歌搜索。[9]

亚马逊与竞争对手相比最大的优势在于，当消费者想购物的时候，亚马逊可以触达他们。谷歌基于用户的搜索历史可以定位到想买网球鞋的人。但这些人有没有可能只是在搜索如何改善反手击球，而并不想买鞋呢？脸书则可以将广告商推给那些正在社交网站上谈论美国网球公开赛或罗杰·费德勒发球技术的用户。尽管谷歌和脸书功能强大，这两家技术巨头却很难追踪一旦投放了广告，最终消费者是否购买了商品。然而，亚马逊可以给正在浏览网球鞋的消费者投放网球鞋广告，亚马逊也有技术可以追踪投放的广告是否转化了销量。一个广告商发现，在亚马逊上购物的消费者点击广告后购买产品的转化率是

20%，而行业平均的转化率只有1%。[10]

亚马逊在进军美国广告业务的同时，也希望拓展国际市场。在中国，有东方亚马逊之称的阿里巴巴已经形成了颇具规模的广告业务。2018年，根据eMarketer的数据，阿里巴巴中国零售业务的数字广告收入高达220亿美元，占中国市场总额的1/3。[11]尽管2019年亚马逊宣布关闭在中国的网站，但它与阿里巴巴在欧洲和印度争夺全球广告市场的竞争依旧激烈。说到底，亚马逊的业务规模、技术水平和忠诚的用户足以支撑其发展为全球广告行业的中坚力量。当亚马逊广告业务达到临界值时，它就可以开始对竞争对手施压，一切只是时间问题。

尽管广告市场是亚马逊快速增长的一个新业务领域，但长远来看，广告业务与亚马逊的另一个业务对比，将相形见绌——变革医疗行业。

约翰·杜尔是世界上最成功的风险资本家之一。作为沙山路实力代表企业凯鹏华盈的合伙人，杜尔是谷歌和亚马逊的早期投资人。杜尔在1995—2010年担任亚马逊的董事，他是贝佐斯的朋友。2018年底，他在纽约市举办的《福布斯》医疗论坛上做出了一个惊人的预测。当被问到颠覆医疗行业的话题时，他说道："亚马逊已经积累了惊人的资产，那就是1.2亿个Prime订阅会员。设想一下，当贝佐斯推出Prime健康的时候会是一种什么样的场景，我相信他一定会这样做。"[12]

杜尔确有所指。这位风险资本家没有进一步披露细节，根据亚马逊最近在这一领域的各种动作，我们可以想象 Prime 健康将可以为消费者提供处方药、居家医疗产品、获取健康记录、提供医生和护士的远程问诊。这个提法让医疗行业的巨头们开始心神不安。2018 年，在由反应数据公司对医疗行业高管进行的一次问卷调查中，当被问到哪家企业进入医疗领域会带来最大的影响时，大约 59% 的受访者回答了亚马逊。[13] 苹果以 14% 的回答率紧随其后（因苹果手表可以检测人体的健康状况）。其他提到潜在新玩家的回答只有个位数。

同一份调查问卷显示，29% 的医疗行业高管认为远程电话问诊将对医疗行业产生最重大的影响，20% 的受访者认为排在第二位的是人工智能。[14] 这两个领域都与亚马逊完美适配。亚马逊是应用人工智能技术的先驱，内置 Alexa 且拥有显示屏的 Echo Show 设备让它可以很好地通过互联网提供居家照护服务。亚马逊的另一个优势在此处显现了出来。信任是医疗领域里的关键因素，谁希望把自己的健康交到一夜之间出现的服务商手中呢？而亚马逊是美国人最信赖的品牌。

在这本书创作期间，亚马逊还没有向公众宣布 Prime 健康计划，但一些早期的信号纷纷指向了这个方向，预示着亚马逊已经将目光锁定在美国 3.5 万亿美元的医疗市场，甚至瞄准了全球更广阔的医疗市场。[①] 除了在 2018 年收购线上药品公司 PillPack 外，2018 年底，亚马逊还与阿卡迪亚集团签订协议，创建包括亚马逊网站独家销售的 Choice 牌血压计和血糖检测仪在内的一系列家庭医疗产品。[15] 过去几年，亚马逊已经在美国 47 个州拿到了可以销售医疗设备的牌照。[16] 从长远来看，亚马逊正在与西雅图的福瑞德·哈金森癌症研究中心合作，希望通过机器学习帮助预防和治疗癌症。[17]

想要给僵化的医疗行业带来实质的变化并非易事，贝佐斯更是深知这一点。在过去这些年里，亚马逊一直尝试进入医疗领域却没有收获什么特别的成果。20 世纪 90 年代末，亚马逊投资了 Drugstore.com，贝佐斯成为该公司的董事，这家线上药品供应商最终出售给了沃尔格林，最后没有摆脱被沃尔格林关闭的命运。[18] 亚马逊喜欢快速行动并以低成本运营，但是医疗行业恰恰相反。医疗行业受到监管部门、州立牌照等各种限制的束缚。让我们面对现实吧：给消费者配送药品的过程十分复杂。比如，一些药品需要在冰箱储存或者用特殊包装保护，这就提高了成本和复杂程度。医疗行业在一个

[①] 2020 年 11 月，"亚马逊药房"上线。2022 年 2 月，亚马逊正式在全美推出远程医疗服务"亚马逊护理"。——编者注

错综复杂的网络中运行，受制于医院、供应商、药品福利管理、保险公司和医生间的各种长期协议，像亚马逊这样的局外人很难打入内部。

尽管困难重重，贝佐斯还是坚定地进军医疗行业。亚马逊的物流变得日益精进，财力也越发雄厚，它如果想要保持快速增长，就需要进入新的领域。第一步，2014年贝佐斯雇用了曾经负责谷歌X实验室的伊朗移民巴巴克·帕韦兹，谷歌X实验室是一个享有盛名的研究机构（现在是Alphabet的一个名为X的事业部），致力于研发各种不易实现的项目，包括可以收集风能的风筝、谷歌眼镜虚拟现实头戴设备和自动驾驶汽车，其自动驾驶汽车项目最终变成了Alphabet的子公司Waymo。就像当年在谷歌一样，帕韦兹在亚马逊的创新实验室被命名为"伟大挑战"，正如名字所预示的那样，实验室的任务是宽泛的、长期的，它需要创造性地解决一些世界上最宏大的问题。实验室的一则招聘启事上引用了宇航员卡尔·萨根的一句话："在某个地方，一些令人难以置信的东西等着为人所知。"[19] 帕韦兹关注的领域中就包括医疗行业。

尽管"伟大挑战"实验室研究的话题很宽泛，但有趣的是，直接向帕韦兹汇报工作的下属都有着丰富的医疗领域从业经验，这足以说明这个团队重点关注的方向。团队成员包括斯坦福健康解决方案初创企业 Skye Health（斯凯健康）的联合创始人亚当·西格尔；微软 20 多年的元老、基因组学初创企业 Human Longevity（人类长寿）的首席数据科学家戴维·赫克曼；拥有化学博士学位、曾联合创立过两家医疗企业的道格拉斯·魏贝尔。直接向帕韦兹汇报工作的 12 个人中，一半拥有医学背景。

帕韦兹手中有一个代号为 Hera（赫拉）的项目与 AWS 联手合作，旨在让医疗记录变得更加准确和可获取。比如，使用人工智能梳理病人的医疗历史。[20] 第一款从实验室诞生的产品是一个可以清理员工健康记录的软件，这款软件可以发现编程中的错误、不准确之处以及其他相关信息。该软件的用户群体就是希望可以更准确地评估承保人群风险的健康险公司。

亚马逊的一个重大机会就是将调取医疗记录优化得像使用智能手机上的应用程序一样简单。今天，美国大部分的医疗记录存储在两大软件系统中：Epic 和 Cerner。一部分患者数据是不准确的，大部分数据经过筒仓处理，医生、医院和患者本人都无法轻易在一处获取全部信息。任何尝试过将医疗数据从一个医生那里转移到另一个医生那里的人都知道这其中的艰辛。医生们抱怨需要花费大量时间获取数据，在数据库中检索某一次检测结果或家族病史信息的时间原本可以被用来为患者提供更好的服务。在检查时目不转睛地盯着电脑屏幕的医生都有过这种烦恼。

鉴于美国和国外关于个人隐私的监管，自由调取所有的医疗数据并非易事。但是，如果医疗平台可以像苹果的 iOS 系统和谷歌的安卓智能手机平台系统一样向软件开发商开放，如果亚马逊、谷歌、苹果以及一些初创公司可以进入医疗平台，那么这将会在医疗领域掀起一股创新的浪潮。

或许贝佐斯面临的最严峻的挑战将会是进军美国的医药行业。2017 年 5 月，亚马逊组建了一支团队，探索如何从这个一年 4 000 亿美元的行业中获利，一年多之后，亚马逊宣布收购在线药品零售商 PillPack。[21] 这家公司的专长是每天给病人送去正确剂量的药物，这对一些老人来说意义非凡，因为他们会搞混什么时候吃什么药。贝佐斯选择了那位将 Kindle 推向市场的纳德·卡巴尼来负责运营这个新领域，说明亚马逊正试图在医药行业寻找一些新鲜的想法。卡巴尼在医疗领域没有任何经验，但他是亚马逊的资深高管，深得贝佐斯的信任。这项任命凸显了贝佐斯经济学和亚马逊人工智能飞轮的力量，那就是允许贝佐斯选择对一个领域知之甚少的高管去管理这个领域的业务。2011 年，贝佐斯任命格雷格·哈特负责 Alexa 项目，尽管后者在语音识别或消费电子领域完全没有经验。通过运用亚马逊人工智能飞轮的金科玉律，首先从客户入手，找到降低成本的方法，将节约的成本投入到开发更多的功能上，以此吸引更多的客户，产生规模经济，成本再次下降，如此循环往复。格雷格令 Alexa 大获成功。

PillPack 的体量与医药巨头，比如 CVS 健康、沃尔格林和沃尔玛相比，根本不值一提。2018 年 Pillpack 的营收才 1 亿美元，相较之下，CVS 健康在医药领域的销售额达到 1 340 亿美元。在目前的情况下，规模不是问题。亚马逊将收购视为让 Prime 会员逐渐习惯从亚马逊购买医疗产品的一种方式。（2019 年初，亚马逊向一些 Prime 会员发送邮件，大力推荐他们注册 PillPack。）患者可以利用亚马逊的当日达服务收到自己需要的药品，亚马逊在全食和低成本的全新杂货连锁店里增开药房也不是不可能。据消息称，亚马逊确实打算这样做。

在 2018 年收购 PillPack 的几乎同一时间，亚马逊宣布将与传奇投资家沃伦·巴菲特的伯克希尔-哈撒韦以及金融业最资深的首席执行官杰米·戴蒙执掌的摩根大通一道，成立一个非营利性合作组织，叫作 Haven（避风港），初衷就是颠覆美国千疮百孔的医疗系统。该机构任命阿图·葛文德担任首席执行官。如果有人有机会抽干医疗沼泽里的水，那个人一定是葛文德。他是波士顿享有盛名的布雷汉姆和妇女医院的医生兼哈佛医学院教授，写过 4 本关于医疗的畅销书，其中包括曾进入美国国家图书奖决选名单的作品《医生的修炼》。他同时还是《纽约客》杂志的长期特约撰稿人，2018 年秋天，他写过一篇令人印象深刻的文章，题为《为什么医生痛恨他们的电脑》，文中提到医疗软件存在严重缺陷，一些医生因此变得抑郁甚至有自杀倾向。

亚马逊、伯克希尔-哈撒韦和摩根大通一共拥有 120 万名员工，Haven 的使命就是为这些员工提供更好、更便捷、更实惠的医疗服务。这家非营利机构不仅仅是一个智库。如果 Haven 成功了，那么从长远看，它将为这几个巨头节省数亿美元的医疗开支。Haven 对其战略闭口不谈，但是保险巨头联合健康的子公司 Optum 在联邦法院起诉 Haven 和这三家发起公司的案件，让人们或多或少了解到这家非营利机构的使命。

Optum 起诉 Haven，要求禁止戴维·史密斯在 Haven 工作，戴维于 2018 年加入 Haven，曾在 Optum 担任高管。这家保险巨头指控史密斯带走了可能令其新雇主获益的保密专利信息。史密斯否认了指控。在诉状中，Optum 称，Haven "即使现在还算不上，也将很快会成为一个直接的竞争对手"[22]。无论如何，Haven 一定是触动了主流医疗保险巨头的神经，亚马逊正在乔装打扮，想混入它们的市场。

我们从一份庭审报告中可以了解 Haven 的意图。报告显示，当时 Haven 的首席运营官杰克·斯托达德表示公司正在探索是否可以"在福利设计方面对保险进行重塑"。他说，健康险很复杂，员工经常对保障范围感到困惑。他还表示 Haven 将会开展一些小规模试点，让获取初级诊疗变得更加容易，让慢病药物价格变得更加便宜。他补充说，Haven 希望"可以让医生更方便地提供服务，可以有更多的时间为患者"提供照护服务。[23] 可以想见，Optum 的高管担心，亚马逊将运用其强大的数据分析能力找到哪种治疗性价比最高，哪个医生能够带来正面结果，之后就可以轻而易举地设计出许多数字化的健康工具，从 Optum 那里抢夺患者。

亚马逊究竟能对当下这些医疗巨头，比如联合健康、CVS 健康和沃尔格林，造成多大威胁呢？短期来看，威胁并不大。鉴于复杂程度、行业监管和政治考量，医疗是一个极其艰深的领域，要成功进军医疗行业就需要对患者展开高度实操和本地化的治疗。但这并不意味着医疗行业的从业者没有焦虑情绪。或许一定程度上是为了回应亚马逊在医疗方面的动作，2018 年，CVS 健康收购了保险巨头安泰。合并后的公司现在为 1.16 亿名美国人提供健康险和药品服务的同时，还在努力改变医疗服务的交付方式。[24] 比如，CVS 商店现在拥有 1 100 个迷你诊所，患者可以接受基本的健康服务、拿取处方药。[25] 相比于 Haven 的 120 万名顾客而言，CVS 健康的 5 000 万名顾客提供了一个更加广阔的市场。一位 CVS 健康的总监在一次不愿透露姓名的谈话中告诉我，Haven 基本上相当于"两个有钱人和他们庄家的一个玩具而已"。

尽管面临着上述阻力，而且壁垒深厚的医疗行业动用数十亿美元来维护自己的领地，但从长期来看，亚马逊确实意味着巨大的威胁。然而，亚马逊不会像大多数人设想的那样发展。与其将收购 PillPack 视为对医药巨头公司的直接进攻，不如将这一举动视为一个特洛伊木马，旨在帮助亚马逊成为远程医疗行业的领军企业。简而言之，远程医疗意味着为患者提供诊断，并将药品送到他们的家、办公室或者其他任何他们所在的地方。这是亚马逊最可能在美国和国外对医疗体系产生重大影响的领域。

正如约翰·杜尔预测的那样，无论是叫 Prime 健康还是其他名字，亚马逊健康会员项目将可以触达亚马逊在全球超过 3 亿名的顾客。庞大的客户数据库和无与伦比的数据诊断及人工智能方面的实力，将让亚马逊成为医疗服务和采购的守门人。在一些情况下，与其说取代 CVS 健康或联合健康这样的巨头，亚马逊更有可能与它们联手合作。然而，这种合作有可能直接影响这些医疗巨头的利润，这也是亚马逊宣布要收购 PillPack 那天，这些主要的医疗服务供应商股价小幅震荡的原因。

2019年春，亚马逊释放出了坚定地成为远程医疗服务提供商的信号，宣布亚马逊已经满足了一项严格的联邦健康隐私法——《健康保险携带和责任法案》。这意味着亚马逊现在可以通过 Alexa 和其他自有软件传送病人的敏感信息。到目前为止，包括信诺保险和糖尿病管理公司 Livongo 健康在内的六家企业和三家主要医院系统都已经开发出了符合《健康保险携带和责任法案》要求的 Alexa 应用，应用涵盖了预约问诊、药品物流追踪和读取血糖结果等功能。[26]

Prime 健康的运作方式可能是下面这样的。它是 Prime 会员的一项附加功能，顾客以年费的方式订购 Prime 健康服务。作为交换，顾客（让我们先将他们视为会员）可以获取亚马逊的健康服务，这些服务可能会包括一系列医疗产品的折扣，从非处方药、处方药到血糖仪和血压计，不一而足。会员可以选择让亚马逊获取他们的个人医疗记录。亚马逊可以利用数据分析和人工智能向其推荐简单的治疗方案或者推荐治疗某种特定疾病的医生。比如，一名会员通过线上的血压计测量出血压过高。亚马逊不仅能为这位会员推荐一名医生，还能提供一份以最低的价格实现最优结果的医生名单。Haven 体系内的患者和供应商信息可以为上述这些决定提供有益的参考。

为了可以预览一下这个系统，2019年秋，亚马逊为西雅图总部的员工推出了一款名叫"亚马逊护理"的应用。这个应用可以让员工与护士对接，可以为问诊、治疗和转诊安排与医生和护士的视频会，还可以安排护士上门进行检查、检测和治疗。这个应用还可以被用来下单采购可直接配送到家的药物。这种服务未来潜力无限。感觉情绪低落？Alexa 可以建议会员联系他们的医生。（亚马逊已经为 Alexa 抓取打喷嚏或咳嗽的声音申请了专利，Alexa 已经可以提供一些简单的急救建议了。[27]）当会员要求 Alexa 安排和亚马逊推荐的医生（五星评分！）会面时，具体的日期和时间会被添加到会员的日程表中。到了约定的时间，医生会出现在屏幕上，开始进行问诊。会员如果觉得嗓子疼，就可以在亚马逊上购买售价 32.49 美元、一包 25 支的检测试剂进行自我检测，医生可以根据检测结果开具抗生素类的处方药，然后这些药将会在几小时之后送达会员的家中，当然，还是通过亚马逊。如果病情比较严重，没有什么能代替实地问诊，但是远程医疗服务可以减少仅仅因为嗓子疼或者轻症感冒而去看医生或看急诊的费用支出。

Prime 健康这样的服务可能对数百万人都非常有吸引力，随着健康险免赔额不断提高，患者会越来越在意医疗费用。联邦基金的一项调查显示，65 岁以上的美国老人中有 1/3 表示曾经在生病的时候不去看医生或开处方药，因为他们没有办法负担自付费部分的医疗费用。[28] 如果亚马逊把它在电商领域应用的降低成本的技术运用在药品上，那么它将会节约非常可观的医疗开支。

2019 年春，一个几乎没人留意到的似乎不太重要的企业公告为亚马逊未来的方向提供了另外一条线索。亚马逊表示将开始接受健康储蓄账户的借记卡，美国联邦法律规定，允许患者用税前收入支付正当的医疗支出。这一举动的意义远大于亚马逊为想购买血压计或护膝的顾客提供额外的便捷服务。亚马逊正在构建一个包罗万象的生态系统，这个系统不仅包括购物、媒体、云计算和医疗，还为所有这些服务提供支付手段。换句话说，亚马逊开始变得有点儿像一家银行了。

通常提起亚马逊，我们怎么也不会联想到的一个词就是金融机构，而贝佐斯在早期创业时的一次头脑风暴为亚马逊进军金融领域并成为主要玩家奠定了基础。在贝佐斯创立亚马逊后的几年内，他开始寻找加速企业成长的方式。

1997 年初，他正在为电商面临的普遍问题所困扰。当购物车里的商品需要结账的时候，许多顾客一下子不见了踪影。贝佐斯意识到，问题在于亚马逊的系统存在太多的阻碍。顾客不得不停下来，输入信用卡号，检查账单和购物细节，然后再一次确认信息无误。那一年，贝佐斯发明了"411专利"，将线上购物系统变成了现在亚马逊网站上"一键下单"的按钮。这个项目大概花了6个月的时间，3 500个工时，于1997年9月正式上线。[29]

亚马逊很快发现，"一键下单"按钮极大地提高了顾客完成交易的可能性。这个软件堪称线上零售业的一场革命，顾客不用过多地思考就可以"买买买"。因为习惯了"一键下单"的便利，亚马逊开始加速获客，每年都有数百万名新顾客在亚马逊购物。"一键下单"实在太受欢迎，巴诺书店也推出了自己的快速通道（Express Lane），还因此被亚马逊起诉专利侵权。这个案件最后庭外和解了，具体和解条款一直没有被公开。[30]这次和解之后，苹果在iTunes应用商店将亚马逊的这款软件标记为授权软件。

除了吸引更多的顾客外，这项发明还发挥了另外一个不那么显著却在亚马逊历史上同样重要的作用："一键下单"让亚马逊可以储存和搜集顾客的金融数据，包括信用卡号、地址、消费金额、购买物品的种类和购买频率。因为顾客建立了永久账户，亚马逊可以长期追踪并积累这些金融数据。尽管这些购物都是通过大银行控制的信用卡完成的，但是亚马逊获取了大量优质忠诚的顾客的金融数据。

亚马逊不仅掌握了顾客的金融数据,还掌握了在网站上销售商品的数百万家独立零售商的数据。这就为亚马逊开展贷款业务提供了一个极具吸引力的机会。2011年,贝佐斯决定开始向那些需要现金来扩张业务的小型商户提供贷款服务。名为"亚马逊贷款"的项目成为驱动亚马逊人工智能飞轮的另一个关键因素。小型商户如果拥有了扩张的资本,就更会选择在亚马逊网站上营业,亚马逊就这样吸引更多的顾客、更多的商家。

给信贷记录一般的小型商户提供贷款是有风险的,但是亚马逊设计的算法可以实时地掌握商家的销售额、库存周期以及商品获得的评价,从而降低贷款违约的风险。如果数据增长停滞或负面评论数量上升,亚马逊就会停止发放贷款。从借款人的角度,他们如果向亚马逊贷款,就不再需要填写各种表格或经过银行经理的面试问询。有一天,商家的亚马逊账户里突然多了一个按钮,询问他们是否有贷款的需要。这个按钮由算法控制,当一些商家急需资金的时候,这个按钮也可能会消失,就像前面章节里提到的那样,伦敦卖家约翰·摩根以惨痛的经历发现了这一独特的功能。

像亚马逊的大部分创新项目一样,亚马逊贷款业务一开始发展缓慢,然后迅猛增长。2011—2015年,亚马逊每年平均向小型商户发放 3 亿美元的贷款。随后，贝佐斯开始大力推动这项业务。截至 2017 年，亚马逊已经将年均贷款额提高至 10 亿美元。在亚马逊网站上，有 2 万多个美国、英国、日本的小型商户从亚马逊贷款。根据亚马逊市场副总裁皮优什·纳哈的观点，亚马逊贷款希望向加拿大、法国这种亚马逊已开展运营的市场扩张。[31] 贷款额度从 1 000 美元至 75 万美元不等。商家表示，利率最高达到了 12%。"小型商户是刻印在我们的基因里的，"纳哈在亚马逊的公告中写道，"亚马逊为小型商户在扩张业务的关键期提供资金，帮助其增加库存、扩展业务。我们知道，有时一小笔贷款就能发挥巨大的作用。"[32]

不难想象，在不久的将来，亚马逊可能会成为一家数字金融服务公司，提供支票账户、个人贷款、抵押甚至保险服务。亚马逊已经和大通银行合作推出了亚马逊维萨卡，此外，它还在拓展支付业务，让顾客可以在亚马逊生态之外支付商品和服务。亚马逊支付和 PayPal（贝宝）、苹果支付、Stripe（在线支付服务）近似，顾客可以很容易地用电脑或手机付款。亚马逊这项服务的用户远不如 PayPal 的用户多，但是数量在快速增加，因为亚马逊 Prime 会员发现，除了在亚马逊支付，他们也可以在加油站和餐馆用亚马逊账户非常便捷地付款。与此同时，越来越多的商家在自己的网站上使用亚马逊支付，因为亚马逊这个名字意味着值得信赖。

亚马逊追求的商业模式在很大程度上与蚂蚁金服相似,后者是阿里巴巴旗下经营支付宝的子公司,也是全球最大的手机支付服务提供商,拥有10亿名用户。蚂蚁金服的业务已扩展到信用评分、财富管理、保险和贷款,甚至提供了一个叫天弘余额宝的货币市场基金,截至2018年,它吸纳了2 110亿美元的定期存款。2018年10月,由调研机构CB Insights提供的一份报告指出,蚂蚁金服的市值为1 500亿美元,比高盛、摩根士丹利、西班牙国际银行或加拿大皇家银行的市值都要高。[33]

亚马逊可能很难在中国撬动移动支付市场,因为蚂蚁金服和腾讯的微信支付合计控制了92%的市场份额。然而,美国在移动支付系统方面远远落后于中国。根据调研机构eMarketer的报告,2018年,美国智能手机用户中只有25%的人在商店购买商品时使用移动支付,而在中国这一比例是79%。美国是亚马逊可以在移动支付和网上支付方面与PayPal、谷歌支付和苹果支付分庭抗礼的阵地。[34]

对亚马逊来说,好消息是消费者似乎很愿意尝试电子银行。埃森哲的一项调研发现,全球70%的消费者在金融、保险和退休计划方面利用了机器顾问服务。[35]"嗨,Alexa,我的银行账户余额是多少?"波士顿贝恩咨询的一项调研发现,接近 75% 的年龄在 18~24 岁的美国人表示，他们会购买科技公司的金融产品。这项调查还显示，亚马逊被认为是最值得托付资金的科技公司，排名超过了苹果和谷歌。[36]

成为一家金融巨头的路将注定充满荆棘。比如，如果想变成一家商业银行，亚马逊将不得不满足美国和海外严厉的监管规定。更可能出现的情况是，亚马逊将和一家或多家大型银行联手合作完成这个陡峭的学习曲线。2018 年 3 月，《华尔街日报》报道，亚马逊已经和摩根大通、美国第一资本等银行商谈合作，使得亚马逊能够提供支票账户。[37] 在这样的合作模式下，大银行而不是亚马逊将拥有顾客的存款，亚马逊将无须受制于银行业的监管规定。亚马逊将成为消费者银行业务灵活的数字前台，传统的金融机构则在背后完成各种繁重的任务。

在 2018 年题为《银行业的亚马逊时刻》的报告中，贝恩咨询描绘了一个场景：亚马逊将不仅可以从合作的银行那里收取在亚马逊开设支票账户的开户费，还可以从顾客在亚马逊网站上购物所开设的支票账户中直接收取手续费。[38] 这意味着，亚马逊可以免除当前向信用卡公司支付的高昂费用。贝恩咨询预计，仅在美国，亚马逊每年就可以节省超过 2.5 亿美元的信用卡费。一旦亚马逊建立了基本的银行服务，贝恩咨询的杰拉德·杜·托伊特和亚伦·切里斯预测，亚马逊将"稳步拓展到其他金融领域，包括贷款、抵押、财产险、财富管理（从简单的可吸纳大量存款的货币市场基金入手）和寿险"。贝恩咨询认为，亚马逊将在21世纪30年代中期，最终拥有7 000万个银行客户，几乎相当于富国银行的客户数量。

当一家企业的研发费用超过世界上其他企业的时候，这家企业就可以进行大量的试验。正如我们所见，亚马逊在广告业、医疗业和金融业都有许多动作，但这仅仅是个开始。贝佐斯在其他许多行业也做好了长期投入的准备，这些行业都可能最终发展成为亚马逊的主营业务。

在拓展广告业务的同时，亚马逊也在创立自己的电视流媒体服务，这一举措不仅可以为销售广告提供额外的价值平台，同时它本身也可以发展成为一项有价值的业务。亚马逊的Fire电视是一个连接到电视上的黑色小盒子，允许观众播放他们在互联网上爱看的节目，Fire电视与苹果电视、安卓电视和Roku一道正在尝试转变数百万名网络电视观众传统的观影方式。如果订阅了流媒体服务，比如网飞、HBO Go、Hulu、ESPN+和亚马逊Prime视频，观众使用Fire电视就可以观看各式各样的视频节目。截至2019年，Fire电视在美国、英国、德国和日本这4个主要市场提供320个频道，可选择的节目还在不断增加。除了与职业橄榄球联盟周四晚上的橄榄球比赛合作外，亚马逊在英国和德国还转播欧洲体育赛事，2018年韩国冬奥会吸引了3.86亿名观众。[39]亚马逊Prime视频的负责人格雷格·哈特表示："我们希望给观众提供越来越多不同类型的内容，通常这些频道与他们在传统电视网络中看的频道是一样的。"

亚马逊的新业务列表在不断增加。2018年底，亚马逊宣布将制造自己的电脑芯片，以更好地在云计算业务里整合自有的硬件和软件，并在过程中节约成本。可以想见，不久之后，亚马逊就可以向其他技术公司销售自己的芯片。同年，亚马逊表示将与韩国现代汽车公司合作在亚马逊网站上销售汽车。顾客可以比较车型、阅读评论、查看当地经销商的库存，甚至预约车辆到家试驾。这个数字展示空间与其他汽车网站的不同点在于，汽车制造商的网站嵌入在亚马逊的网站里，顾客不用再去经销商的网站上获取购买信息和预约试驾。现代汽车可以触达亚马逊的3亿名顾客，亚马逊可以获取汽车购买者的宝贵数据，还获得了向他们推销车蜡的机会。

2019年初，亚马逊领投7亿美元给电动皮卡车和运动型多用途车制造商Rivian。[40]与此同时，亚马逊还与其他公司合作在车辆上预装Alexa，研发自动配送货车，这是亚马逊首次直接投资电动汽车制造业。同年底，贝佐斯宣布亚马逊订购

10万辆Rivian电动货车,这是目前为止该类汽车最大的一笔订单。几乎在亚马逊投资Rivian的同时,知名技术新闻网站GeekWire报道称,亚马逊计划发射3 236颗卫星,旨在通过高速互联网连接世界的各个角落。[41]让上百万人接入互联网对亚马逊的电商和云业务的好处显而易见。

其他一些投入,比如亚马逊风投部门投资的预制房屋制造商,看上去似乎不是很好的选择。亚马逊表示,希望未来智能家庭的安防系统、智能温度调节系统和智能家电都可以由Alexa驱动。但是真的有必要自己建房子吗?贝佐斯这样解释:"即使是最好的发明家,他最开始的工作也经常看起来毫无头绪,因为要获得丰厚的回报,你通常不得不去做一些大多数人不会去做的事情。因此,看着镜子,问问你自己是否赞同那些反对的声音。如果不赞同,那就继续给园子浇水,不要理会那些杂草。"

随着亚马逊不断地侵入一个又一个行业,人工智能飞轮积蓄了越来越多的能量,亚马逊注定会对社会和经济产生史无前例的影响。

第十四章

声讨贝佐斯

作为世界首富，贝佐斯是政客和媒体最喜欢攻击的目标。人们不满的原因多种多样：零工经济的崛起、工资水平停滞、2008年金融危机挥之不去的阴影以及自动化日益逼近的威胁。但最大的问题或许是美国日益拉大的贫富差距。

作为世界首富，杰夫·贝佐斯是政客和媒体最喜欢的目标，但就在2018年美国劳动节周末刚过，当人们从假期中陆陆续续归来，贝佐斯却遭到了史无前例的攻击。突然间，因为亚马逊的工资待遇和工作环境，他遭到了最严厉的指责。或许让他感到烦恼的是，最猛烈的攻击竟然来自左派，这是贝佐斯作为自由派报纸《华盛顿邮报》的老板完全没有预料到的。在随后的数天和数周里，贝佐斯很快做出回应，发挥了他充满竞争意识的精神，展现出了像合气道组合拳一般的公关手腕，不仅缓和了事态，而且在某种程度上扭转了对他不利的局面，正如在职业生涯中他一次又一次转危为机那样。

首先，对亚马逊展开攻势的是来自佛蒙特州的民主社会主义参议员伯尼·桑德斯，他称亚马逊的首席执行官贝佐斯是糟糕的企业家。2018年9月5日，桑德斯向美国国会提交了一项名为《阻止"贝佐斯"法案》的议案，这里的"阻止贝佐斯"是一个双关语，表示的是"通过取消各种补贴来阻止不良雇主"。法案要求像亚马逊一样的大企业向政府返还员工所享受的包括医疗补助方案和食品券在内的巨额联邦福利。[1]

两天后，媒体报道了一则关于亚马逊的新闻：两名人工智能研究员发现，亚马逊2016年的一项专利是将在仓库工作的员工装在笼子里以保护他们的安全。尽管笼子是用来保护员工安全的，但研究员在文章中严厉地抨击说，亚马逊的设计是"*刻意地将员工异化，人类与机器的关系如此严峻丑陋*"[2]。第二周，伊丽莎白·沃伦参议员（来自马萨诸塞州民主党）紧随其后，指责亚马逊变得过于强大，应该被拆分。

贝佐斯一定对此起彼伏的敌意感到十分困惑，因为当这些指责扑面而来的时候，美国的失业率达到了自20世纪60年代以来最低的水平，标普500指数创历史新高。然而，一片向好的经济新闻不足以让许多美国人不对未来产生焦虑，人们不仅对自己的事业感到焦虑，而且对后代的事业感到焦虑。2017年，一份由美国文化和信仰研究院进行的调查显示，每10个美国成年人中就有4个认为社会主义比资本主义好。[3] 下一代人似乎对美国当前的情况并不满意。2016年，一份哈佛大学的研究报告显示，在18~29岁的受访青年中，58%的人不支持资本主义。[4]

这种不满的原因多种多样：零工经济的崛起、工资水平停滞、2008年金融危机挥之不去的阴影以及自动化日益逼近的威胁。但最大的问题或许是美国日益拉大的贫富差距。在提交《阻止"贝佐斯"法案》的几乎同一时间，桑德斯发布了一个声明，他说道："在收入和财富严重不平等的时期，当美国三个最富有的人拥有的财富超过美国底层50%的人所拥有的财富之和，当52%的新产生的收入流向了顶端的1%的人，美国人民已经受够了给那些坐拥美国最赚钱的巨头企业的亿万富翁提供补贴。"桑德斯不无道理。2019年初，杰夫·贝佐斯、微软的比尔·盖茨、伯克希尔-哈撒韦的沃伦·巴菲特以及脸书的马克·扎克伯格加在一起的身价是3 750亿美元。[5]他们可以给每个美国成年人和小孩写一张1 000美元的支票，然后他们依然是亿万富翁。

桑德斯提到的这种收入不平等在2018年《纽约时报》的一篇文章中被赤裸裸地记载下来。[6]卡琳·史密斯曾经在华盛顿特区郊区外的地标式商场梅西百货工作，而现在她就住在已经被改造成无家可归者收留所的那个她曾工作过的地方。史密斯女士当时57岁，她对《纽约时报》说道："搬进这栋楼感觉很奇怪。我曾经在这里工作。这就是生存。"已关闭的梅西百货现在为无法在城市中生活的人提供了 60 个床位、热饭热菜和淋浴。

贫富差距不只是美国的问题。根据乐施会的一项研究，世界上 2 208 个亿万富翁每天的财富增加 25 亿美元，而与此同时，世界上相对贫困的一半人口的净财富却在缩水。世界上最富有的人群的财富规模让人惊叹，全球最富有的 26 个人的财富总和在 2018 年达到了 1.4 万亿美元，相当于全球 38 亿个穷人的财富总和。[7] 在欧洲，这种不平衡的迹象不断地扩大。法国的工薪阶层"黄衫军"因社会不平等而走上街头抗议，而英国的贫富差距最终助推了英国的脱欧运动。

随着亚马逊、阿里巴巴、Alphabet 等大型科技巨头的实力越来越雄厚，更多的财富将毫无疑问地聚集在收入的金字塔尖。无论是仓库拣货机器人、自动驾驶汽车，还是可以满足购物及医疗需求的 Alexa 语音助手，正如本书所论证的，这些由企业触发、由人工智能驱动的自动化将缩减蓝领的工作岗位。此外，一小群掌握人工智能飞轮的公司将主宰全世界，它们的创立者和股东将继续积累超越全球平均水平的财富。

20 世纪六七十年代，企业往往采取一种更加平衡的方式，不仅会考虑股东的需要，也会照顾员工和社区的需要。20 世纪 80 年代,"公司掠夺者",比如卡尔·伊坎、维克多·波斯纳、T. 布恩·皮肯斯等人的出现,给董事会和管理层施加了压力,企业变成只为股东服务。自此,追求股东收益最大化成了企业唯一的行事准则。通常,现如今的首席执行官们会千方百计地减少研发投入、辞退员工、削减福利,来达成最新一个季度的营收目标,因为如果他们不这么做,激进的投资人将会让可以达成目标的人取而代之。

不幸的是,只关注股东价值的情况会在下一代的大企业中变得更严重,因为这些企业由大数据和人工智能驱动,将会变得更加强势。没错,企业当然需要考虑股东利益,但是企业的员工和所在社区的利益也应该被纳入考虑。许多左派提供的解决方案说起来容易,但做起来难:企业需要给员工支付更多的工资,而当企业无法提供基本工资和满足社会需求的充足就业岗位时,政府需要补位。

亚马逊处在这场辩论的中心,也代表着资本主义将何去何从。多年来,亚马逊一直因为其对员工实行的补偿制度而备受工会和自由派政客的诟病。他们认为,强迫员工拼命工作的贝佐斯只关注成本,不断地快速替换基础岗位员工。在某种程度上,他们说得没错。

在宣布提交《阻止"贝佐斯"法案》的那个夏天,参议员桑德斯和他在众议院起草法案的联合作者、来自加州的激进民主党众议员波·卡纳，不断地在政治上造势。他们到处演讲并在电视上解释为什么美国最大的两家雇主企业——亚马逊和沃尔玛应该返还联邦政府为企业员工支付的高额福利。桑德斯估算，联邦政府一年为低工资员工支付的食品券、医疗补助方案等联邦福利总计高达1 530亿美元。参议员桑德斯一直就亚马逊支付薪资的问题抨击贝佐斯。在一条推文中，他写道："如果你为世界首富工作，你就不应该靠食品券维持生计。如果你为一个日进2.6亿美元的人工作，你就不应该被迫睡在车里。但现在，在亚马逊工作就是这个情况。"[8]

尽管参议员桑德斯的各种意愿是好的，但《阻止"贝佐斯"法案》本质上是对企业征税。假设一名有两个孩子的单亲员工在亚马逊工作，年收入2万美元，他平均要领2 100美元的食品券和学校770美元的用餐补助。[9]如果这个家庭产生了医疗支出，联邦政府的医疗补助方案也要增加相应的金额。[10]在这个法案下，亚马逊将不得不返还联邦政府提供的所有福利。

一些右翼政客抨击亚马逊，甚至不是出于对工人悲惨遭遇的同情，而是因为心疼浪费纳税人的钱。正如福克斯新闻脱口秀主持人塔克·卡尔森在2018年8月的节目上所说的："大量的亚马逊员工收入微薄，要靠领取联邦福利生活……贝佐斯支付的工资不足以养家糊口，因此，他是用你们纳税人的钱来弥补这个差额。"

贝佐斯开始了反击。在2018年8月的博客文章中，亚马逊指责桑德斯玩弄权术，发表关于亚马逊薪酬具有误导性的言论："亚马逊仅在去年就创造了1.3万个新的就业岗位，为此我们感到很骄傲。在美国，一名在物流中心基础性岗位工作的全职员工每小时的平均工资，包括现金、股票和激励性福利在内，在加班前是每小时15美元以上。"这比沃尔玛或者塔吉特支付的工资都要高。

亚马逊雇用了64.8万名全职和兼职员工，几乎所有人都根据工作的小时数获得相应的报酬和福利。大部分没有福利的员工都来自一个拥有10万名季节性临时工的员工池，这些临时工只在节假日繁忙的时候才会来亚马逊工作。我们不难理解一家企业在假期的那几个月需要雇用大量临时工的困境，但亚马逊应该为这些临时工一年中其余的10个月或11个月如何生活承担责任吗？特别是当这些临时工只想依靠福利生活而不想工作的时候？

《阻止"贝佐斯"法案》最大的问题在于，该法案更有可能会伤害那些它原本想要保护的人。在这个法案下，亚马逊更不可能去雇用那些依靠联邦福利生活的人，因为根据法案，如果员工因生育或产生高昂的医疗费用而申领医疗补助计划，那么亚马逊需要支付的工资也要相应地增加。可以想象，因为这条法案规定，雇用一名单身母亲的成本会大幅增加，她所面临的就是失业，然后她不得不更加依赖政府的福利救济。[11]

"总而言之，"美国自由意志主义智库卡托研究所的经济学家瑞安·伯恩认为，"桑德斯的法案让福利的受益成本变高。在经济学里，如果一样东西变得更贵，你就会用得更少。"

然而，逻辑和政治并不总能融为一体。在政治狂热分子对亚马逊大肆讨伐之际，2018年10月2日，贝佐斯出乎所有批评者的意料，在亚马逊向35万名包括季节性临时工在内的所有小时工推行最低15美元时薪的政策。他在宣布涨工资的声明中说道："我们听到了对亚马逊的批评声音，在认真地思考了我们究竟想做什么后，我们决定让亚马逊起到表率作用。我们对涨工资这个决定感到十分激动，希望亚马逊所有的竞争对手和其他的大企业都可以加入我们的行列。"

在《阻止"贝佐斯"法案》公之于众的几个月前，亚马逊内部就已经对涨工资这个问题进行了激烈的讨论。亚马逊全球运营高级副总裁戴夫·克拉克（同时也负责亚马逊仓库）认为，抛开政治因素不谈，涨工资有助于亚马逊在用工紧俏的经济环境中吸引和留存优秀的员工。讨论的焦点主要集中在如何涨工资，是渐进式还是一次性。克拉克和其他高管向贝佐斯展示了包括逐渐提高薪资待遇在内的各种不同场景，其中最激进也最昂贵的方案是立即在全公司实行15美元的最低时薪。喜欢大胆行事的贝佐斯采纳了最激进的想法，几乎没有任何迟疑地告诉他的团队要尽快实施这个方案。一位参会的高管说："贝佐斯喜欢这个想法，是因为亚马逊将因此变成这场关于薪资待遇讨论的领路人，而不仅仅是一个追随者。"

毫无疑问，当贝佐斯决定给员工涨工资的时候，他深切地关注到了亚马逊员工所面临的困境。更多的企业需要紧随其后。但正如我们所看到的，涨工资既是一次绝佳的公关行动，也是贝佐斯将竞争对手置于不利地位的一个策略，别忘了贝佐斯可是全世界最喜欢竞争的人。

对大部分亚马逊的员工来说，涨工资是一件好事，但是对小部分员工来说，时薪涨到15美元是有代价的。作为方案的一部分，亚马逊将削减呼叫中心和仓库员工的限制性股票份额以及仓库员工与产出挂钩的月度激励奖金。[12] 一些员工在接受媒体采访时抱怨说，涨薪充其量是拉齐了平均数，还有员工抱怨这个方案实际上让他们的收入减少了。当戴夫·克拉克看到这些媒体报道时，他派人找到了那些员工，以确保他们的收入不会受到这个决定的负面影响。

对亚马逊来说，这是一记漂亮的反击。通过将员工每小时的最低工资提高到15美元，贝佐斯化解了桑德斯的责难。桑德斯实际上还因为亚马逊的举动而对贝佐斯大肆褒奖，希望其他公司也可以效仿亚马逊，同时将那份只要共和党人控制着白宫和参议院就很难被通过的《阻止"贝佐斯"法案》暂时搁置了。

但是，很多人没有注意到，将时薪涨到15美元实际上是绝妙的战略举措，实现了政治上和经济上的双赢，也是贝佐斯不惜一切代价都要取得胜利的另一个例证。是的，这一方案将导致亚马逊每年的人力成本增加15亿美元，但这个方案的实施让贝佐斯的竞争对手们招架不住。亚马逊提高了工资，也就提高了员工的生产力，工资高有助于吸引和留存那些更有动力的优质员工，让亚马逊可以维持高品质的客户服务，这才是亚马逊永恒的圣杯。如果亚马逊每小时可以支付15美元，而竞争对手们每小时只能支付11美元，那么最好的员工会在哪儿工作呢？

贝佐斯对竞争对手的折磨远不止于此。提高工资是亚马逊的长远策略。当其他企业在争相压低工资的时候，贝佐斯却在调整亚马逊的商业模式，让亚马逊在全美范围内涨薪的趋势中保持领先地位。美国许多城市和州都已经开始提高最低工资。比如，西雅图和纽约市已经实行了最低15美元的时薪，加州也已经通过了法案，将在2022年将最低时薪提高至15美元。[13]贝佐斯希望他的商业模式可以适应这种变化。

2018年，亚马逊雇用了90位专业说客来支持公司的事业，他们擅长的领域很广泛，从反垄断到税务，从无人机到劳工问题。一家非营利机构政治响应中心的数据显示，亚马逊在当年投入了1440万美元来进行各路游说。在贝佐斯决定将全公司的最低时薪涨至15美元后，亚马逊的说客开始极力推动联邦层面通过最低时薪法案。将目前联邦规定的最低时薪7.25美元翻一番，接近亚马逊规定的每小时15美元，将让这家电商巨头在实体店领域的竞争对手的日子越发难过。亚马逊拥有如此强大的游说团队，通过一项联邦最低时薪法案并不是什么难事。"你应该可以预见，4~5年后，特别是如果民主党入主白宫，最低时薪将会大幅提升。"卡托研究所的瑞安·伯恩说道。

零售业务难做、利薄，即使对亚马逊来说也是如此。但是亚马逊还有一系列其他高收益的业务，包括云、广告、订阅服务等，因此可以轻松地抵销时薪涨至15美元所带来的利润缩减。亚马逊大部分零售业的竞争对手并不像亚马逊一样拥有利润丰厚的多元业务，也不具备亚马逊创造现金流的能力，它们将在这样一个大幅涨薪的过程中举步维艰。

当然，将桑德斯和贝佐斯的争执抛开，对低收入的亚马逊员工来说，日后的困扰将不是他们的薪资水平会降到维持舒适的中产生活以下（即使每小时赚 15 美元，一年总共赚 3.1 万美元，舒适的中产生活依然难以企及），而是他们的工作可能会被自动化取代。在这个问题上，贝佐斯是一个技术乐观派。他认为，经济会为那些因自动化和人工智能而被取代的工人创造出新的工作岗位。尽管如此，贝佐斯一直都在思考是否需要支持全民基本收入来弥补失业的损失。[14]本质上，全民基本收入就是联邦政府介入，给每个美国人支付一笔基本工资，用以弥补技术变革对就业市场的干扰。

奉行自由主义的贝佐斯还没有下定决心支持全民基本收入。总体上，他是一个社会渐进主义者，在政治上持保留立场，公开呼吁也十分有限。这就显得他和其他科技大佬有点儿格格不入，比如脸书的马克·扎克伯格以及联合创始人克里斯·休斯、特斯拉的埃隆·马斯克、风险资本家马克·安德森，这些人都支持某种形式的全民基本收入。

全民基本收入是对复杂的社会和政治问题的一个符合逻辑的应对，旨在确保那些现在有工作的人一旦被技术取代，还有足够的钱可以接受新工作岗位的再培训，或者即使无法再接受培训，也可以依靠最低工资生存下去。许多西欧国家已经构建了社会保障网，尽管 2018 年和 2019 年法国"黄衫军"频繁的抗议表明，在欧洲大陆的某些地方，这种保障并不充分。总体来看，亚洲和南美洲许多地方的社会保障网并不像欧洲一样坚实。这些地方的政府将会受到人工智能和自动化引发的大规模失业潮的冲击，需要探索一些类似于美国正在尝试的解决方案。

美国有各种各样的全民基本收入提案，但基本上可以行得通的方式是，所有的公民，无论收入多少，都可以每个月获得一定的报酬，以确保无论他们是否有收入进账都有足够的钱可以生存下去。华盛顿特区各种不同的提案从未停止争论，智库将这个数字定在了每月 500~1 000 美元。这不是一个新的提法。历史上，政治领域的各种知识分子和政客，包括马丁·路德·金和理查德·尼克松，都支持过类似的想法。今天，人们的诉求在于让 4 100 万个美国人脱贫（当前美国贫困的标准线是每人每年收入 1.2 万美元），帮助那些领取最低工资或者打零工的人更好地维持生计。

全民基本收入难以成为现实的原因是成本太高。比尔·克林顿政府的原劳工部长兼加州大学伯克利分校的公共政策教授罗伯特·赖克估算，每月向每个美国人发放 1 000 美元（是的，为了在政治上说得通，也向亿万富翁发放这些钱），将每年花掉 3.9 万亿美元纳税人的钱，这个金额比现在的联邦福利计划多 1.3 万亿美元，相当于目前全部联邦预算的总和。[15] 另一种估算方式最终将花费美国 GDP（国内生产总值）的大约 20%。这笔数目惊人的支出将不得不通过提高富人的纳税额以及征收碳税、全国营业税、机器人税或几种税收相结合的方式来实现。

在美国和欧洲当前的政治部落主义时代，我们很难想象大幅提高纳税额和重新进行财富分配的想法可以获得足够多的选票。在美国，竞选财务法的逻辑是，你越有钱，你的政治力量越强大，这种力量可以被用于阻止财富再分配。最有代表性的一个案例是拥有石化巨头科赫工业的亿万富豪两兄弟——戴维·科赫和查尔斯·科赫，在 2019 年 8 月戴维去世之前，他们曾在选举年花费数亿美元，旨在减少政府的干预。

克里斯·休斯是马克·扎克伯格的哈佛大学本科同学，他们一起创建了脸书，休斯还是《新共和》杂志的老板，2018 年他出版了一本名为《公平竞争：关于不平等的再思考和我们赚钱的方式》的书，他认为全民基本收入金额有限，因此在政治上是可行的。那些每年赚 5 万美元的人可以每个月享受 500 美元的税收优惠。休斯对我说，他的方案所需的成本与共和党 2018 年通过的 1 万亿美元的减税额度相当，该方案将会帮助人们在维持生计的同时接受培训并实现自我提高。你有钱雇保姆就可以抽出时间去参加职业培训课程，你付得起油钱就可以出去寻找新的工作。"我对单纯地发钱并不感兴趣,"他说道,"人们需要知道,他们可以通过努力出人头地,但现在并不是这种情况。重新调整纳税结构可以实现这一点。"

如果劳工情况在接下来的10年或20年成为一场危机,那么全面推行全民基本收入将变成唯一的选项。"最终,不采取任何行动的成本将超过发放全民基本收入的成本,"未来学家马丁·福特说道,"在社会层面,财富不平等变得极具破坏性,你不得不采取行动。在经济层面,这也未必是坏事。"正如赖克的观点所表达的:"似乎可以肯定地说,更加普及的自动化会让经济持续增长,让全民基本收入变得更加可以负担。全民基本收入本身可以带来更多的消费,刺激额外的经济活动。贫困减少意味着犯罪、监禁以及其他与剥夺相关的社会成本下降。"[16]

2018年美国劳动节之后,过了一段喧嚣时期,贝佐斯又抛出了最后的一个妙招儿,彻底驱散了笼罩在亚马逊周围批判指责的声音以及这些声音所产生的负面社会影响。9月13日,在桑德斯、沃伦和福克斯新闻发起攻击后,贝佐斯当即宣布将捐献20亿美元用于消除无家可归现象、支持儿童早期教育。这是他的第一笔巨额捐赠,尽管还不到他当时个人净财富1 630亿美元的2%,这依旧是真金白银。

直到此时此刻，在贝佐斯的生活中，慈善都是事后之举。这位首席执行官向西雅图的福瑞德·哈金森癌症研究中心捐赠了数千万美元，但这与他的财富相比根本不值一提。他几乎将全部的时间和精力都用于亚马逊、他的太空探索公司蓝色起源以及他的家庭。无论贝佐斯做什么，他都希望可以做好，甚至比别人更好，因此我们可以理解，他在捐出20亿美元之前的这些年里，一直都觉得无法抽出足够的时间来好好做慈善。

贝佐斯捐赠的时点过于巧合，或许此举只是为击退来自桑德斯及其党羽的政治攻击。然而，我们有理由暂且相信贝佐斯。一年前，在政客发动攻击前，贝佐斯已经在思考建立一项重要的慈善事业。在2017年6月的推文中，他写道："这条推文是为了搜集想法。我在思考一个慈善战略，这与我每天几乎全神贯注地专注于长远完全相反。"[17]贝佐斯不会停止对长远的思考，但他正在做出引人注目的让步，为此时此刻需要帮助的人伸出援手。

另一个相信贝佐斯的理由是，他的家庭成员一直有为许多美国人的需要而服务的优良传统。贝佐斯的父母，杰奎琳和迈克·贝佐斯共同管理着位于阿斯彭的贝佐斯家族基金会，该基金会致力于儿童教育。在众多项目中有一个叫Vroom的计划，这是一款基于最新的认知科学成果开发的软件，为家长和孩子互动、增强幼儿脑力的1 000多个免费活动提供建议。比如，当父母与孩子外出时，他们可以在现实世界中给孩子指出那些在电视上读到或看到的事物。

沿袭了家里的传统，贝佐斯将20亿美元的"第一天"基金用于帮助那些亟须帮助的人。基金将向那些为年轻家庭提供住所和食物的机构及民间团体提供资金支持，还将支持在低收入社群建立非营利的蒙台梭利式的学前班网络。贝佐斯似乎对这个项目充满了热情，用他锲而不舍的方式致力于让这个项目获得成功。在2018年9月的推文里宣布这个新的慈善基金时，他附上了一个愿景式的声明："我们将采用驱动亚马逊的那套原则。原则中最重要的就是真诚、专注于客户。'教育不是注满一桶水，而是点燃一把火。'在早期，点燃那把火对任何一个孩子来说，都将成为巨大的助推力。"[18]

2018年9月，一切都尘埃落定，贝佐斯的慈善之举，亚马逊将最低时薪提高到15美元，同时游说在全美范围内提高最低工资，暂时缓解了政治上的部分焦灼。当时，没有人预料到，这场激烈的争议将在5个月后因亚马逊宣布将在纽约市建立第二总部而被再次引爆。

2019年情人节那天，就在这一爆炸性新闻传遍全美的一小时前，纽约市市长白思豪接到了一通来自亚马逊全球企业事务负责人杰伊·卡尼的电话。卡尼原来是《时代》杂志的记者，曾担任奥巴马总统时期白宫的新闻发言人，他对听得目瞪口呆的市长说，亚马逊决定放弃已达成的将第二总部和2.5万个工作岗位带去纽约长岛的协议。（长岛位于纽约皇后区一片前景良好的区域，沿着东河，你可以看到曼哈顿最美的天际线。）通话很短，卡尼告诉市长，亚马逊已经做出了最终决定。[19] 就在与卡尼通话后不久，一直在努力招揽亚马逊的白思豪在推文上给亚马逊来了一个下马威："你们要想入驻纽约，就必须得扛得住。"[20]

4个月前，两位民主党人——白思豪和纽约州州长安德鲁·科莫为吸引这家电商巨头落户纽约，与亚马逊达成协议，将在纽约州和纽约市推行价值30亿美元的激励政策。他们开出的条件超过了其他278个竞争对手，这些对手同样希望吸引亚马逊落户，从而带来就业。同时，亚马逊也宣布，除了在纽约，它还会在北弗吉尼亚州建设一个总部。

这份无疾而终的协议印证了贝佐斯对与公众打交道的态度，同时也表明了公众对亚马逊一无所知，当亚马逊对条款不满意时，它会一走了之。在宣布将总部落户纽约后的几个月里，亚马逊面对的是新晋当选的进步主义政客们所带来的越来越大的阻力，这其中包括美国众议员、自称为民主社会主义者的亚历山大·奥卡西奥-科特兹,她的追随者称她为亚奥科,她的选区就在长岛附近。亚奥科和一群当地的政客指出,亚马逊创造2.5万个就业岗位就可以得到30亿美元的税收减免(丝毫不考虑亚马逊在享受税收减免的同时,还可以创造比这更多的数十亿美元的税收)。反对的声音称,像贝佐斯这样的亿万富翁不需要这笔钱。他们还希望亚马逊成立工会、补贴当地的房价、参与老旧地铁线的维修。在亚马逊决定放弃这份协议之前的几天,新当选的州参议会民主党领袖史都华·考辛斯选择让自由派选区(包括长岛在内)的州参议员迈克·捷安纳斯加入掌握权力、对协议拥有否决权的州董事会。捷安纳斯一向不掩饰对亚马逊的批评,他似乎已经认定:"倘若亚马逊进驻,如此这般接管社区,那社区就将消亡。"[21]

从根本上讲,亚马逊完全不需要面对在纽约的这种政治烦恼。正如主导亚马逊第二总部计划的卡尼所说的:"我们撤出不是因为我们觉得不会得到应有的批准,我们对此从不怀疑。我们知道亚马逊拥有广泛的公众支持,也相信科莫州长言出必行。我们撤出只是因为经历这些纷扰不值得。"花费数月甚至数年来取悦带有敌意的政客,只会浪费亚马逊专注地花费在消费者身上的时间和资源。在亚马逊的眼中,它如果满足了工会的需求,只会因为不得不提高价格而损害消费者,参与地铁线重建只会分散服务消费者的时间。另一个关键因素就是，有史以来，亚马逊都回避公众的监督。与当地公开批评亚马逊一举一动的政客打交道几十年，并不是亚马逊喜欢的行事方式。对那些熟悉贝佐斯的人来说，他很快地放弃了与纽约的协议是完全在意料之中的。纽约更需要贝佐斯，而不是贝佐斯更需要纽约。

尽管如此，亚马逊如果可以向当地的领导们解释自己的商业理念，花更多时间倾听他们的忧虑，那么结果或许会更好。因为亚马逊没有充分地自我解释，像亚奥科这样的政客就能轻而易举地将亚马逊塑造成一个庞大、贪婪、自顾自的企业，这最终只会让社区遭殃。亚马逊出人意料地撤出了，这加深了一些政客试图将社会顽疾归咎于亚马逊的执念。事实上，希望一点点拆分亚马逊的反托拉斯专家的人数虽然不多，但一直在持续增加。

第十五章

反垄断浪潮风起云涌

亚马逊的人工智能飞轮终将变得无处不在、无孔不入,像亚马逊一样的大型科技企业将需要被监管或拆分。这一天不会很快到来,但终会来临。

2018年3月，时任总统特朗普在一条推文中痛斥亚马逊，指责其"让成千上万个零售商无生意可做"。一年多之后，时任美国财政部长史蒂文·姆努钦在评价美国司法部对大型科技企业进行反垄断审查时，向美国消费者新闻与商业频道说道："我认为，尽管带来了一些益处，但亚马逊摧毁了美国的零售业，因此毫无疑问，亚马逊限制了竞争。"[1] 当然，这种表态很可能源于特朗普和他的团队被《华盛顿邮报》无休止的关于最高统帅的负面报道惹恼了，特朗普很清楚《华盛顿邮报》背后的老板是贝佐斯。

特朗普不是唯一表示不喜欢这家西雅图公司的人。越来越多的批评声音认为亚马逊已经变得过大过强。沃尔玛美国的前首席执行官比尔·西蒙认为应该分拆亚马逊。参议院的伊丽莎白·沃伦认为，亚马逊需要一个法案来限制，类似于大萧条时期的《格拉斯-斯蒂格尔法案》，该法案将商业银行和投资银行的业务严格地划分开。在她看来，政府应该将亚马逊拆分成两部分，将亚马逊网站从直营零售业务中剥离出来。亚马逊平台不仅销售来自第三方卖家的商品，也销售亚马逊自营的商品。沃伦认为，亚马逊对电商平台的其他卖家来说享有不公平的竞争优势，就像在美国职业篮球联赛中既当球员又当裁判一样。如果一些第三方卖家的商品卖得好，比如绿色套头运动衫，亚马逊知晓后就会自己生产绿色套头运动衫，并以更低廉的价格进行销售。"亚马逊必须选择一项业务，"沃伦说道，"不能兼得。"[2]

反对贝佐斯运动在2019年秋天出现了新的发展势头，众议院司法委员会的两党议员要求亚马逊等大型科技企业上交高管通信记录，据说要求亚马逊上交的材料包括贝佐斯的邮件往来、财务报表以及与竞争者、市场份额、关键业务决策等相关的信息。美国国会特别要求亚马逊提供在其网站上的产品搜索资料、亚马逊Prime的定价以及向商家收取费用的情况。委员会主席杰罗德·纳德勒表示，这些要求将有助于开展后续调查，他引述道："不断有证据表明，一些企业在电商和通信领域占有过多份额。"[3]

关于拆分亚马逊的第一篇学术文章出现在2017年1月的

《耶鲁法学杂志》上，题为《亚马逊的反垄断悖论》。作者是一个名叫丽娜·汗的 29 岁耶鲁法学院毕业生，她辩称，亚马逊在多个市场进行掠夺式定价，尽管对消费者有益，但这种行为挤占了竞争环境。丽娜现供职于华盛顿特区的一家自由派智库的公开市场研究所，她认为，企业如果过于强大，就会剥夺美国人最基本的自由，这些企业通过游说将法律法规修改得更利于自身发展，从州政府获取大量的税收减免，压缩对教育和福利的投入，侵占社区用地。[4] 2018 年，她对《大西洋月刊》表示道："对大多数人来说，他们日常与权力的互动对象不是国会议员，而是他们的雇主。如果日常生活中，你在经济关系里就像农奴一样，那么这对你的公民权利、你的民主体验来说意味着什么？"[5] 一般来说，一篇刚毕业不久的法学院毕业生的法律学术论文是鲜有人问津的，但丽娜的论文触动了人们的神经。论文下载次数高达 14.5 万次，相当于法律界的电影大片了。

亚马逊已成为欧洲最大的线上零售商之一，于是欧洲也开始积蓄反对亚马逊的力量。2019 年中期，欧盟对亚马逊开展了一项反垄断的正式调查。因针对谷歌发起一场备受关注且成功的反竞争案件而闻名的欧盟委员会竞争事务专员玛格丽特·维斯塔格认为，亚马逊正在利用搜集到的海量消费者购物行为数据来排挤其他竞争者。她的观点与伊丽莎白·沃伦类似，即亚马逊内部存在可能的利益冲突，因为亚马逊既是零售商品的直销商，又为自营和第三方销售商提供电子商务平台。因此，她认为亚马逊不仅与第三方销售商竞争在网站上投放商品的最好位置，还搜集对手有价值的数据为己所用。

然而，实际证据却讲述了另外一个故事。在美国，你很难指控亚马逊触犯了反垄断法。即使在法律更加严苛的欧洲，你也很难认定亚马逊阻碍竞争。或许在不远的将来，亚马逊等大型科技平台公司会拥有足够强大的实力，不仅可以支配竞争的条件，还可以支配政府，在最黑暗的情况下，还可能会削弱我们的自由。但是，这一天还没有到来。

亚马逊无疑打破了众多行业的商业模式，从图书业到零售业再到娱乐业，但是至少按照当前对美国反垄断法的解读，亚马逊没有触犯美国当下的反垄断法。像亚马逊这样的公司是否有助于或损害了消费者的利益，是评判其是否触犯当前反垄断法的关键。这个思路源于 20 世纪 70 年代末，美国联邦巡回上诉法院的法官兼芝加哥大学法学院的法学教授理查德·波斯纳的著作《反垄断法》，这本书引发了整个反垄断法领域的震荡。[6] 在此之前，美国的反垄断法追求两个目标（有时相互冲突）：保护消费者免受固定价格垄断的伤害，保护"小商户和个体经营者"免受大企业的伤害。波斯纳的这本书彻底改变了以往人们对反垄断的思考，消费者利益变成了关注的焦点。这种自由主义的论调认为，市场应该是自由的，它无须调节，除非一家企业利用自身的垄断权力提高价格，对消费者造成了伤害。这种观点在反垄断圈里被誉为神圣的芝加哥学派。企业规模庞大本身并没有错，一家企业是否损害或打败竞争对手亦无关紧要，这就是自由市场资本主义的运行方式。

自创立之初，亚马逊就一直致力于为消费者带来更好的生活。亚马逊运用人工智能飞轮不断地降低价格，加速商品供应。亚马逊为 Prime 会员提供免费的电影、电视剧、音乐以及在全食购物的折扣券。消费者对亚马逊的信赖超过对其他任何美国品牌的信赖。声称亚马逊伤害消费者，要对其进行拆分，这简直是无稽之谈。

那些以排除竞争为理由呼吁拆分亚马逊的声音同样缺乏令人信服的证据，无法证明亚马逊对小型企业的影响弊大于利。因为一家企业比竞争对手效率更高而对这家企业进行惩罚是不合理的，特别是这家企业还将节约下来的成本用于降低价格，从而为消费者让利。杰森·福尔曼是哈佛大学肯尼迪政府学院的经济学家、奥巴马总统的前经济顾问，他致力于研究企业力量对财富不平等、价格上涨和抑制创新的影响。他目前给亚马逊一个及格分，认为不应该将亚马逊进行拆分。"沃尔玛找到了更好地管理供应链的方法，进而发展壮大。同样，亚马逊在线上实现了聚集效应，进而提高了效率。这对经济产生了良性影响。"[7]

美国和欧洲政客及监管机构在担心什么？让我们看看布克兄弟的案例。这个备受推崇的美国品牌不仅在自营网站 Brooksbrothers.com 上销售服装，还在亚马逊的网站上进行销售，因为它别无选择，这家西雅图的电商巨头控制了让人无法忽视的线上零售市场。亚马逊的算法扫描自营网站上的销量，很可能也扫描 Brooksbrothers.com 上的销量，看哪款商品畅销。在某个时刻，算法一定留意到了，男式卡其裤是一款热销品，因为 2017 年亚马逊开始用自营品牌 Goodthreads 生产并销售卡其裤。

在亚马逊网站上搜索卡其裤，亚马逊自营的卡其裤会出现在页面上方最好的位置，你完全看不到布克兄弟品牌的身影。我买了一条 39 美元的亚马逊自营卡其裤，穿给了对时尚十分挑剔的儿子看。他说看起来不错，但他不知道这其实是一条亚马逊自营的廉价仿制品。因此，在这个案例中，亚马逊对消费者是有利的，但对布克兄弟不利。现在，我在亚马逊网站上专门搜索布克兄弟品牌，在弹出来的页面上，布克兄弟卡其裤的价格由 90 美元降到了 55 美元，它给出这种大额折扣就是为了和亚马逊竞争。"问题在于数据，"法国的维斯塔格表示，"你是否将这些搜集来的数据用于利己的评估，比如，现在流行什么？消费者想要什么？他们希望获得什么样的商品？怎么样才能让他们下单？"[8]

这似乎恰好是亚马逊正在做的事情，尽管为避免一切可能的反垄断调查，亚马逊对此予以否认。问题是，对亚马逊平台上的零售商来说，数据是否为亚马逊带来了不公平的竞争优势？毫无疑问，亚马逊手段高明，是平台上第三方卖家强有力的竞争对手。伦敦的旅行袋卖家约翰·摩根一觉醒来，发现亚马逊变成了自己的直接竞争对手，这个故事印证了这个观点。然而，证据却无法证明亚马逊战无不胜。

调研公司市场脉搏通过对亚马逊 2019 年的自营品牌商品进行深度研究，发现这些自营品牌"并没有被认为的那么成功……这些品牌及其发布的数万件商品并未获得消费者的青睐"。一位亚马逊的发言人告诉市场脉搏："亚马逊自营品牌商品的销量占亚马逊总销量的份额还不到 1%，远不及其他大型零售商，其他零售商自营品牌商品的销量通常占总销量的 25% 以上。"[9] 销售自营品牌商品原本就是行业惯例，再加上这些调研数据，我们很难认定亚马逊利用数据销售自营商品对平台上的第三方零售商造成不公平的竞争。

当然，除了自营品牌外，亚马逊还销售了大量其他商品。在这方面，亚马逊与平台上第三方卖家的竞争十分激烈。然而，如果亚马逊拥有批评者声称的垄断权力，亚马逊就会排挤平台上的第三方卖家。事实却恰恰相反。正如前面提到的，贝佐斯意识到了来自政界日益猛烈的反对声浪，他在2019年4月公布的2018年致股东的信的开篇就指出，第三方卖家的销量现在占亚马逊网站总销量的58%，[10]这个数据比10年前上涨了30%。这些卖家大部分是中小型企业，它们的销售额达到1 600亿美元，而亚马逊"第一方"的直营销售额为1 170亿美元。贝佐斯在信中写道："坦率地讲，第三方卖家正在击败我们自己的第一方，而且是痛打。"

亚马逊全球企业事务负责人杰伊·卡尼这样说道："批评的声音指控亚马逊正在摧毁中小型企业。这是严重的指控，但没有什么证据可以支撑这种说法。事实上，数以百万计的中小型企业在亚马逊的网站销售商品，生意兴隆。有人说亚马逊试图排挤第三方卖家，我们不仅不擅长这么做，而且从来没有这样做过。事实情况截然相反。"

这并不意味着在亚马逊上销售商品竞争不激烈或不会体验到达尔文主义，但200多万个卖家并不是在苦苦挣扎，他们不仅在美国市场经营，还在欧洲、中国、日本、南非开展业务，要求拆分亚马逊是站不住脚的。事实上，许多没有在美国和其他地方的亚马逊上销售商品的小企业正在经历痛苦挣扎，但这更多是因为消费者喜好的变化，他们希望享受快速配送，同时希望可以在线上购物、实体店购物、线上购物且实体店取货之间自由选择。没有适应变化的小企业不太可能会生存下去。

根据美国当前的法律规定，批评者缺乏拆分亚马逊的论据，最终将不得不引述历史上的先例。他们呼吁拆分亚马逊、阿里巴巴、Alphabet、脸书、推特等科技平台公司，单纯是因为他们认为这些公司太过强大，威胁到了政府的主权。1602年，荷兰人通过联合东印度公司建立了对亚洲贸易的垄断。1669年，联合东印度公司成为世界上首个最富有的私人企业。垄断一直持续到1799年，其他殖民帝国因嫉妒联合东印度公司所掌握的权力和市场而对其进行攻击，最终导致它破产。

历史上最近一次企业被指控拥有如亚马逊等科技巨头的垄断权力是在镀金时代。在19世纪晚期，J. D. 洛克菲勒、J. P. 摩根、安德鲁·梅隆等商业巨擘把他们所在的行业整合成托拉斯，旗下众多公司的股票交由一个董事会来控制，他们有效地规避了联邦反垄断法的制裁。托拉斯的律师们辩称，尽管这个董事会控制的各家公司在全美范围内运营，但它们的控股公司本身没有跨州开展业务，且主要从事金融业而非州际贸易，因此不适用于反垄断法。在 1895 年美国诉奈特公司案中，最高法院虽存有顾虑，但还是认同了这一辩护。

20 世纪初，洛克菲勒旗下的标准石油公司垄断了全美 90% 的炼油工业。[11] 安德鲁·卡内基将他的钢铁公司与另外 9 家钢铁公司合并，雇用了 100 万名员工。[12] 镀金时代最有影响力的金融巨鳄摩根控制了一个由多家银行、西联电报公司、普尔曼汽车公司、安泰人寿保险、通用电气、雷兰轮船公司和 21 条铁路组成的托拉斯。当时《科利尔周刊》写道："乘坐轮船和火车从英国到中国，这一路上的产业都在摩根先生的掌控下。"[13]

当时，罗斯福总统面临的两难困境与今天呼吁要求"拆分亚马逊"的情况相似。尽管镀金时代的托拉斯掌握了巨大的权力，但很多情况下它们都为消费者降低了价格。埃德蒙·莫里斯在精彩纷呈的传记《罗斯福王》一书中指出，20 世纪早期，美国在托拉斯的影响下，经济运行得更好，标准油的价格连续 30 年下降。莫里斯写道："美国不再是小群体社区零散的自给自足，而是在由垄断形成的城市间进行大规模的商业往来，这张庞大的网络包括钢铁城、橡胶城、盐城、纺织城、玉米城和铜矿城。"通过降低价格和持续为消费者提供更好的服务，亚马逊对经济产生了相似的影响。

罗斯福总统最终用一个新颖的论点在任期内拆分了这个托

拉斯旗下的很多公司。他认为，由洛克菲勒、摩根、梅隆等人控制的托拉斯已经强大到威胁了联邦政府的主权。他在1901年写道："越来越显而易见，如有必要，州乃至国家需要对所在地的大型企业拥有监管的权力。"[14] 罗斯福担心，如果托拉斯庞大到可以呼风唤雨，那么联邦政府将很难以任何方式对其进行约束。1903年，罗斯福说服美国国会通过了彻底拆分托拉斯的法案，在此之前，洛克菲勒被发现曾要求6名参议员想尽一切办法阻止该法案的通过。[15]

今天，亚马逊、Alphabet、苹果、网飞、脸书对美国经济和我们的生活拥有巨大的影响力，但远不及镀金时代的托拉斯那般无孔不入。脸书和Alphabet共同控制了美国线上广告市场60%的份额，但线上广告市场仅占美国广告市场总份额的25%，亚马逊作为后来的竞争者正在快速追赶。[16] 网飞覆盖了75%的美国家庭订阅视频流媒体服务，但仍面临着大量来自亚马逊、迪士尼、美国电话电报公司等对手的竞争压力。[17] 苹果控制着美国智能手机市场近40%的份额，但其全球市场份额只有10%。[18]

亚马逊虽然控制了美国线上零售近40%的份额，但线上零售只占美国零售业10%的比重，消费者每10美元的购物款项中仍有9美元流向了实体商店。事实上，消费者喜欢在购买之前试穿一下衣服、鞋子，捏一捏蜜瓜，反复比较一下高清电视屏幕。这意味着亚马逊只控制了美国零售业的 4%。全球来看，这个局面更加黯淡。亚马逊只控制了全球零售业的 1%，庞大的竞争对手，比如沃尔玛和中国的三巨头——阿里巴巴、腾讯与京东，会确保亚马逊必须全力争取每 1 美元的额外销售收入。

镀金时代的托拉斯和今天的科技巨头间有一个不可否认（又极具讽刺意味）的相似之处，就是它们都对经济和社会做出了有益贡献。抛开隐私侵犯问题和干预选举不谈，脸书和 Alphabet 帮助制造商和零售商通过精准投放广告来更高效地销售商品；苹果制造的设备得到了 10 亿名用户的喜爱（至少大部分用户是喜欢的）；网飞将平价的娱乐带给了 1 亿名订阅用户；消费者喜欢亚马逊可以提供海量的选择和快速的配送。

于是，亚马逊的批评者们唯一合乎逻辑的论点就是亚马逊已经变得（或将要变得）非常强大和成功，数以百计的企业将因此被迫关门，亚马逊可以和政府讨价还价、争取税收减免，让法律法规修改得更加符合自身利益。

这个论点的问题在于，破坏一直是也将永远是资本主义的核心。如果亚马逊的竞争对手希望建立一个每位市场参与者都彬彬有礼、效率低下的企业由政府保护、美国司法部只是充当裁判的体系，那它们其实是在享受特权。这种反亚马逊的设想代价高昂，创新会被扼制。20世纪30年代，奥地利经济学家约瑟夫·熊彼特提出，资本主义的核心是创造性破坏——要进步，旧事物就要为新事物让路。历史已为他证明。汽车取代了马车，手机取代了固定电话，云计算正在取代企业的数据中心，有机食物正在蚕食通用磨坊和卡夫亨氏这种包装类食品巨头的生意。我们真的愿意回到坐马车、拨号给朋友却被提示占线、只能吃卡夫的奶酪通心粉的年代吗？

在可预见的未来，亚马逊将一直是全球商业领域不可忽视的力量，并将对商业和社会产生重大影响，它会比很多人预期的还要有颠覆性。人工智能飞轮将从一个行业旋转到另一个行业，迫使行业中的企业要么适应、要么消亡。技术力量薄弱的公司将被"捕杀"。上亿个工作岗位将被人工智能和自动化取代，新的岗位却不会取代人工智能和自动化。我们将不得不适应这样的现实，因为拆分或阻碍亚马逊、Alphabet或阿里巴巴的发展也无法阻挡人工智能和自动化崛起的浪潮。如果当前的这些科技巨头没有引发即将到来的技术颠覆，那么其他企业也会触发这场变革。

亚马逊的批评者们所担心的那一天可能终会到来。亚马逊的人工智能飞轮终将变得无处不在、无孔不入，像亚马逊一样的大型科技企业将需要被监管或拆分（无论实际情况如何，它们的存在本身就足以让人感到恐惧）。这一天不会很快到来，但终会来临。如果这些智能系统开始为我们的生活做出越来越多我们无法理解或解释不通的决定，或者它们变得无人可以抗衡，那么政府将不得不找到应对这些重大挑战的解决方案。

与此同时，世界将不得不适应一种全新的工作和生活方式，我称为贝佐斯经济学。

第十六章

新的世界：21 世纪的商业模式

贝佐斯经济学是 21 世纪的商业模式，它颠覆了我们思考商业的方式，其广泛应用将在未来数十年对社会产生深远影响。

本书开篇提到，杰夫·贝佐斯说，亚马逊某天可能会失败。我们很难想象亚马逊这样实力雄厚的智能企业会走向衰落，甚至轰然倒塌。然而，与历史上最睿智的一个资本家持不同观点显然是不明智的。贝佐斯很可能说得没错。或许有一天，一家名不见经传的初创企业会将线上销售做得更好、更便宜、更便捷。或许有人会开发出一种超越亚马逊云业务的技术，又或许贝佐斯涉足健康和金融领域会把公司拖入一场"越战"：旷日持久地消耗自身能量，最后在战场上奄奄一息。

从一个角度看，上述这些假设都不重要，因为即使亚马逊失败了，世界首富仍创造了贝佐斯经济学，这种新的营商之道对全世界都产生了深远的影响，就算贝佐斯和亚马逊不在了，其影响依旧会持续下去。贝佐斯经济学像一杯烈性鸡尾酒，混合了客户至上、极端创新和长期主义，由永不休止的人工智能飞轮驱动，这就是 21 世纪的商业模式。贝佐斯经济学深刻地改变了我们工作和生活的方式。

与传统企业相比，亚马逊就像是一架 F-22 猛禽战斗机，它与"一战"中的双翼机在开展近距离空战。尽管很多企业都对人工智能大肆宣传，但全面将机器学习植入企业基因里的，亚马逊称得上是第一家。亚马逊不是一个销售图书的企业，而是以技术起家并将这种智慧应用到一个又一个行业的企业。这台由数据驱动的销售机器不断地思考，从自身的错误中学习、优化，然后实时地、不间断地重复这个循环。亚马逊是首家机器有潜力比人做出更多商业决策的企业。贝佐斯创立了世界上最智能的公司，而且这家公司正在变得越来越智能。

全球的商业版图将最终被划分为两个阵营：那些发展出各自版本的贝佐斯经济学的企业和那些循规蹈矩的企业。通过打造搜集和分析数据的能力，让企业更加智能，为消费者提供更有吸引力的商品和服务，Alphabet、脸书、网飞、阿里巴巴、京东、腾讯都已发展成为实力雄厚的巨头。在开发语音和面部识别、物联网和机器人等人工智能技术的过程中，这些企业开创的自动化商业模式将会碾压那些没有跟上新世界发展变化的传统企业。5G（第五代移动通信技术）会替代我们当前的数字网络，差距只会进一步拉大。专家预测，下一代的互联网连接速度将会是今天的数百倍。(在 5G 网络下，下载一部两小时的电影只需几秒钟。[1])

对传统企业来说，适应新世界并不是简单地雇用一群数据科学家研究几个重点项目。希望运用贝佐斯经济学的企业将不得不彻底重塑自我。耐克运用人工智能和大数据整合线上购物和实体店的实验就是一个很好的案例。为了生存下去，连小微企业都需要学习贝佐斯经济学的原则。Stitch Fix 的线上女性服饰业务就是通过一套可以辨别顾客时尚偏好的智能算法实现的。

贝佐斯经济学对社会也产生了深远的影响。一些科技巨头公司因为虚假新闻、干预选举和侵犯个人隐私播种下了不和谐的种子。正如苹果首席执行官蒂姆·库克所说："如果你建立了一家制造混乱的工厂，你对它产生的混乱就难辞其咎。"全球贫富鸿沟不断加大，美国和欧洲的政客将矛头指向了亚马逊和其他科技巨头。这些造富的机器为其高管和股东创造财富的速度十分惊人，可能会引发公众更多的愤怒，它们很容易成为监管部门下手的目标，甚至在一些案例里，科技巨头可能会被拆分。

亚马逊是否触犯了当前的反垄断法并不重要。历史告诉我们，当权者可以以他们希望的任何方式来解读法律，所以不难想象，亚马逊和其他科技巨头终有一天将面对监管的"清算"。这种趋势在2018年显现出了苗头，印度为了促进竞争通过了一部法律，禁止像亚马逊和沃尔玛这样的零售巨头在它们的网站上销售自营品牌商品。如此这般的措施是否会刺激其他国家出台相似的法律？

更大的隐忧来自亚马逊等人工智能驱动的科技巨头对就业产生的影响。

从全球来看，科技巨头对就业的影响是巨大的。没错，经济发展将最终产生新的岗位来弥补那些消失的岗位，但是这一次变化影响巨大，政府将不得不对就业培训、最低工资保障甚至全民基本收入进行干预。

全世界面临的关键问题是，亚马逊等科技巨头在零售、搜索、媒体以及健康医疗和金融等领域带来的便捷是否值得我们付出这么大的代价？随着这些巨头持续、快速地成长，截至目前，答案是值得。毕竟，人们喜欢科技巨头带来的便利。

因此，至少在短期内，人们要学着适应这种变化。亚马逊已根植于我们生活的方方面面，贝佐斯经济学的人工智能飞轮将越转越快，越转越快……

致　谢

讲述一个庞大、复杂、不断变化的亚马逊的故事需要集体的力量。像斯克里布纳出版社的主编里克·豪根那样热情洋溢地投入时间和精力深入地参与一个项目的人，已经不多见了。在我创作这本书期间，豪根经常与我分享有关亚马逊的最新消息，不断地挑战我的想法，为我指引新方向。亚马逊以各种方式渗透了我们生活的方方面面，每次和豪根谈起这个话题，我们都会津津有味地畅谈很久。我发自内心地感谢他在每一个阶段的帮助与指导。我还要感谢斯克里布纳出版社的南·格雷厄姆、布莱恩·贝尔菲利奥和柯林·哈里森，他们从一开始就对这个项目充满信心，给这本书的发售提供了很多作家梦寐以求的资源。

当这本书在我脑海里还只是一个模糊概念的时候，我的经纪人托德·舒斯特就鼓励我编写一个提纲，提纲最终扩展成了这本书的核心内容。没有舒斯特的努力和远见，这本书不可能由概念变为现实。感谢爱维塔斯创意管理公司的团队，包括贾斯汀·布洛卡特和艾丽卡·鲍曼，感谢他们的帮助。

我发现，写一本关于亚马逊的书有一个好处，就是每个人都对这个话题感兴趣，很多朋友、同事热情地听取了我的想法，提供了很多宝贵的意见和反馈。我要感谢艾玛·克勒曼、汉克·吉尔曼、彼得·希尔迪克-史密斯、里克·柯克兰、夏洛特·迈耶森、汤米·内森、彼得·佩特、朱迪·西蒙斯和罗德尼·泽梅尔，还要感谢我在《财富》杂志的朋友和同事亚当·拉辛斯基、克里夫·利夫与布莱恩·奥凯弗，他们允许我在杂志上撰文深入探讨Alexa语音助手。他们的真知灼见对我撰写那一章起到极大的帮助。我还想感谢布拉德·斯通，他的《一网打尽》精彩地记述了亚马逊早年的故事，为我撰写本书提供了宝贵参考。

汤姆·克里根是我的"救命恩人"，他一丝不苟地帮助我查证书中提到的全世界各个领域的事是否有误。

我尤其感谢我的家人——卡洛琳、保罗、苏斯、索菲娅和亚历克斯，感谢他们两年来一直耐心地在晚餐时间与我讨论亚马逊，听我连续几个小时发表长篇大论，却没怎么表现出不耐烦。如果没有他们的热情、智慧和好脾气，我就不可能完成这本书。特别感谢我的妻子兼密友卡洛琳，感谢她的支持和见解，她在语气和用词方面精准的判断让这本书增色不少。

注　释

前　言

1. "Jeff Bezos on Why It's Always Day 1 at Amazon," Amazon News video, posted on YouTube, April 19, 2017, https://www.youtube.com/watch?time_continue=8&v=fTwXS2H_iJo.
2. Jeff Haden, "20 Years Ago, Jeff Bezos Said This 1 Thing Separates People Who Achieve Lasting Success from Those Who Don't," *Inc.*, November 6, 2017.
3. Brad Stone, *The Everything Store: Jeff Bezos and the Age of Amazon* (New York: Back Bay Books, 2013), 12.
4. Jim Collins, *Good to Great* (New York: HarperBusiness, 2001), 177.
5. Avery Hartmans, "Amazon Has 10,000 Employees Dedicated to Alexa—Here Are Some of the Areas They're Working On," *Business Insider*, January 22, 2019.
6. "The 7 Industries Amazon Could Disrupt Next," CB Insights, https://www.cbinsights.com/research/report/amazon-disruption-industries/.
7. Matt Day and Spencer Soper, "Amazon U.S. Online Market Share Estimate Cut to 38% from 47%," Bloomberg.com, June 13, 2019.
8. Speaking at the 2019 Fortune Brainstorm Finance conference in Montauk, New York.

9. Mike Isaac, "Which Tech Company Is Uber Most Like? Its Answer May Surprise You," *New York Times*, April 28, 2019.
10. "How Many Products Does Amazon Sell Worldwide," ScrapeHero, October 2017, https://www.scrapehero.com/how-many-products-does-amazon-sell-worldwide-october-2017/.
11. "Rankings per Brand: Amazon," Ranking the Brands, https://www.rankingthebrands.com/Brand-detail.aspx?brandID=85.
12. Jeff Bezos, 2018 Letter to Shareholders, April 11, 2019.
13. "Small Business Means Big Opportunity," 2019 Amazon SMB Impact Report, https://d39w7f4ix9f5s9.cloud front.net/61/3b/1f0c2cd24f37bd0e3794c284cd2f/2019-amazon-smb-impact-report.pdf.
14. Richard Rubin, "Does Amazon Really Pay No Taxes? Here's the Complicated Answer," *Wall Street Journal*, June 14, 2019.

第一章　贝佐斯经济学

1. "150 Amazing Amazon Statistics, Facts, and History (2019)," Business Statistics, DMR, https://expandedramblings.com/index.php/amazon-statistics/.
2. Courtney Reagan, "More Than 75 Percent of US Online Consumers Shop on Amazon Most of the Time," CNBC, December 19, 2017.
3. "2018 American Institutional Confidence Poll," Baker Center for Leadership, https://bakercenter.georgetown.edu/aicpoll/.
4. Scott Galloway, *The Four: The Hidden DNA of Amazon, Apple, Facebook, and Google* (New York: Portfolio/Penguin, 2017), 14.
5. "How America's Largest Living Generation Shops Amazon," Max Borges Agency, https://www.maxborgesagency.com/how-americas-largest-living-generation-shops-amazon/#slide-2/.
6. Martin Guo, "2019 BrandZ Top 100 Most Valuable Global Brands Report," November 6, 2019, https://cn-en.kantar.com/business/brands/2019/2019-brandz-top-100-most-valuable-global-brands-report/.
7. Karen Webster, "How Much of The Consumer's Paycheck Goes to Amazon?," PYMNTS.com, October 15, 2018.

8. Nona Willis Aronowitz, "Hate Amazon? Try Living Without It," *New York Times*, December 8, 2018.
9. Khadeeja Safdar and Laura Stevens, "Amazon Bans Customers for Too Many Returns," *Wall Street Journal*, May 23, 2018.
10. Simon Parkin, "Has Dopamine Got Us Hooked on Tech?," *The Guardian*, March 4, 2018, https:// www.theguardian.com/technology/2018/mar/04/has-dopamine-got-us-hooked-on-tech-facebook-apps-addiction.
11. Nellie Bowles, "A Dark Consensus About Screens and Kids Begins to Emerge in Silicon Valley," *New York Times*, October 26, 2018.
12. "How America's Largest Living Generation Shops Amazon."
13. "How Many Products Does Amazon Sell?," ScrapeHero, January 2018, https:// www.scrapehero.com/many-products-amazon-sell-january-2018/.
14. Jason Notte, "25 Bizarre Products Sold on Amazon You Need to Know About," *The Street*, July 19, 2017.
15. Brandt Ranj, "7 Crazily Heavy Things That Ship for Free on Amazon," *Business Insider*, March 21, 2016.
16. Jason Del Rey, "Surprise! Amazon Now Sells More Than 70 of Its Own Private-Label Brands: The Biggest Push Has Come in the Clothing Category," *Vox*, April 7, 2018.
17. Jessica Tyler, "Amazon Sells More Than 80 Private Brands," *Business Insider*, October 8, 2018.
18. Nathaniel Meyersohn, "Who Needs Brand Names? Now Amazon Makes the Stuff It Sells," CNN Business, October 8, 2018.
19. Alina Tugend, "Too Many Choices: A Problem That Can Paralyze," *New York Times*, February 26, 2010.
20. Steven Musil, "Amazon Prime Customers Bought 2 Billion Items with One-Day Delivery in 2018," CNET, December 2, 2018.
21. Ben Popper, "Amazon's Drone Delivery Launches in the UK," *The Verge*, December 14, 2016.
22. Rebecca Ungarino, "Amazon Is Building an Air Hub in Texas—and That Means More Bad News for FedEx and UPS, Morgan Stanley Says," *Business Insider*, December 16, 2018.

23. Michael Larkin, "These Are the Latest Stocks to Sink on a Potential Amazon Threat," *Investor Business Daily*, December 4, 2018.
24. "Amazon Global Fulfillment Center Network," MWPVL International, December 2018, http://www.mwpvl.com/html/amazon_com.html.
25. "Why Amazon Is Gobbling Up Failed Malls," *Wall Street Journal*, May 6, 2019, https://www.wsj.com/video/why-amazon-is-gobbling-up-failed-malls/FC3559FE-945E-447C-8837-151C31D69127.html.
26. "An Amazon Puzzle: How Many Parcels Does It Ship, How Much Does It Cost, and Who Delivers What Share?," *Save the Post Office*, July 29, 2018.
27. Rani Molla, "Amazon's Cashierless Go Stores Could Be a $4 Billion Business by 2021, New Research Suggests," *Vox*, January 4, 2019.
28. "*The Marvelous Mrs. Maisel*: Awards," IMDb, https://www.imdb.com/title/tt5788792/awards.
29. Eugene Kim, "Amazon on Pace to Spend $7 Billion on Video and Music Content This Year, According to New Disclosure," CNBC, April 26, 2019.
30. Todd Spangler, "Netflix Spent $12 Billion on Content in 2018," *Variety*, January 18, 2019.
31. Micah Singleton, "Amazon Is Taking a More Simplistic Approach to Music Streaming. And It Isn't Alone," *The Verge*, April 25, 2017.

第二章 世界上最富有的人

1. "10 Most Expensive Things Owned by Jeff Bezos," Mr. Luxury video, posted on YouTube, December 17, 2018, https://www.youtube.com/watch?v=G-IwSI1cDrM.
2. Vivian Marino, "Luxury Sales Spike as Buyers Rush to Avoid Higher Mansion Taxes," *New York Times*, July 5, 2019.
3. Jeff Bezos Instagram photo, https://www.instagram.com/p/BhkcyHpn_J1/?utm_source=ig_embed.
4. Aine Cain and Paige Leskin, "A Look Inside the Marriage of the Richest Couple in History, Jeff and MacKenzie Bezos—Who Met Before Amazon Started, Were Married for 25 Years, and Are Now Getting Divorced," *Business

Insider, July 6, 2019.
5. "Jeff Bezos Talks Amazon, Blue Origin, Family, and Wealth," video interview by Mathias Döpfner, the CEO of Axel Springer, with Jeff Bezos (4:51), posted on YouTube, May 5, 2018, https://www.youtube.com/watch?v=SCpgKvZB_VQ.
6. Stone, *The Everything Store*, 140–42.
7. Ibid., 142.
8. Ibid., 321–24.
9. Laura Collins, "Amazon Founder Jeff Bezos's Ailing Biological Father Pleads to See Him," *Daily Mail*, November 17, 2018.
10. Kim Janssen, "Who Was Jeff Bezos' Tenuous Personal Tie to Chicago?," *Chicago Tribune*, February 20, 2018.
11. Stone, *The Everything Store*, 143–46.
12. "Jeff Bezos Talks Amazon, Blue Origin, Family, and Wealth," video (5:00).
13. Ibid. (6:00).
14. Chip Bayers, "The Inner Bezos," *Wired*, March 1, 1999.
15. Christian Davenport, *The Space Barons,* (New York: PublicAffairs, 2018), 59–62.
16. Ibid., 60–61.
17. Mark Liebovich, "Child Prodigy, Online Pioneer," *Washington Post*, September 3, 2000.
18. Mimi Montgomery, "Here Are the Floor Plans for Jeff Bezos's $23 Million DC Home," *Washingtonian*, April 22, 2018.
19. Anonymous Amazon employee, "I'm an Amazon Employee. My Company Shouldn't Sell Facial Recognition Tech to Police," Medium, October 16, 2018; Christopher Carbone, "450 Amazon Employees Protest Facial Recognition Software Being Sold to the Police," Fox News, October 18, 2018.
20. "Jeff Bezos Speaks at Wired 25 Summit," CBS News, posted on YouTube October 18, 2018, https://www.youtube.com/watch?v=cFyhp1kjbbQ.
21. Mallory Locklear, "Google Pledges to Hold Off on Selling Facial Recognition Technology," *Engadget*, December 13, 2018.
22. Brian Barrett, "Lawmakers Can't Ignore Facial Recognition's Bias Anymore," *Wired*, July 26, 2018.

23. Jeff Bezos, "We Are What We Choose," Princeton commencement speech, May 30, 2010.
24. Interview with Jeff and Mark Bezos, Summit LA17, November 14, 2017.
25. David M. Rubenstein, conversation with Jeff Bezos, the Economic Club, Washington, D.C., September 13, 2018, https://www.economicclub.org/events/jeff-bezos.
26. Summit LA17 interview, November 14, 2017.
27. Rubenstein, conversation with Jeff Bezos, September 13, 2018.
28. Julie Ray, *Turning On Bright Minds: A Parent Looks at Gifted Education in Texas* (Houston: Prologues, 1977).
29. Alan Deutchman, "Inside the Mind of Jeff Bezos," *Fast Company*, August 1, 2004, https://www.fastcompany.com/50541/inside-mind-jeff-bezos-4.
30. Summit LA17 interview, November 14, 2017.
31. Stone, *The Everything Store*, 22, 34, 39.
32. Summit LA17 interview, November 14, 2017.
33. Alexia Fernandez, "Who Is Lauren Sanchez? All About the Former News Anchor Dating Billionaire Jeff Bezos," *People*, January 9, 2019.
34. Robin Wigglesworth, "DE Shaw: Inside Manhattan's 'Silicon Valley' Hedge Fund," *Financial Times*, March 26, 2019.
35. Stone, *The Everything Store*, 25.
36. Summit LA17 interview, November 14, 2017.
37. Ibid.
38. James Marcus, *Amazonia: Five Years at the Epicenter of the Dot.com Juggernaut* (New York: New Press, 2004), 100–3.
39. Stone, *The Everything Store*, 73.
40. Ibid., 299.
41. Summit LA17 interview, November 14, 2017.
42. Ibid.

第三章　直面真相：我们信仰数据

1. Liebovich, "Child Prodigy, Online Pioneer."

2. Eugene Kim, "One Phrase That Perfectly Captures Amazon's Crazy Obsession with Numbers," *Business Insider*, October 19, 2015.
3. Gregory T. Huang, "Out of Bezos's Shadow: 7 Startup Secrets from Amazon's Andy Jassy," Xconomy, May 9, 2013, https://xconomy.com/boston/2013/05/09/out-of-bezoss-shadow-7-startup-secrets-from-amazons-andy-jassy/.
4. Marcus, *Amazonia*, 51.
5. Joshua Brustein, "The Real Story of How Amazon Built the Echo," Bloomberg.com, April 19, 2016.
6. Eugene Kim, "Jeff Bezos' New 'Shadow' Advisor at Amazon Is a Female Executive of Chinese Descent," CNBC, November 20, 2018.
7. Stone, *The Everything Store*, 216.
8. Max Nisen, "Jeff Bezos Runs the Most Intense Mentorship Program in Tech," *Business Insider*, October 17, 2013.
9. Stone, *The Everything Store*, 177.
10. Sarah Nassauer, "Walmart to Acquire Jet.com for $3.3 Billion in Cash, Stock," *Wall Street Journal*, August 8, 2016.
11. Ira Flatow interview with Walter Isaacson, "'Steve Jobs': Profiling an Ingenious Perfectionist," *Talk of the Nation*, NPR, November 11, 2011.
12. Jodi Kantor and David Streitfeld, "Inside Amazon: Wrestling Big Ideas in a Bruising Workplace," *New York Times*, August 15, 2015.
13. Marcus, *Amazonia*, 17.
14. Evan Osnos, "Can Mark Zuckerberg Fix Facebook Before It Breaks Democracy?," *The New Yorker*, September 10, 2018.
15. Ibid.

第四章 长期主义：万年不遇的传奇

1. "Geographic Identifiers: 2010 Census Summary File 1 (G001): Van Horn town, Texas," U.S. Census Bureau, American Factfinder, 2015, https://factfinder.census.gov/faces/nav/jsf/pages/community_facts.xhtml?src=bkmk.
2. "Three-Peat for Bezos," The Land Report, June 21, 2016.
3. Henry Blodget, "I Asked Jeff Bezos the Tough Questions—No Profits, the

Book Controversies, the Phone Flop—and He Showed Why Amazon Is Such a Huge Success," *Business Insider*, December 14, 2014.
4. Summit LA17 interview, November 14, 2017.
5. Ibid.
6. Leslie Hook, "Person of the Year: Amazon Web Service's Andy Jassy," *Financial Times*, March 17, 2016.
7. Yun Li, "Amazon Could Surge 35% with AWS Worth More Than $500 Billion, Analyst Says," CNBC, May 28, 2019.
8. Ben Fox Rubin and Roger Cheng, "Fire Phone One Year Later: Why Amazon's Smartphone Flamed Out," CNET, July 24, 2015.
9. Ibid.
10. Amazon 2015 Letter to Shareholders.
11. Blodget, "I Asked Jeff Bezos the Tough Questions."
12. Sean Sullivan, "The Politics of Jeff Bezos," *Washington Post*, August 7, 2013.
13. Rachel Siegel, Michelle Ye Hee Lee, and John Wagner, "Jeff Bezos Donates $10 Million to Veteran-Focused Super PAC in First Major Political Venture," *Washington Post*, September 5, 2018.
14. Charlie Rose, "A Conversation with Amazon's Founder and Chief Executive Officer, Jeff Bezos," video, CharlieRose.com, October 27, 2016.
15. Rubenstein, conversation with Jeff Bezos, September 13, 2018.
16. Ibid.
17. Dade Hayes, "Jeff Bezos Has Never Meddled with Washington Post Coverage, Editor Marty Baron Affirms," Deadline, June 6, 2019.
18. Saul Hansel, "Amazon Cuts Its Loss as Sales Increase," *New York Times*, July 23, 2003.
19. Summit LA17 interview, November 14, 2017.
20. Irene Klotz, "Bezos Is Selling $1 Billion of Amazon Stock a Year to Fund Rocket Venture," Reuters, April 5, 2017.
21. Summit LA17, interview with Jeff and Mark Bezos, November 2017.
22. Samantha Masunaga, "Blue Origin Wins $500-Million Air Force Contract for Development of New Glenn Rocket," *Los Angeles Times*, October 10, 2018.
23. Eric M. Johnson, "Exclusive: Jeff Bezos Plans to Charge at Least $200,000 for

Space Rides—Sources," Reuters, July 12, 2018,

24. Kenneth Chang, "Jeff Bezos Unveils Blue Origin's Vision for Space, and a Moon Lander," *New York Times*, May 9, 2019.
25. Kevin Kelly, "Clock in the Mountain," blog, The Long Now Foundation, n.d., http://longnow.org/clock/.
26. Ibid.

第五章　启动人工智能飞轮

1. Stone, *The Everything Store*, 35.
2. Ibid., 50.
3. Ibid., 169.
4. Olivia Oran, "5 Dot-Com Busts: Where They Are Today," *The Street*, March 9, 2011.
5. Jacqueline Doherty, "Amazon.bomb: Investors Are Beginning to Realize That This Storybook Stock Has Problems," *Barron's*, updated May 31, 1999.
6. Stone, *The Everything Store*, 103–4.
7. Summit LA17 interview, November 14, 2017.
8. Justin Fox, "Amazon, the Biggest R&D Spender, Does Not Believe in R&D," Bloomberg View, April 12, 2018.
9. "Amazon's Quarterly Net Profit," chart, Atlas/Factset, https://www.theatlas.com/charts/BJjuqbWLz.
10. Rubin and Cheng, "Fire Phone One Year Later."
11. Summit LA17 interview, November 14, 2017.
12. Stone, *The Everything Store*, 163.
13. "IDC Survey Finds Artificial Intelligence to Be a Priority for Organizations, but Few Have Implemented an Enterprise-Wide Strategy," Business Wire, July 8, 2019.
14. Stephen Cohn and Matthew W. Granade, "Models Will Run the World," *Wall Street Journal*, August 19, 2018.
15. Entry Level Data Scientist Salaries, Glassdoor, https://www.glassdoor.com/Salaries/entry-level-data-scientist-salary-SRCH_KO0,26.htm.

16. "Number of Monthly Active Facebook Users Worldwide as of 2nd Quarter 2019 (in Millions)," Statista, 2019, https://www.statista.com/statistics/264810/number-of-monthly-active-facebook-users-worldwide/.
17. Haroon Siddique, "NHS Teams Up with Amazon to Bring Alexa to Patients," *The Guardian*, July 9, 2019.
18. Tony Ma, "Tencent's Founder on the Future of the Chinese Internet," *Washington Post*, November 26, 2018.
19. Vishal Kumar, "Big Data Facts," Analytics Week, March 26, 2017, https://analyticsweek.com/content/big-data-facts/.
20. David Reinsel, John Gantz, and John Rydning, "The Digitization of the World—from Edge to Core," white paper, IDC, November 2018.

第六章 亚马逊 Prime：飞轮的核心

1. Kashmir Hill, "I Tried to Block Amazon from My Life, It Was Impossible," Gizmodo, January 22, 2019.
2. Stone, *The Everything Store*, 129.
3. Jason Del Rey, "The Making of Amazon Prime, the Internet's Most Successful and Devastating Membership Program," *Vox*, May 3, 2019, https://vox.com/recode/2019/5/18511544/amazon-prime-oral-history-jeff-bezos-one-day-shipping.
4. Stone, *The Everything Store*, 186.
5. Del Rey, "The Making of Amazon Prime."
6. Ibid.
7. Adam Levy, "Walmart's $98 Delivery Subscription Could Take on Amazon and Target," The Motley Fool, September 14, 2019.
8. Hilary Milnes, Alibaba's Tmall Woos Luxury Brands to Sell to Its Invite-Only Loyalty Club for Big Spenders," *Digiday*, April 17, 2018.
9. Amazon 2017 Letter to Shareholders, page 1.
10. Consumer Intelligence Research Partners (CIRP), https://www.fool.com/investing/2017/10/20/amazon-prime-has-nearly-as-many-subscribers-as-cab.aspx.
11. Video, Summit LA17 interview, November 14, 2017.

12. Andrew Liptak, Westworld Creators Jonathan Nolan and Lisa Joy Have Signed On with Amazon Studios," *The Verge*, April 5, 2019.
13. Jeffrey Dastin, "Amazon's Internal Numbers on Prime Video, Revealed," Reuters, March 15, 2018.
14. Peter Kafka, "Netflix Is Finally Sharing (Some of) Its Audience Numbers for Its TV Shows and Movies," Recode, January 17, 2019.

第七章　令人着迷的 Alexa 语音助手

1. William of Malmesbury, *Chronicle of the Kings of England*, Bk. II, Ch. x, 181, c. 1125.
2. Melanie Pinola, "Speech Recognition Through the Decades," *PC World*, November 2, 2011.
3. Andrew Myers, "Stanford's John McCarthy, Seminal Figure of Artificial Intelligence, Dies at 84," *Stanford Report*, October 25, 2011.
4. Pinola, "Speech Recognition Through the Decades."
5. Ibid.
6. Bianca Bosker, "Siri Rising: The Inside Story of Siri's Origins—and Why She Could Overshadow the iPhone," *Huffington Post*, December 6, 2017.
7. Amazon 2018 Annual Letter to Shareholders, April 11, 2019. The 100 million number included Alexa devices made by both Amazon and other manufacturers. As of August 2019, Amazon had sold 53 million smart devices for a 70 percent U.S. market share.
8. Dieter Bohn, "Amazon Says 100 Million Alexa Devices Have Been Sold: What's Next?," *The Verge*, January 4, 2019.
9. Bret Kinsella, "60 Percent of Smart Speaker Owners Use Them 4 Times Per Day or More," Voicebot. AI, July 12, 2017. To derive the 500-million-questions-a-day figure, I took the weighted average of the number of questions a day (5) from the IFTTT study cited in the Voicebot.AI story and multiplied by the 100 million Alexa devices that have been sold.
10. Brian Dumaine, "It Might Get Loud," *Fortune*, November 2018.
11. Avery Hartmans, "Amazon Has 10,000 Employees Dedicated to Alexa—

Here Are Some of the Areas They're Working On," *Business Insider*, January 22, 2019.
12. Dumaine, "It Might Get Loud."
13. "Amazon Echo, Google Home Creating Smart Homes," Consumer Intelligence Research Partners, September 25, 2017.
14. "Voice Shopping Set to Jump to $40 Billion by 2022, Rising from $2 Billion Today," OC&C Strategy Consultants, Cision PR Newswire, February 28, 2018.
15. Karen Hao, "Alibaba Already Has a Voice Assistant Way Better Than Google's," *MIT Review*, December 4, 2018.
16. Niraj Chokshi, "Is Alexa Listening? Amazon Echo Sent Out Recording of Couple's Conversation," *New York Times*, May 25, 2018.
17. Jennings Brown, "The Amazon Alexa Eavesdropping Nightmare Came True," *Gizmodo*, December 20, 2018.
18. Jennifer Earl, "6-Year-Old Orders $160 Dollhouse, 4 Pounds of Cookies with Amazon's Echo Dot," CBS, January 5, 2017.
19. John McWhorter, "Txting is Killing Language, JL!!!," TED Talk 2013.

第八章　黑暗中的仓库

1. J. Clement, "Number of Full-Time Facebook Employees from 2007 to 2018," Statista, August 14, 2019, https:// www.statista.com/statistics/273563/number-of-facebook-employees/.
2. "Growth of the Internet of Things and in the Number of Connected Devices Is Driven by Emerging Applications and Business Models, and Supported by Standardization and Falling Device Costs," Internet of Things Forecast, Ericsson.com, https:// www.ericsson.com/en/mobility-report/internet-of-things-forecast.
3. "Celebrating the Moving Assembly Line in Pictures," Ford Media Center, September 12, 2013, https:// media.ford.com/content/fordmedia/fna/us/en/features/celebrating-the-moving-assembly-line-in-pictures.html.
4. David Laws, "Fairchild Semiconductor: The 60th Anniversary of a Silicon Valley Legend," Computer History Museum, September 19, 2017.
5. "World Wide Web," *Encyclopaedia Britannica*, https://www.britannica.com/

topic/World-Wide-Web.
6. James Manyika et al., "Jobs Lost, Jobs Gained: What the Future of Work Will Mean for Jobs, Skills and Wages," McKinsey Global Institute, November 2017.
7. James Manyika and Kevin Sneader, "AI, Automation, and the Future of Work: Ten Things to Solve For," McKinsey Global Institute, June 2018.
8. Geoff Colvin, "How Automation Is Cutting into Workers' Share of Economic Output," *Fortune*, July 8, 2019.
9. Evelyn M. Rusli, "Amazon.com to Acquire Manufacturer of Robotics," *New York Times*, March 19, 2012.
10. Ananya Bhattacharya, "Amazon Is Just Beginning to Use Robots in Its Warehouses and They're Already Making a Huge Difference," Quartz, June 17, 2016.
11. Author interview with Amazon's Ashley Robinson, April 29, 2019.
12. James Bloodworth, "I Worked in an Amazon Warehouse. Bernie Sanders Is Right to Target Them," *The Guardian*, September 17, 2018.
13. Ibid.
14. "A 360° Tour of Ocado's Andover CFC3 Automated Warehouse," Orcado Technology video, posted on YouTube May 10, 2018, https://www.youtube.com/watch?v=JMUNI4UrNpM.
15. James Vincent, "Welcome to the Automated Warehouse of the Future," *The Verge*, May 8, 2018.
16. "Ocado Warehouse Fire in Andover Started by Electrical Fault," BBC News, April 29, 2019.
17. Naomi Rovnick, "Ocado Profits Dip as Costs of Robot Warehouses Climb," *Financial Times*, July 10, 2018.
18. Craig Smith, "65 JD Facts and Statistics," DMR Business Statistics, https://expandedramblings.com/index.php/by-the-numbers-15-amazing-jd-com-stats/.
19. "JD.com Fully Automated Warehouse in Shanghai," JD.com, Inc., video, posted on YouTube November 10, 2017, https://www.youtube.com/watch?v=RFV8IkY52iY.
20. Steve LeVine, "In China, a Picture of How Warehouse Jobs Can Vanish," Axios, June 13, 2018.

21. Evan Ackerman, "Aussies Win Amazon Robotics Challenge," IEEE Spectrum, August 2, 2017.
22. "Cashiers," *Occupational Outlook Handbook*, Bureau of Labor Statistics, U.S. Department of Labor, https://www.bls.gov/ooh/sales/cashiers.htm.
23. Martin Ford, "How We'll Earn Money in a Future Without Jobs," TED Talk, April 2017, https://www.ted.com/talks/martin_ford_how_we_ll_earn_money_in_a_future_without_jobs.
24. "Related to: Data Industry," American Trucking Associations, https://www.trucking.org/News_and_Information_Reports_Industry_Data.aspx.
25. Vibhuti Sharma and Arunima Banerjee, "Amazon's Alexa Will Now Butler at Marriott Hotels," Reuters, June 19, 2018, https://www.reuters.com/article/us-amazon-com-marriott-intnl/amazons-alexa-will-now-butler-at-marriott-hotels-idUSKBN1JF16P.
26. Taylor Kubota, "Stanford Algorithm Can Diagnose Pneumonia Better than Radiologists," Stanford News, November 15, 2017, https://news.stanford.edu/2017/11/15/algorithm-outperforms-radiologists-diagnosing-pneumonia/.
27. Laura Noonan, Patrick Jenkins, and Olaf Storbeck, "Deutsche Bank Chief Hints at Thousands of Job Losses," *Financial Times*, November 8, 2017.
28. Tony Ma, "Tencent's Founder on the Future of the Chinese Internet," *Washington Post*, November 26, 2018.
29. Bartu Kaleagasi, "A New AI Can Write Music as Well as a Human Composer: The Future of Art Hangs in the Balance," Futurism, March 9, 2017.

第九章　亚马逊第三方卖家：与恶魔共舞

1. Donald Trump, "I have stated my concerns with Amazon long before the Election," @realDonaldTrump, Twitter.com, March 29, 2018, https://twitter.com/realDonaldTrump/status/979326715272065024?ref_src=twsrc%5Etfw%7Ctwcamp%5Etweetembed%7Ctwterm%5E979326715272065024.
2. "2018 Small Business Profile: United States," U.S. Small Business Administration, https://www.sba.gov/sites/default/files/advocacy/2018-Small-Business-Profiles-US.pdf.

3. "Marketplaces Year in Review 2018," Marketplace Pulse, https://www.marketplacepulse.com/marketplaces-year-in-review-2018#amazonsellersfunnel.
4. "Small Business Means Big Opportunity."
5. Adam Levy, "Amazon's Third-Party Marketplace Is Worth Twice as Much as Its Own Retail Operations," The Motley Fool, March 7, 2019.
6. Kevin Roose, "Inside the Home of Instant Pot, the Kitchen Gadget That Spawned a Religion," *New York Times*, December 17, 2017.
7. Eugene Kim, "Amazon Has Been Promoting Its Own Products at the Bottom of Competitors' Listings," CNBC, October 2, 2018.
8. Julia Angwin and Surya Mattu, "Amazon Says It Puts Customers First. But Its Pricing Algorithm Doesn't," ProPublica, September 20, 2016.
9. Natasha Lomas, "Amazon Amends Seller Terms Worldwide After German Antitrust Action," Techcrunch, July 20, 2019.
10. Chris Pereira, "A Look at Dragon Boat: Amazon's Plan to Disrupt the Shipping Industry," SupplyChain 24/7, October 18, 2016.
11. Chad Rubin, "Is It Time to Copy Chinese Sellers? Eight Tips for Amazon Sellers," Web Retailer, February 19, 2018, https://www.webretailer.com/lean-commerce/chinese-sellers-amazon/.
12. Jon Emont, Laura Stevens, and Robert McMillan, "Amazon Investigates Employees Leaking Data for Bribes," *Wall Street Journal*, September 16, 2018.
13. *Federal Trade Commission v. Cure Encapsulations, Inc. and Naftula Jacobowitz*, United States District Court, Eastern District of New York, February 19, 2019, https://www.ftc.gov/system/files/documents/cases/quality_encapsulations_complaint_2-26-19.pdf.
14. Kaitlyn Tiffany, "Fake Amazon Reviews Have Been a Problem for a Long Time. Now the FTC Is Finally Cracking Down," *Vox*, February 27, 2019.
15. Alana Semuels, "Amazon May Have a Counterfeit Problem," *The Atlantic*, April 20, 2018.

第十章　无人机游戏

1. "Total Retail Sales Worldwide from 2015 to 2020 (in Trillion U.S. Dollars),"

chart, eMarketer, https://www.emarketer.com/Chart/Total-Retail-Sales-Worldwide-2015-2020-trillions-change/194243.

2. "Our History," Walmart, https:// corporate.walmart.com/our-story/our-history.
3. "Same-Day Delivery For Retailers," Dropoff, https:// www.dropoff.com/same-day-delivery-matters.
4. Karen Bennett, "These Dying Retail Stores Will Go Bankrupt in 2019," Cheat Sheet, January 30, 2019.
5. Jon Caramancia, "The Amazon Warehouse Comes to SoHo," *New York Times*, November 28, 2018.
6. Rani Molla, "Amazon's Cashierless Go Stores Could Be a $4 Billion Business by 2021, New Research Suggests," *Vox*, January 4, 2019.
7. Jennifer Smith, "Inside FreshDirect's Big Bet to Win the Home-Delivery Fight," *Wall Street Journal*, July 18, 2018.
8. "Grocery Store Sales in the United States from 1992 to 2017 (in Billion U.S. Dollars)," Statista, August 26, 2019, https://www.statista.com/statistics/197621/annual-grocery-store-sales-in-the-us-since-1992/.
9. Tracy Leigh Hazzard, "Why Did Bezos Do It? An Inside Look at Whole Foods and Amazon," *Inc.*, September 28, 2018.
10. "An Amazon Puzzle."
11. Greg Bensinger and Laura Stevens, "Amazon's Newest Ambition: Competing Directly with UPS and FedEx," *Wall Street Journal*, September 27, 2016.
12. "About FedEx: Express Fact Sheet," FedEx.com, https://about.van.fedex.com/our-story/company-structure/express-fact-sheet.
13. Ethel Jiang, "FedEx: We Aren't Afraid of Amazon," *Business Insider*, December 19, 2018.
14. Paul Ziobro and Dana Mattioli, "FedEx to End Ground Deliveries for Amazon," *Wall Street Journal*, August 7, 2019.
15. Rich Duprey, "FedEx Finally Admits Amazon Is a Rival to Be Reckoned With," The Motley Fool, August 5, 2019.
16. Dennis Green, "Amazon's Struggles with Its Fresh Grocery Service Show a Huge Liability for Prime," *Business Insider*, July 1, 2018.
17. "Wegmans, H-E-B, and Publix Earn Top Customer Experience Ratings

for Supermarkets, According to Temkin Group," Cision, PR News Wire, April 5, 2018.
18. Alana Semuels, "I Delivered Packages for Amazon and It Was a Nightmare," *The Atlantic*, June 25, 2018.
19. Hayley Peterson, "'Someone Is Going to Die in This Truck': Amazon Drivers and Managers Describe Harrowing Deliveries Inside Trucks with 'Bald Tires,' Broken Mirrors, and Faulty Brakes," *Business Insider*, September 21, 2018.
20. Hayley Peterson, "More Than 200 Delivery Drivers Are Suing Amazon over Claims of Missing Wages," *Business Insider*, September 13, 2018.
21. Hayley Peterson, Leaked Email Reveals Amazon Is Changing How Delivery Drivers Are Paid Following Reports of Missing Wages," *Business Insider*, October 2, 2018.
22. Martin Joerss, Jürgen Schröder, Florian Neuhaus, Christoph Klink, and Florian Mann, "Parcel Delivery: Future of the Last Mile," McKinsey, September 2016, 15.
23. Patent No: US 9,547,986 B1, U.S. Patent Office.
24. "Amazon Rides Along with Toyota's Delivery Alliance for Self-Driving Cars," Bloomberg News, January 8, 2018.
25. Emma Newburger, "Ford Invests $500 Million in Electric Truck Maker Rivian," CNBC, April 24, 2019.
26. "46 Corporations Working on Autonomous Vehicles," CB Insights, September 4, 2018.
27. "Announcing Our Walmart Partnership," Udelv blog, January 8, 2018.
28. Russell Redman, "Kroger Goes Live with Self-Driving Delivery Vehicles," Supermarket News, December 18, 2018.
29. "Amazon's CEO Jeff Bezos Unveils Flying Delivery Drones on '60 Minutes,'" Charlie Rose, *60 Minutes*, video posted on YouTube February 28, 2013, https://www.youtube.com/watch?v=Fbq6gQVLhWE.
30. "How e-Commerce Giant JD.com Uses Drones to Deliver to Far-Out Areas in China," CNBC, June 18, 2017, https://www.cnbc.com/video/2017/06/18/how-e-commerce-giant-jd-com-uses-drones-to-deliver-to-far-out-areas-in-china.html.

31. Jessica Brown, "Why Your Pizza May Never Be Delivered by Drone," BBC News, December 14, 2018.
32. Day One Staff, "Another New Frontier for Prime Air," *Dayone* blog, Amazon.com, January 18, 2019.
33. Andrew Christian and Randolph Cabell, "Initial Investigation into the Psychoacoustic Properties of Small Unmanned Aerial System Noise," NASA Langley Research Center, March 2018.
34. "See This Drone Deliver Coffee and Divide an Australian Suburb," video, *Daily Telegraph*, December 26, 2018.
35. Jake Kanter, "Google Just Beat Amazon to Launching One of the First Drone Delivery Services," *Business Insider*, April 9, 2019.
36. Rachel Metz, "Apparently, People Say 'Thank You' to Self-Driving Pizza Delivery Vehicles," *MIT Review*, January 10, 2018.

第十一章 哥斯拉 vs 魔斯拉：亚马逊与沃尔玛的混业零售大战

1. Miriam Gottfried, "Jet.com Is No Amazon Killer for Walmart," *Wall Street Journal*, August 3, 2016.
2. "U.S. Ecommerce 2019," eMarketer, June 27, 2019, https://www.emarketer.com/content/us-ecommerce-2019.
3. April Berthene, "My Four Takeaways from NRF 2019," Digital Commerce, January 28, 2019.
4. Stone, *The Everything Store*, 296.
5. Ibid., 299.
6. Kathryn Hopkins, "EXCLUSIVE: Retail's Highest-Paid Executive Has Just Sold His Modest New Jersey Home," *Women's Wear Daily*, November 3, 2017.
7. "Walmart Stores Inc.—Shareholder/Analyst Call," Seeking Alpha, October 12, 2011, https://seekingalpha.com/article/300141-wal-mart-stores-inc-shareholder-analyst-call?part=single.
8. 2018 Global Fortune 500 list, http://fortune.com/global500/list/.

第十二章　　无惧亚马逊：如何与亚马逊开展竞争

1. Kim Warp cartoon, *The New Yorker*, March 11, 2019, 48.
2. Benjamin Rains, "Nike (NKE) Q3 Earnings Preview: North America, China, Footwear & More," Zacks.com, March 7, 2019.
3. "7 Case Studies That Prove Experiential Retail Is the Future," Retail Trends, *Storefront Magazine*, 2017, https://www.thestorefront.com/mag/7-case-studies-prove-experiential-retail-future/.
4. Pamela Danziger, "Casper Has Figured Out How to Sell More Mattresses: Sleep Before You Buy," *Forbes*, July 12, 2018.
5. Alex Wilhelm, "How Quickly Is Casper's Revenue Growing?," Crunchbase, January 19, 2018.
6. "Facial Recognition in Retail," podcast, eMarketer, March 6, 2019.
7. John Russell, "Alibaba Debuts 'Smile to Pay' Facial Recognition Payments at KFC in China," September 4, 2017, https://techcrunch.com/2017/09/03/alibaba-debuts-smile-to-pay/.
8. "Creepy or Cool 2018: 4th Annual RichRelevance Study," RichRelevance, June 20, 2018.
9. "Facts + Statistics: Identity Theft and Cybercrime," Insurance Information Institute, https://www.iii.org/fact-statistic/facts-statistics-identity-theft-and-cybercrime.
10. "Global Personal Luxury Goods Market Returns to Healthy Growth, Reaching a Fresh High of €262 Billion in 2017," *Business Insider*, October 25, 2017.
11. Richemont press release, January 22, 2018.
12. Arthur Zaczkiewicz, "Amazon, Walmart Lead Top 25 E-commerce Retail List," *Women's Wear Daily*, March 7, 2016.
13. Khadeeja Safdar, "Why Crate and Barrel's CEO Isn't Worried About Amazon," *Wall Street Journal*, March 20, 2018.
14. Avi Salzman, "Retailer Williams-Sonoma Is 'Amazon Proof,'" *Barron's*, June 11, 2016.
15. Ibid.
16. Panos Mourdoukoutas, "Best Buy Is Still in Business—and Thriving," *Forbes*,

March 2, 2019.
17. Lauren Thomas, "Amazon's 100 Million Prime Members Will Help It Become the No. 1 Apparel Retailer in the US," CNBC, April 19, 2018.
18. Tracey Lien, "Stitch Fix Founder Katrina Lake Built One of the Few Successful E-Commerce Subscription Services," *Los Angeles Times*, June 9, 2017.
19. Tren Griffin, "Opinion: 7 Business Rules from Stitch Fix's CEO That Don't All Come in a Box," MarketWatch, November 25, 2017.
20. Samar Marwan, "Mother-Daughter Duo Raise $120 Million for Their Fast-Fashion Brand Lulus," *Forbes*, May 16, 2018.
21. Kimberlee Morrison, "How Instagram Is Growing Its Social Shopping Efforts," *Adweek*, April 7, 2017, https://www.adweek.com/digital/how-instagram-is-growing-its-social-shopping-efforts/.

第十三章 亚马逊无处不在：在广告、医疗与金融领域的探索

1. Jeffrey Cane, "ITT, the Ever-Shrinking Conglomerate," *New York Times*, January 12, 2011.
2. Jeff Desjardins, "The Jeff Bezos Empire in One Giant Chart," Visual Capitalist, January 11, 2019.
3. Pascal-Emmanuel Gobry, "How Amazon Makes Money from the Kindle," *Business Insider*, October 18, 2011.
4. Mike Shatzkin, "A Changing Book Business: It All Seems to Be Flowing Downhill to Amazon," The Idea Logical Company, January 22, 2018.
5. Corey McNair, "Global Ad Spending Update," eMarketer, November 20, 2019.
6. "US Digital Ad Spending Will Surpass Traditional in 2019," eMarketer, February 19, 2019; Taylor Sopor, "Report: Amazon Takes More Digital Advertising Market Share from Google-Facebook Duopoly," GeekWire, February 20, 2019.
7. "Digital Ad Spend to Reach $520 Billion by 2023, as Amazon Disrupts Google & Facebook Duopoly," Juniper Research, June 24, 2019.
8. Karen Weise, "Amazon Knows What You Buy. And It's Building a Big Ad

Business from It," *New York Times*, January 20, 2019.

9. Suzanne Vranica, "Amazon's Rise in Ad Searches Dents Google's Dominance," *Wall Street Journal*, April 4, 2019.
10. Weise, "Amazon Knows What You Buy."
11. "In China, Alibaba Dominates Digital Ad Landscape," eMarketer, March 20, 2018.
12. Doerr said "120 million Prime Members," but Amazon now confirms 150 million.
13. "Healthcare Disruption: The Future of the Healthcare Market," Reaction Data, 2018.
14. Meg Bryant, "Healthcare Execs Worried About Business Model Disruption, Survey Shows," HealthcareDive, March 18, 2019.
15. Amazon 2018 Annual Report, 52.
16. Natalie Walters, "4 Ways Amazon Is Moving into Healthcare," The Motley Fool, July 19, 2018.
17. Eugene Kim and Christina Farr, "Inside Amazon's Grand Challenge—a Secretive Lab Working on Cancer Research and Other Ventures," CNBC, June 5, 2018.
18. Christina Farr, "Amazon Is Hiring People to Break into the Multibillion-Dollar Pharmacy Market," CNBC, May 16, 2017.
19. Kim and Farr, "Inside Amazon's Grand Challenge"; Amazon attributed the quote to Carl Sagan, and this has often been attributed to the astronomer, but apparently it was actually written by a *Newsweek* reporter in a profile of Carl Sagan in the late eighties.
20. Ibid.
21. Christina Farr, "Amazon Continues Its Push into the Pharmacy Business, and Has Appointed a 14-Year Vet to Run It," CNBC, February 27, 2019.
22. Reed Abelson, "Clash of Giants: UnitedHealth Takes On Amazon, Berkshire Hathaway and JPMorgan Chase," *New York Times*, February 1, 2019.
23. Angelica LaVito, "New Court Documents Give Insight into Ambitions of Joint Health-Care Venture Between Amazon, JP Morgan, Berkshire Hathaway," CNBC, February 21, 2019.
24. Reed Abelson, "CVS Health and Aetna $69 Billion Merger Is Approved with

Conditions," *New York Times*, October 10, 2018.

25. "CVS Reports First Quarter 2019 Results," CVSHealth, https://www.cvshealth.com/newsroom/press-releases/cvs-health-reports-first-quarter-results-2019.

26. Rachel Jiang, "Introducing New Alexa Healthcare Skills," Amazon.com, https://developer.amazon.com/blogs/alexa/post/ff33dbc7-6cf5-4db8-b203-99144a251a21/introducing-new-alexa-healthcare-skills.

27. Amazon has filed a patent: http://patft.uspto.gov/netacgi/nph-Parser?Sect1=PTO2&Sect2=HITOFF&u=%2Fnetahtml%2FPTO%2Fsearch-adv.htm&r=1&p=1&f=G&l=50&d=PTXT&S1=10,096,319&OS=10,096,319&RS=10,096,319.

28. Robinson Osborn et al., "Older Americans Were Sicker and Faced More Financial Barriers to Health Care than Counterparts in Other Countries," Health Affairs, December 2017, https://www.commonwealthfund.org/sites/default/files/documents/___media_files_news_news_releases_2017_nov_embar goed_20171048_osborn_embargoed.pdf.

29. *AMAZON.COM, INC., Plaintiff-Appellee, v. BARNESANDNOBLE.COM, INC., and Barnesandnoble.Com, LLC, Defendants-Appellants*, No. 00-1109, Decided: February 14, 2001, United States Court of Appeals, Federal Circuit; George Anders and Rebecca Quick "Amazon.com Files Suit over Patent on 1-Click Against Barnesandnoble.com," *Wall Street Journal*, October 25, 1999.

30. "Amazon.com and Barnes & Noble.Com Settle 1-Click Patent Lawsuit," Out-law.com, March 7, 2002, https://www.out-law.com/page-2424.

31. "Amazon Loaned $1 Billion to Merchants to Boost Sales on Its Marketplace," Reuters, June 8, 2017.

32. "Amazon Loans More Than $3 Billion to Over 20,000 Small Businesses," *BusinessWire*, June 8, 2017.

33. "What the Largest Global Fintech Can Teach Us About What's Next in Financial Services," CB Insights, October 4, 2018.

34. Rimma Kats, "The Mobile Payments Series: US," eMarketer, November 9, 2018; "About PayPal: Top Competitors of PayPal in the Datanyze Universe," Datanyze.com, https://www.datanyze.com/market-share/payment-processing/paypal-market-share.

35. "Seven out of 10 Consumers Globally Welcome Robo-Advice for Banking, Insurance and Retirement Services, According to Accenture," Accenture Press Release, January 11, 2017.
36. "Alexa, Move My Bank Account to Amazon," Bain Press Release, March 6, 2018, https://www.bain.com/about/media-center/press-releases/2018/alexa-move-my-bank-account-to-amazon/.
37. Emily Glazer, Liz Hoffman, and Laura Stevens, "Next Up for Amazon: Checking Accounts," *Wall Street Journal*, March 5, 2018.
38. Gerard du Toit and Aaron Cheris, "Banking's Amazon Moment," Bain, March 5, 2018.
39. Georg Szalai, "Olympics: Discovery Reports 386M Viewers, 4.5B Videos Watched Across Europe," *The Hollywood Reporter*, February 26, 2018.
40. Kris Holt, "Amazon Invests in Truck-Maker Rivian," *Engadget*, February 15, 2019.
41. Alan Boyle, "Amazon to Offer Broadband Access from Orbit with 3,236-Satellite 'Project Kuiper' Constellation," GeekWire, April 4, 2019.

第十四章　声讨贝佐斯

1. Abha Bhattarai, "Bernie Sanders Introduces 'Stop BEZOS Act' in the Senate," *Washington Post*, September 5, 2018.
2. Matt Day and Benjamin Romano, "Amazon Has Patented a System That Would Put Workers in a Cage, on Top of a Robot," *Seattle Times*, September 7, 2018.
3. Dave Namo, "Socialism's Rising Popularity Threatens America's Future," *National Review*, March 18, 2017.
4. Harvard, Institute of Politics, "Clinton in Commanding Lead over Trump among Young Voters, Harvard Youth Poll Finds," Harvard Institute of Politics, The Kennedy School, April 25, 2016.
5. Tami Luhby, "Jeff Bezos, Microsoft's Bill Gates, Berkshire Hathaway's Warren Buffett and Facebook's Mark Zuckerberg, Together Were Worth $357 Billion," CNN Business, January 21, 2019.
6. Michael Corkery, "A Macy's Goes from Mall Mainstay to Homeless Shelter,"

New York Times, June 13, 2018.
7. Tami Luhby, "The Top 26 Billionaires Own $1.4 Trillion—as Much as 3.8 Billion Other People," CNN Business, January 21, 2019.
8. Tami Luhby, "Amazon Defends Itself from Bernie Sanders' Attacks," CNN Business, August 31, 2018.
9. Ryan Bourne, "In Bernie Sanders vs. Amazon's Jeff Bezos, Only Workers Lose," *USA Today*, September 16, 2018.
10. "Policy Basics: Introduction to Medicaid," Center on Budget and Policy Priorities, https://www.cbpp.org/research/health/policy-basics-introduction-to-medicaid.
11. Ryan Bourne, "In Bernie Sanders vs. Amazon's Jeff Bezos, only workers lose," Opinion contributor, USA Today, September 16, 2018.
12. Thomas Barrabi, "Bernie Sanders Reacts to Amazon Slashing Stock, Incentive Bonuses for Hourly Workers," Fox Business, October 4, 2018.
13. Laura Stevens, "Amazon to Raise Its Minimum U.S. Wage to $15 an Hour," *Wall Street Journal*, October 2, 2018.
14. Scott Galloway, "Amazon Takes Over the World," *Wall Street Journal*, September 22, 2017.
15. Robert B. Reich, "What If the Government Gave Everyone a Paycheck?," *New York Times*, July 9, 2018.
16. Ibid.
17. Catherine Clifford, "Jeff Bezos Teased Plans to Give Away Some of His $140 Billion in Wealth," CNBC, June 15, 2018.
18. "Amazon Chief Jeff Bezos Gives $2bn to Help the Homeless," BBC News, September 13, 2018.
19. Bill de Blasio, "The Path Amazon Rejected," *New York Times*, February 16, 2019.
20. Chris Mills Rodrigo, "De Blasio Responds to Amazon Cancelation: 'Have to Be Tough to Make It in New York City,'" *The Hill*, February 14, 2019.
21. Berkely Lovelace Jr., "Amazon Ruins the Communities It Takes Over, Says NY State Senator Who Opposed NYC Deal," CNBC, February 15, 2019.

第十五章　反垄断浪潮风起云涌

1. Maggie Fitzgerald, "Amazon Has 'Destroyed the Retail Industry' So US Should Look into Its Practices, Mnuchin Says," CNBC, July 24, 2019.
2. James Langford, "Amazon Needs a Glass-Steagall Act, Elizabeth Warren Suggests," *Washington Examiner*, September 13, 2018.
3. Ryan Tracy, "House Committee Requests Tech Executives' Emails in Antitrust Probe," *Wall Street Journal*, September 13, 2019.
4. Meyer Robinson, "How to Fight Amazon (Before You Turn 29)," *The Atlantic*, July/August 2018.
5. Ibid.
6. Richard A. Posner, *Antitrust Law*, 2nd. ed. (Chicago: University of Chicago Press, 2001).
7. "FTC Hearing #1: Competition and Consumer Protection in the 21st Century, September 13, 2018," https:// www.ftc.gov/system/files/documents/videos/ftc-hearing-1-competition-consumer-protection-21st-century-welcome-session-1/ftc_hearings_21st_century_session_1_transcript_segment_1.pdf.
8. David Meyer, "Why the EU's New Amazon Antitrust Investigation Could Get the Retailer into a Heap of Trouble," *Fortune*, September 20, 2018, http://fortune.com/2018/09/20/amazon-antitrust-eu-vestager/.
9. Juozas Kaziukenas, "Amazon Private Label Brands," Marketplace Pulse, 2019, https:// www.marketplacepulse.com/amazon-private-label-brands.
10. Jeff Bezos, Amazon Annual Letter to Shareholders, April 2019.
11. Edmund Morris, *Theodore Rex* (New York: Random House, 2001), 28.
12. Ibid., 29.
13. Ibid., 65.
14. Ibid., 30.
15. Ibid., 206.
16. Molla Rani, "Google's and Facebook's Share of the U.S. Ad Market Could Decline for the First Time, Thanks to Amazon and Snapchat," Recode, March 19, 2018.
17. Sarah Perez, "Netflix Reaches 75% of US Streaming Service Viewers, But

Youtube Is Catching Up," TechCrunch, April 4, 2017, https://techcrunch.com/2017/04/10/netflix-reaches-75-of-u-s-streaming-service-viewers-but-youtube-is-catching-up/.
18. "US Smartphone Market Share: By Quarter," Counterpoint Research, August 27, 2019, https://www.counterpointresearch.com/us-market-smartphone-share/.

第十六章　新的世界：21世纪的商业模式

1. Chris Hoffman, "What Is 5G, and How Fast Will It Be?," How-To Geek, March 15, 2019.